U0121206

CHONGWENGUAN

读古人书　友天下士

百余年前，崇文书局于武昌正觉寺开馆刻书，成晚清四大书局之一。所刻经籍，镌工精雅，数量众多，流布甚广，影响巨大。为赓续前贤，昌明国学，弘扬文化，本社现致力于传统典籍的出版。既专事文献整理，效力学术，亦重文化普及，面向大众。或经学，或史论，或诸子，或诗词，各成系列，统一标识，名之为"崇文馆"。

崇文馆

武经七书译评

周百义 译评

长江出版传媒 崇文书局

《武经七书》简介

　　《武经七书》或称《武学七书》，简称《七书》。它是北宋神宗年间官定的中国第一套军事教科书，其中包括《孙子》《吴子》《司马法》《唐太宗李卫公问对》《尉缭子》《黄石公三略》《六韬》。

　　《武经七书》的颁定，是与当时北宋王朝"兴武备、建武学、设武举"的形势密切相连的。北宋王朝建立初期，北方有一个契丹族建立的辽政权。宋真宗景德元年（1004），宋辽两军于澶州对峙，宋军在城下签了"澶渊之盟"，约定宋王朝每年要向辽输送大量银绢。公元1038年，党项族在北宋西北部建立了西夏政权，西夏政权与宋王朝战争频繁，一直威胁着宋政权。宋神宗即位后，任用王安石为宰相，实行变法，目的在于富国强兵。官方整理颁定兵书，正是在这种背景下产生的。宋神宗熙宁五年（1072），重新开设武学（军官学校），选拔熟谙兵法者为教授，招收武生100人，以培养宋王朝所需要的军事将领，并且确定《孙子》《吴子》《六韬》三书为武学的考试内容。随着武学的发展，元丰三年（1080），宋神宗诏命国子监司业朱服、武学博士何去非等校定《孙子》等七部兵书，作为武学必修教材，统称《武经七书》，这就是《七书》之名的起源。南宋初年，宋高宗指定《七书》为选拔将领的考试内容之一。

　　此后，这七部书仅在编排序列上略有变动，明清以来翻刻、传抄多摘宋本为底本，成为独具特色的系列军事名著。《武经七书》是从先秦至宋代一千多年间逐渐形成的一部军事理论丛书，也是我国古代兵书的精华和代表作。在我国历史上,由于战争频繁,涌现出许多军事著作。相传在西周时期,就出现了一些有名的兵法家和兵书,如姜尚所著的《太公兵法》等。到了战国时代,由于战争规模的扩大和战争方式的改变,产生了一大批专门指挥作战的将帅和军事家,军事著作也随之大量增多。据史书记载,汉初张良、韩信整理兵书时,曾收集到182家军事著作,经过删改,选定了35家。唐时,有兵书23家,60部,319卷(《新唐书》卷59);《宋中兴志》记载宋时有兵书92家,107部,1074卷(《文献通考》卷221)。但是,我国丰富的古代军事著作,由于年代久远,亡佚较多,因此,流传至今的有价值的著作并不太多。而《武经七书》是北宋王朝的武学博士从当时流传的诸多兵书中,权衡比较精选出来的,是我国冷兵器时代战争指挥艺术的结晶,无论在军事理论上还是在战争实践上,都具有重要的指导作用,所以才被宋神宗钦定为武学必读书,这也是它能作为我国古代军事著作的精华流传于世的一个重要原因。

在这七部兵书中,以《孙子》最为杰出,它不仅在我国古典军事学中占有重要地位,在历代军事斗争中产生过重大影响,而且在世界军事史上也享有盛名。《孙子》在初唐时即传入日本,日本学者给予其很高的评价,称"十三篇是兵之要枢"。其余六部兵书也各具特色,它们与《孙子》相辅相成,交相辉映,构成了古代比较系统的军事理论。

自宋代将《武经七书》列为武举试士的基本教材以来,后世武科都以其书试士。它的颁布确立,也使兵法在封建社会中正式取得了正统地位。宋代以前,兵书虽多,但始终未明确其应有的地位,而是随着统治者的好恶而沉浮。宋代把兵书定为官书,作为武学的内容和教材,是军事学史上的一个划时代的创举。所以,《七书》集成后,注家蜂起。宋代施子美的《七书讲义》是历史上对《武经七书》的第一次统一注释。继施子美之后,有明代刘寅的《武经七书直解》,注释言简意赅,间以史实参证,质量较高。比较好的注本,还有清代朱墉的

《武经七书汇解》、夏振翼的《增补武经三子体注》、鲁经的《武经大全标题会解》等。

　　《武经七书》在世界军事学术史上也占有重要地位。《七书》中的《孙子》《吴子》不仅早就传入日本，而且，日本古代的各种兵法，如《甲阳军鉴》《信玄全集》《兵法纪》等，其主要思想皆出于《孙子》。早在十八世纪，《孙子》《吴子》《司马法》等兵书，已有多种译本在世界流传。近代以来，世界上许多著名的军事家也认真研究和运用《孙子》《吴子》等兵书。另外，以《武经七书》为代表的我国古代兵书，在其应用上，也出现了从军事领域扩展到其他领域的发展趋势。

说　　明

　　一、本书以明代刘寅《武经七书直解》为底本，以清文渊阁《四库全书》"子部·兵家类"相关文本为校本。

　　二、本书原文、译文、简介参考了解放军出版社出版的《武经七书注译》，上海人民出版社出版的郭化若著《孙子今译》和江苏师范学院学报组等注释的《吴子兵法注释》，上海古籍出版社出版的《尉缭子注释》，军事学院军事资料室编的《中国古代兵法》，上海古籍出版社出版的由空军政治学院编写的《中国古代军事三百题》等书籍。

　　三、本书每本兵法均有简介。每篇篇题之下附有说明并扼要介绍。原文一般采用简体字，个别容易产生歧义的保留繁体字。

　　四、本书白话通译主要以直译为主，个别地方根据理解用意译。

目　录

孙　武　子

吴　子

尉　缭　子

司 马 法

六　韬

黄石公三略

唐太宗李卫公问对

附 录

孙武子

略谈《孙武子》

　　《孙武子》亦称《孙子兵法》《孙子》《吴孙子兵法》，是我国古代大军事家孙武所著。孙武，字长卿，春秋末期齐国人，其生卒年月不可考，约与孔丘同时期，活动于公元前六世纪末至前五世纪初，距今约2500年。孙武系陈国公子完的后裔。公元前672年，陈完因内乱逃奔齐国，受到齐桓公的器重，用他为"工正"，陈完后改姓田。据《新唐书》和《古今姓氏书辨证》记载，孙武的祖先田完，因"伐莒有功，景公赐姓孙氏，食采于乐安"。后来，孙武从齐国出奔到南方的吴国，经重臣伍子胥推荐，被吴王阖闾任用为将。他同伍子胥协助吴王经国治军，对于吴国的崛起起过重要作用。《史记》曾记载说吴国"西破强楚，入郢，北威齐晋，显名诸侯，孙子与有力焉"。

　　《孙武子》一书，是目前世界上现存最早、最有影响的古典军事理论名著，是中国古典军事思想成熟和大发展的标志，具有划时代的意义；在中国军事史、军事思想史上占有首屈一指的重要地位，奠定了古代兵学的理论基础，还影响了一些外国的军事思想理论，故历来有"古代兵经之首""百代谈兵之祖""兵学鼻祖""兵学圣典"之称。

　　中国军事思想萌芽于夏、商、西周之际，至春秋、战国迭经发展而渐趋成熟。以《孙子》《吴子》等著名兵书为代表，而《孙子》尤为著名。《孙子》十三篇，约6000字，系统总结了春秋前的战争经验，是当时兵学理论的集大成者。它广泛地论述了诸如战争观、战略和战法、军事建设、军事地理和军事地形、军事预测、军事后勤、军事哲学等基本问题，为历代谈兵用兵者所宗。军事家、名将重视《孙子》，用以指导战争的可以说不计其数；众多兵家继承和发展《孙子》的军事思想，见诸各种著作；一些类书和子史要籍中有许多辑录和阐发《孙子》的内容；还有许多《孙子》的注释家，构成了《孙子》在中国军事史上特殊的地位。

　　军事家、名将，从战国的孙膑、赵奢起，到秦末汉初的张良、韩信、陈馀、英布，西汉的卫青、霍去病，东汉的邓禹、冯异，三国的曹操、诸葛亮、孙权、吕蒙，晋时的杜预，隋唐时的韩擒虎、李世民、李靖，宋时的宗泽、岳飞，元明时的朱元璋、刘基、戚继光，清代的曾国藩、胡林翼，等等，历代名将都将《孙子》的军事原理运用于战争实践，甚或有所发展和创造。《孙子》孕育了众多将帅，他们的成长也得力于《孙子》。

兵书要籍中，如《吴子》《孙膑兵法》《尉缭子》《鹖冠子》《唐太宗李卫公问对》《武经总要》《武经龟鉴》《虎钤经》《百战奇法》《阵纪》《投笔肤谈》《纪效新书》《登坛必究》《兵镜类编》等，均不同程度得益于《孙子》，或征引《孙子》的名言要义阐发其思想；或以历代战例佐证《孙子》的观点；或以《孙子》为式，建立自己的学术体系。当然，也都有所发展。在《荀子》《吕氏春秋》《国语》《战国策》《吴越春秋》《越绝书》《潜夫论》《淮南子》等某些篇、节中，也可看到《孙子》的影响。

《孙子》的注家，自魏以降，近二百家，名家也甚多。据不完全统计，各代的注家：唐以前为 14 家，宋、元有 17 家，明有 53 家，清有 64 家，朝代不明，无名氏注 26 家，另有许多今人注本。古代注本见诸著录的，大部分遗失，原注本尚存 70 余家（含阙本）。注家以魏武最早，十家（曹操、孟氏、李筌、杜牧、陈皞、贾林、梅尧臣、王哲、何延锡、张预）注最有名。另外，宋代施子美、元代潘衍翁、明代刘寅和赵本学、清代朱墉和汪淇等的注解本，也有其代表性和价值。这些注释本对于理解文义、掌握要义、推动《孙子》研究都起到积极作用。此外，研究《孙子》的成书、作者、思想内容等的专著和学术论文，其量之多，当以千百计。

《孙子》在我国有两千多年的流传史和研究史。在战国时即广为流传，《韩非子》说："境内皆言兵，藏孙、吴之书者家有之。"可见贵族之家普遍注重孙、吴兵法。《史记》中说："世俗所称师旅，皆道《孙子》十三篇。"秦汉时兵书由国家收藏，民间流传受限制，但师旅中仍循用《孙子》。汉武帝欲教霍去病"吴、孙兵法"，孙权劝吕蒙"宜急读《孙子》"，唐太宗与李靖论《孙子》。由于帝王的倡导，明定《孙子》为武学必读，后代因之，更使《孙子》处于正宗地位。

明末兵学家茅元仪讲:"前孙子者,孙子不遗;后孙子者,不能遗孙子。"极言《孙子》内容的广博和承先启后的作用,也是对《孙子》在兵学史上地位很好的概括。

在辩证唯物主义和历史唯物主义的指导下,在不断发现新资料的情况下,我国的《孙子》研究进入一个更新、更科学的阶段。我党我军的主要领导人,一直重视对《孙子》等古代兵学理论的吸取和借鉴。无论是在戎马倥偬的战争年代,还是中华人民共和国成立以后,都注重对《孙子》基本理论的运用,使其成为我国现代军事思想的理论材料。

《孙子》对我国兵学理论的影响,可谓深矣,广矣,久矣!

《孙子》在国外,也被目为奇书、伟书,公认为"兵学圣典",享有巨大的声誉。日、法、英、俄、美、捷等多国均有《孙子》译本;有些国家的军事院校将《孙子》列为必读书;著名的百科全书中都有《孙子》条目;一些将帅学习、运用《孙子》,并出现"现代孙子热"。

日本是国外研究《孙子》最早、研究者最多、成果相对最多,也是对《孙子》评价最高的国家。早在公元八世纪唐玄宗时代(日本奈良时代),日本著名学者吉备真备被遣唐留学十八载。公元735年回国时,"所得赐赏,尽市文籍",中有《孙子》等古兵书。吉备在太宰府任职期间,还亲自聚徒讲授《孙子》的《九地》篇和"诸葛亮八阵图"。嗣后一千多年,日本的将领、学者十分尊重《孙子》,研究不绝。有关《孙子》的著作有一百余部;日本的古兵书的中心思想,大多出自《孙子》;还有许多将领在实践中运用《孙子》而成功的事例。日本人士自称:"《孙子兵法》自奈良时代传到日本以来,给日本历史、日本人的精神方面以较大的影响。"

法国于1772年在巴黎出版了《孙子》法译本。这是旅居北京的法国耶稣会士钱德明受路易十五的国务大臣贝尔坦的委托翻译的。据说拿破仑于军中,常手不释卷披阅法译《孙子》;另据蒋百里回忆,伯卢麦将军向他提起过拿破仑曾讲到的东方古昔教训之原则,而"所谓古昔之教训云者,则《孙子》是也"。这是《孙子》西传欧洲之始。

英国于1905年由卡尔斯罗普翻译出版了《孙子》英文本。在此之前，一些精通中文的英国军官已在口头传播《孙子》。蒙哥马利元帅曾说：世界上所有的军事院校都应把《孙子兵法》列为必修课。

俄国于1860年由汉学家斯列兹涅夫斯基翻译出版了《孙子》。第二次世界大战后，苏联又出新译本，加强了研究。一些学者认为：《孙子》是"最早的军事理论著作。希腊、罗马、迦太基等与奴隶社会有关的军事著作都在它之后"。德国于1910年由布鲁诺·纳瓦拉翻译，在柏林出版了德文本《孙子》。据说德皇威廉二世在第一次世界大战失败后见到《孙子》，感叹自己知道得太晚了。

《孙子》在美洲大陆的传播比以上这些国家要迟。美国在第二次世界大战后，研究《孙子》的人才多起来。

总之，《孙子》已越出国界，在国外拥有众多的信奉者、研究者。

《孙子》为什么流传那么广，学习、研究者那么多，在军事史上有崇高的地位；为什么两千多年来对《孙子》的研究久盛不衰，至今仍引起人们极大的兴趣；为什么即使存在时空上的巨大跨度，《孙子》仍然有那么大的魅力？要言之，有三点：一是思想深刻，哲理性强。其精言粹语，有极强的概括力和表现力。许多思想和原则，给人以启示和无穷回味。二是内容丰富、广泛，适应性强。讲军事、战争之理，涉及政治、经济、外交、哲学等方面的问题，思想容量甚大，人们可以从不同的角度来探讨和运用。故有的说"（《孙子》）与其是兵学的书，不如说是文学的书"；有的说《孙子》是"政治秘诀"；有的说，十三篇兵书，形成了"中国的军事哲学"；有的说《孙子》是"不朽不灭的大艺术品"；有的说《孙子》是"兵书和外交教科书也，亦人生座右铭"；有的将《孙子》用于"间谍战"，有的用于企业经营管理，有的用于体育竞技等方面。三是现实借鉴性。《孙子》是古代兵书，其中基本的原理、原则，反映了军事规律，经得起历史的、实践的检验，具有普遍意义，历朝历代和外国都有借鉴，至今仍有现实意义。深刻的哲理性、广泛的适用性、现实借鉴性，这几方面因素的综合，使《孙子》富有强大的生命力，古今中外的军事家、政治家和学者都对其赞誉不已，称颂它为"世界兵学圣典"。

《孙子》的军事思想，因具有重要价值和普遍性意义而为古今所重视、所借鉴。择要而言，有如下几个方面内容：

一、重战、慎战、备战、善战的战争观

《孙子》认识到战争的地位和作用，开宗明义，首言"兵者，国之大事。死生之地，存亡之道，不可不察也"。承认并提示人们要注意战争这一现象，这是关乎国家兴亡的大事。因此，要慎重对待，要明主和良将"虑之""修之""慎之""警之"。这也是后世所谓"从古知兵非好战"的思想。《孙子》主张"无恃其不来，恃吾有以待之；无恃其不攻，恃吾有所不可攻也"。强调"立于不败之地"，"以虞者胜"。并注重兵力、粮秣、财政、器材、辎重等物质上的准备。这是"有备无患""有备者胜"的思想。《孙子》反复论述"善战""善用兵"，实质上讲的是条件、因素、谋略和方法。主要有：一、以"道"为首的多因素制胜论，把"道"（政治）作为首要的制胜条件；二、"庙胜"论，多算胜，少算不胜，注重谋略、决策制胜；三、"诡道"制胜论，用诡诈之法取胜。这些可称为"善战制胜三论"。

"重战""慎战""备战""善战"思想，初步论述了对战争地位、作用、本质、制胜因素等基本问题的看法。

二、"全胜"和进攻速决的谋略思想

《孙子》是最早的一部战略名著，为国际所公认，孙子也被称为"中国天才战略家""战略之祖"。《孙子》十分重视计、谋（战略），要点有四：一是建立在"知彼知己""五事""七计"基础上料敌定谋；二是强调"庙算"，先计而后战；三是"全胜""不战而屈人之兵"；四是进攻速胜，兵"贵速，不贵久"。

这些关于制定谋略、运用谋略的论述，被称颂为"富于教益和无与伦比的战略论"。当然，这是就古典意义上讲的，但对现代战略也有极大启示。

三、主动、惑敌、因情用兵的作战思想

《孙子》中的作战思想非常丰富、生动,也甚深刻。主要是:一、"致人而不致于人"。争取主动权,作为用兵之枢纽。二、"任势""造势",力尽其威。通过军力、战斗力合理编组,士气发扬,配置、指挥得当,造成力的积聚。并利用有利条件形成冲击力、爆发力,得到最佳发挥。三、"奇正相生","出奇制胜"。在兵力使用、战法和作战形式上讲究常法和变法结合运用;奇在变化无穷,奇在"攻其无备,出其不意"。四、"虚实""示形""惑敌""动敌",以达到"避实击虚"之效。这也就是"多方误敌"的用兵要着。五、"并力""分合",讲究"我专敌分",集兵击敌。六、"因敌制胜",机动"应变"。

这些作战原理、原则,有许多成为千古军事名言、历代用兵要则。

四、"将""法"并重的治军思想

《孙子》把"将"作为"五事""七计"的基本内容。论述了"将"的地位和作用。认为"将者,国之辅","知兵之将,民之司命,国家安危之主也"。明确提出将帅须具备"智、信、仁、勇、严"五个条件,称之为"五德"。并把"智"放在突出位置,强调指挥才能、谋略素养,以别于"一剑之任"的斗士,《孙子》注意以"法""令"统一军队的行动。所谓"令之以文,齐之以武",恩威并施,宽严相济,以求行动一致。

这些体现了人治与法治并重的治军思想,也甚有价值。

五、素朴唯物论、辩证法的军事哲学

孙中山先生曾说:《孙子》解释的是当时的战理,"由于那十三篇兵书,便成立中国的军事哲学"。兵事和哲学是相通的,《孙子》中体现了素朴的唯物论和素朴的辩证法。主要有四:一是反对战争中的"天命观",注重人事。《孙子》把"天""地"等看作正常自然现象,摒弃战事求之于鬼神、占卜,以预测吉凶的做法。明确提出"禁祥去疑","不可取于鬼神,不

可象于事,不可验于度,必取于人,知敌之情者也"。二是注重客观条件和主观能动性。"知彼知己,百战不殆"是《孙子》运谋用兵的唯物基础,它还主张和强调战争中的"先知""先算""先胜"。即借助对各种基本情况、条件的了解、掌握和分析,对战争整体、胜负等预为胜算。三是以"智"使"力"的"智力观"和"趋利避害"的利害观。《孙子》突出"计"战、"谋攻";提出"上兵伐谋,其次伐交,其次伐兵,其下攻城";认为"兵者诡道",等等。其要义是强调"智战",先计而后战。孙子认为"兵",利也,"合于利而动,不合于利而止"。从战争的"利""害"出发,有所攻取和有所舍弃。四是注意从总体上、多方面观察战争。《孙子》并非简单地以战论战,而是从政治、军事、经济、地理、外交等方面综合谈战争,是从全体上来把握,初步看到其间的主次相互关系。在某种意义上讲,《孙子》重政治重于军事,重智谋更重于拼力量,重人事更重于重天地。对战争的诸方面、诸条件也注意作系列思考,如"五事""七事""九地""九变"等。关于敌我、攻守、胜败、彼己、主客、众寡、强弱、虚实、奇正、分合、利害、进退、勇怯、久速、劳逸、治乱、远近、迂直、安危、动静等军事领域中矛盾对立的现象,给予一定概括,从而形成古典军事学中一些基本范畴。并且注意到对立物的变化和转化,如"以迂为直,以患为利","佚能劳之,饱能饥之,安能动之"等。

总而言之,《孙子》博大精深,理通百代,故称誉古今,风行世界。

卷上

始计第一

[说明]国家将欲兴师动众与敌国开战,君臣必先定计于庙堂之上,评价比较敌我双方的力量,然后才能知道胜负如何。本篇便记载了孙子关于研究和谋划战争的重要性,以及如何分析战争双方的条件,判断战争的胜负,发挥将帅在战争中的指导作用等论述。

本篇中,孙子提出了"攻其无备,出其不意"的重要观点。

孙子曰:兵者,国之大事,死生之地,存亡之道,不可不察也。故经之以五事,校之以计,而索其情:一曰道,二曰天,三曰地,四曰将,五曰法。

道者,令民与上同意,可与之死,可与之生,而不畏危也。天者,阴阳、寒暑、时制也。地者,远近、险易、广狭、死生也。将者,智、信、仁、勇、严也。法者,曲制、官道、主用也。

凡此五者,将莫不闻,知之者胜,不知者不胜。故校之以计,而索其情。曰:主孰有道?将孰有能?天地孰得?法令孰行?兵众孰强?士卒孰练?赏罚孰明?吾以此知胜负矣。将听吾计,用之必胜,留之;将不听吾计,用之必败,去之。计利以听,乃为之势,以佐其外。势者,因利而制权也。

兵者,诡道也。故能而示之不能,用而示之不用,近而示之远,远而示之近。利而诱之,乱而取之,实而备之,强而避之,怒而挠之,卑而骄之,佚而劳之,亲而离之,攻其无备,出其不意。

此兵家之胜，不可先传也。

　　夫未战而庙算胜者，得算多也；未战而庙算不胜者，得算少也。多算胜，少算不胜，而况于无算乎！吾以此观之，胜负见矣。

【译文】

　　孙子说：战争是国家的大事，它关系着臣民的生死，影响着国家的存亡，是不可以不认真考察研究的。所以，要从以下五个方面分析，比较敌我双方的条件，以探讨战争胜负的情形：一是道，二是天，三是地，四是将，五是法。

　　所谓"道"，就是民众与国君的意愿相一致，民众可与国君同生共死，而不怕危险。所谓"天"，是指昼夜、阴晴、寒暑、四时等天时气象情况。所谓"地"，是指路程的远近，地势的险阻和平坦，地域的宽广和狭窄，是否利于攻守进退等地形条件。所谓"将"，是指将帅的才智，赏罚有信，仁慈，勇敢果断，军纪严明。所谓"法"，是指军队组织编制，将吏的管理，军用物资的供应等制度性规定。

　　以上五个方面，将帅们没有不知道的，只有领会透彻的才能打胜仗，否则就不能取胜。因此，要从以下几个方面来分析比较，以探索战争胜负的情形。就是说，哪一方的君主比较贤明？哪一方的将帅比较有才能？哪一方占据比较有利的天时地利条件？哪一方的法令能切实贯彻执行？哪一方的军队实力强盛？哪一方的士兵训练有素？哪一方赏罚严明？我们根据以上情况分析对比，就可以判明谁胜谁负了。如果能听从我的计谋，作战便可取胜，我就留下；如果不采纳我的建议，指挥作战一定会失败，那我就离去。分析得失利害，采纳正确的意见，还要设法造"势"，以辅助作战的进行。所谓"势"，就是根据情况是否有利而采取相应的行动。

　　用兵打仗是一种诡诈的行为。所以，能攻而装作不能攻，要打而装作不去打，要在近处行动而装作要在远处行动，要在远处行动而装作要在近处行动。对于贪利的敌人，要用小利来引诱他；对于处于混乱状态的敌人,要乘机攻取他;对于力量充实的敌人,要加倍防备他;对于强大的敌人,要暂时避开他;对于易怒的敌人,要用挑逗的办法去激怒他;对于鄙视我方的敌人,要使其更加骄傲;对于休整良好的敌人,要设法使他疲劳;对于内部和睦的敌人,要设法离间他。要在敌人无准备的状态下实施攻击,要在敌人预料不到的情况下采取行动。这些都是军事家取胜的奥妙,是不可事先加以规定的。

在开战之前,预计能够战胜敌人的,是因为筹划周密,胜利条件充分;未开战之前预计要失败的,是因为谋划不够,胜利的条件少。筹划周密,胜利条件多,能胜敌人,筹划不周密,胜利条件少,不能胜敌,更何况根本不筹划,没有胜利条件呢? 我们从这些方面来考虑,胜败就可以预见。

作战第二

[说明]庙堂之上谋划已毕,便调动军队与敌国交战。本篇记述了孙子从战争与人力、物力、财力的依赖关系出发,着重强调了"兵贵胜,不贵久"的观点,并提出了力争在敌国就地解决给养的"因粮于敌"的原则。

孙子曰:凡用兵之法,驰车千驷,革车千乘,带甲十万,千里馈粮,内外之费,宾客之用,胶漆之材,车甲之奉,日费千金,然后十万之师举矣。

其用战也胜。久则钝兵挫锐,攻城则力屈,久暴师则国用不足。夫钝兵挫锐,屈力殚货,则诸侯乘其弊而起,虽有智者不能善其后矣。故兵闻拙速,未睹巧之久也。夫兵久而国利者,未之有也。故不尽知用兵之害者,则不能尽知用兵之利也。

善用兵者,役不再籍,粮不三载。取用于国,因粮于敌,故军食可足也。国之贫于师者远输,远输则百姓贫。近师者贵卖,贵卖则百姓财竭,财竭则急于丘役。力屈财殚,中原内虚于家,百姓之费十去其七。公家之费,破车罢马,甲胄矢弓、戟楯矛橹,丘牛大车,十去其六。故智将务食于敌,食敌一钟,当吾二十钟,蒽秆一石,当吾二十石。

故杀敌者,怒也;取敌之利者,货也。车战得车十乘以上,赏其先得者,而更其旌旗,车杂而乘之,卒善而养之,是谓胜敌而益强。故兵贵胜,不贵久。故知兵之将,民之司命,国家安危之主也。

【译文】

孙子说:凡兴兵打仗,要准备出动战车千辆,辎重车千辆,军队十万,还要千里运粮,这样一来,前方后方的费用,招待宾客的开支,器材物资的供应,武器装备的保养补充,每天要耗费千金,考虑到这些,然后十万大军才能出动。

用这样庞大的军队作战,就要求速胜。旷日持久,军队疲惫、锐气挫伤,如果攻城就会耗尽战斗力,如果军队长期在外作战,国家的财政经济就会发生困难。军队疲困、锐气挫伤、军力耗尽、经济枯竭,诸侯就会乘机进攻,那时,即使很有才智的人,也不能挽回危局了。因此,用兵打仗只听说稳妥踏实速战的,没见过求巧而久拖的。长期战争对国家有利的,是从来没有的事。所以,不能完全懂得持久作战害处的人,就不能完全懂得速战的好处。

善于用兵的人,兵员不用反复征集,粮秣不多次运送。武器装备从国内解决,粮秣在敌国就地解决,这样,军队的供应就充足了。国家因战争而导致贫困的,长途运输是个重要原因,长途运输就会使百姓贫困。军队集中的地方物价飞涨,物价飞涨就会使百姓财富枯竭,财富枯竭就急于加征赋税徭役。军力耗尽,财力枯竭,国内家家空虚,百姓的财物耗去了十分之七。公家资财,由于战车损坏、战马疫病、装备兵器的损耗、辎重车辆的损坏耗去了十分之六。所以,高明的将帅,务求在敌国解决粮秣,就地取给粮食一钟,相当于从本国运输二十钟,征集饲草一石,相当于从本国运输二十石。

要使士兵英勇杀敌,就要激起他们对敌人的仇恨;要想夺取敌人资财,就要奖赏士兵。所以在车战中,凡缴获战车十辆以上的,要奖赏最先夺得战车的士兵,并更换战车上的旌旗,混合编入己方车队之中,善待和任用俘虏来的士卒,这就是所谓战胜敌人而使自己愈加强大。因此,用兵作战最贵速胜,不宜久拖。深知用兵之法的将帅,是民众命运的掌握者,是国家安危的主宰。

谋攻第三

［说明］本篇主要论述谋划"取人之国,伐人之兵"的问题,强调"不战而屈人之兵"为"善之善者",并总结出了"知彼知己,百战不殆"的著名军事规律。

孙子曰:夫用兵之法,全国为上,破国次之;全军为上,破军次之;全旅为上,破旅次之;全卒为上,破卒次之;全伍为上,破伍次之。是故百战百胜,非善之善者也;不战而屈人之兵,善之善者也。

故上兵伐谋,其次伐交,其次伐兵,其下攻城。攻城之法,为不得已。修橹轒辒,具器械,三月而后成;距闉,又三月而后已。将不胜其忿而蚁附之,杀士卒三分之一而城不拔者,此攻之灾也。

故善用兵者,屈人之兵,而非战也;拔人之城,而非攻也;毁人之国,而非久也,必以全争于天下。故兵不顿而利可全,此谋攻之法也。

故用兵之法，十则围之，五则攻之，倍则分之，敌则能战之，少则能逃之，不若则能避之。故小敌之坚，大敌之擒也。

夫将者，国之辅也。辅周则国必强，辅隙则国必弱。

故君之所以患于军者三：不知军之不可以进而谓之进，不知军之不可以退而谓之退，是谓縻军；不知三军之事，而同三军之政，则军士惑矣；不知三军之权，而同三军之任，则军士疑矣。三军既惑且疑，则诸侯之难至矣。是谓乱军引胜。

故知胜有五：知可以与战不可以与战者胜，识众寡之用者胜，上下同欲者胜，以虞待不虞者胜，将能而君不御者胜。此五者，知胜之道也。

故曰：知彼知己，百战不殆；不知彼而知己，一胜一负；不知彼不知己，每战必败。

【译文】

孙子说：指导战争的法则是，使敌人举国投降是上策，出兵去击败那个国家就次一等；使敌人全军完整地降服是上策，用武力击败它就次一等；使敌人全旅完整地降服是上策，击败它就次一等；使敌人全卒完整地降服是上策，击败它就次一等；使敌人全伍完整地降服是上策，击败它就次一等。因此，百战百胜，不算是最高明的；不战而使敌人降服，才算是好中最好的。

所以用兵的上策是以谋略胜敌，其次是通过外交手段取胜，再次是使用武力战胜敌人，最下策是攻城。攻城是不得已而采取的办法。修造大盾和四轮车，准备器械，三个月才能完成；构筑攻城用的土山，又要花费三个月才完工。将帅不能抑制其愤怒的情绪，驱使士卒像蚂蚁一般爬梯攻城，士卒伤亡了三分之一，而城还是攻不下来，这就是攻城的危害。

所以，善于用兵打仗的人，使敌军屈服而不用交战，夺取敌人的城邑而不靠硬攻，使敌国灭亡而不需久战，务求以全胜的谋略争胜于天下。

这样，军队就不至于受挫，而取得圆满的胜利，这就是谋攻的法则。

所以用兵的方法，有十倍于敌的兵力，就要四面包围，迫使敌人屈服；有五倍于敌人的兵力，就要进攻敌人；有一倍于敌人的兵力，就要设法分散敌人；同敌人兵力相等，就要善于设法战胜敌人；比敌人兵力少的就要设法摆脱敌人；实力不如敌人，就要设法避免与敌交战。弱小的军队如果坚守硬拼，就会成为强大敌人的俘虏。

将帅是国君的助手，辅助得周密，国家就会强盛；辅助得有缺陷，国家就要衰弱。

国君可能不利于军队的情况有三种：不明白军队不可以前进而命令军队前进，不明白军队不可以后退而命令军队后退，这叫作束缚军队；不知道军队内部的事务，而干涉军事管理，将士就会无所适从；不知道用兵的权谋，而干涉军队的指挥，将士就会产生疑虑。军队既迷惑又有疑虑，各诸侯国乘机进攻的灾难就降临了。这就是扰乱自己的军队而导致敌人取得胜利。

所以，从以下五个方面可以预知胜利：知道什么情况下可以作战，什么情况下不可以作战的，就会胜利；懂得根据兵力多少而采取不同战法的，就会胜利；上下齐心协力的，就会胜利；以有准备对付没有准备的，就会胜利；将帅有指挥才能而国君不加以牵制的，就会胜利。这五条，是预知胜利的方法。

所以说，了解敌人又了解自己，百战都不会失败；不了解敌人而了解自己，胜利失败各半；既不了解敌人，又不了解自己，那就每战必败。

军形第四

[说明]本篇强调军无常形，因敌变化而为之形。军队作战要先使自己"立于不败之地"，然后寻机战胜敌人。孙武这种"先为不可胜，以待敌之可胜"的作战指导思想，历来为军事家所重视。

孙子曰：昔之善战者，先为不可胜，以待敌之可胜。不可胜在己，可胜在敌。故善战者，能为不可胜，不能使敌之必可胜。故曰：胜可知，而不可为。

不可胜者，守也；可胜者，攻也。守则不足，攻则有余。善守者，藏于九地之下；善攻者，动于九天之上。故能自保而全胜也。

见胜不过众人之所知，非善之善者也；战胜而天下曰善，非善之善者也。故举秋毫不为多力，见日月不为明目，闻雷霆不为聪耳。古之所谓善战者，胜于易胜者也。故善战者之胜也，无智名，无勇功。故其战胜不忒，不忒者，其所措胜，胜已败者也。故善战者，立于不败之地，而不失敌之败也。是故胜兵先胜，而后求战；败兵先战，而后求胜。善用兵者，修道而保法，故能为胜败之政。

兵法：一曰度，二曰量，三曰数，四曰称，五曰胜。地生度，度生量，量生数，数生称，称生胜。故胜兵若以镒称铢，败兵若以铢称镒。胜者之战，若决积水于千仞之谿者，形也。

【译文】

孙子说：过去会用兵打仗的人，总是首先创造条件，使自己不被敌人战胜，然后等待敌人可能被我战胜的机会。不被敌人战胜，主动权在于自己；敌人是否会犯错误，是否有我可以利用的机会，却在于敌人。所以，善于用兵打仗的人，能使自己不被敌人战胜，但不能肯定敌人必定会被我战胜。所以从这个意义上说，胜利可以预知，但敌人有无可乘之机，被我战胜，则不能由我而定。

当我不可能战胜敌人时，应防守；可能战胜敌人时，应进攻。防守是因为兵力不足，进攻是因为兵力有余。善于防守的人，像藏在深不可测的地下一样；善于进攻的人，像在高不可攀的天上一样。因此，既能够保全自己，又能取得完全彻底的胜利。

预见胜利，不超过一般人的见识，不能算是高明的；经过苦战而后取胜，天下人都说好，也不能说是高明的。这就像能举起秋天的毫毛算不得力大，能看见日月算不得眼明，能听见雷声算不得耳聪一样。古时所谓善于打仗的人，总是在容易取胜的条件下战胜敌人。所以，善于打仗的人取得胜利，既显不出智谋的名声，也称不上有勇猛的战功。因为他战胜敌人是必然的，之所以必然，因为他的胜利是建立在确有把握的前提下，他所打败的敌人是已经处于失败境地的敌人。所以善于打仗的人，总是先使自己立于不败之地，同时又不放过任何可以战胜敌人的机会。因此，常胜的军队总是先创造取胜的条件，而后才同敌人作战；常败的军队，总是先同敌人作战，而后期求侥幸取胜。会用兵的人，善于修明政治，严守法度，所以能掌握胜败的决定权。

用兵之法：一是"度"，二是"量"，三是"数"，四是"称"，五是"胜"。国土面积的大小、地形的险易，产生了判断这个问题的"度"；判断双方土地的面积等情况，就产生了资源多寡这个"量"；从资源多寡就产生兵员数量和物资供给多少这个"数"；根据双方军力众寡就产生影响到双方军事力量轻重对比的"称"；根据双方力量相差对比，就有了胜败之分。所以，胜利的军队，在双方力量的对比上，就像以"镒"称"铢"那样占绝对优势；失败的军队，在力量对比上，就像以"铢"称"镒"那样处于绝对劣势。胜利者指挥军队打仗，就像从千仞高的溪谷中决开积水一样，势不可当，这是一种强大力量的表现。

兵势第五

[说明]激流漂石，滚圆石于千仞高山之上，这就是孙武所说的势态。本篇论述应充分发挥将帅的指导能力，以自己的军事实力作基础，造成一种猛不可挡、压倒敌人的有力态势。

　　孙子曰：凡治众如治寡，分数是也；斗众如斗寡，形名是也；三军之众，可使必受敌而无败者，奇正是也；兵之所加，如以碫投卵者，虚实是也。

　　凡战者，以正合，以奇胜。故善出奇者，无穷如天地，不竭如江海。终而复始，日月是也；死而更生，四时是也。声不过五，五声之变，不可胜听也。色不过五，五色之变，不可胜观也。味不过五，五味之变，不可胜尝也。战势不过奇正，奇正之变，不可胜穷也。奇正相生，如循环之无端，孰能穷之哉！

　　激水之疾，至于漂石者，势也；鸷鸟之疾，至于毁折者，节也。故善战者，其势险，其节短。势如�弩，节如发机。

　　纷纷纭纭，斗乱而不可乱；浑浑沌沌，形圆而不可败。乱生于治，怯生于勇，弱生于强。治乱，数也；勇怯，势也；强弱，形也。故善动敌者，形之，敌必从之；予之，敌必取之；以利动之，以本待之。

　　故善战者，求之于势，不责之于人，故能择人而任势。任势者，其战人也如转木石。木石之性，安则静，危则动，方则止，圆则行。故善战人之势，如转圆石于千仞之山者，势也。

【译文】

　　孙子说：管理人数多的军队像管理人数少的军队一样，这是组织调配问题；指挥人数多的军队作战像指挥人数少的军队一样，这是通信联络、指挥得法的问题；统帅全国军队，要使其一旦遭受敌人进攻而不致失败，这是"奇正"运用问题；军队进攻敌人，要能像以石击卵那样，所向无敌，这是"虚实"运用恰当。

　　大凡作战，一般是以正兵迎敌，以奇兵取胜。所以，那善于出奇制胜的将帅，其战法像天地那样变化无穷，像江河那样奔流不竭。终而复始，就像日月运行一样；死而复生，就像四季更迭。声音不过五种，然而五种声音的变化,却不能听尽。颜色不过五种,然而五种颜色的变化,却不能看尽。味道不过五种,然而五种味道的变化,却不能尝尽。战势,不过奇正两种,然而奇正的变化,却是不能穷尽的。奇正的相互转化,就像圆环那样,无头无尾,谁能穷尽它呢?

湍急的水飞快地奔泻,能冲走石块,这是因为水势强大;凶猛的鸟疾速飞行,能捕杀小鸟,这是由于节奏适当。所以善于指挥作战的将帅,他所造成的态势是急迫险峻的,冲击节奏是短促猛烈的。这种态势,就像张满的弓;这种节奏,犹如触发弩机。

旌旗混乱,人马杂沓,在这种状态中作战,必须使自己的部队不发生混乱;在混乱不清的情况下打仗,必须把队伍部署周密,应付自如,任何情况下都不被敌人打败。在一定条件下,"乱"由"治"产生,"怯"由"勇"产生,"弱"由"强"产生。严整与混乱,决定于组织编制如何;勇敢与怯懦,决定于战场形势如何;强大与弱小,决定于军事实力如何。所以,善于调动敌人,欺骗敌人,敌人就会听从调动;投其所好,敌人就会被引诱上当;以小利引诱敌人,以部队主力待机攻击敌人。

所以善于指挥打仗的将帅,都注意造势用势,而不苛求部下,因而他就能选拔适当人才,利用形势。善于利用态势的人,他指挥将士作战,好像转动木头和石头一样。木头石头放在平坦的地方比较稳定,放在陡峭倾斜的地方就会滚动,方形的比较稳定,圆形的容易滚动。所以高明的将帅指挥军队打仗时所造成的有利态势,就好像转动圆石,使其从千仞高的山上往下滚动那样,这就是军事上所谓的"势"。

卷中

虚实第六

[说明]虚实,敌我皆有,本篇论述在作战指导上必须"避实而击虚","因敌而制胜"。但孙子也指出"兵无常势,水无常形",战争中要变敌之"实"为"虚",变己之"虚"为"实",做到以己之实,击敌之虚。

孙子曰:凡先处战地而待敌者佚,后处战地而趋战者劳。故善战者,致人而不致于人。能使敌人自至者,利之也;能使敌人不得至者,害之也。故敌佚能劳之,饱能饥之,安能动之。

出其所不趋,趋其所不意。行千里而不劳者,行于无人之地也;攻而必取者,攻其所不守也;守而必固者,守其所不攻也。故善攻者,敌不知其所守;善守者,敌不知其所攻。微乎微乎,至于无形;神乎神乎,至于无声,故能为敌之司命。

进而不可御者,冲其虚也;退而不可追者,速而不可及也。故我欲战,敌虽高垒深沟,不得不与我战者,攻其所必救也;我不欲战,虽画地而守之,敌不得与我战者,乖其所之也。

故形人而我无形,则我专而敌分。我专为一,敌分为十,是以十攻其一也,则我众敌寡。能以众击寡者,则吾之所与战者,约矣。吾所与战之地不可知,不可知,则敌所备者多,敌所备者多,则吾所与战者寡矣。故备前则后寡,备后则前寡,备左则右寡,备右则左寡,无所不备,则无所不寡。寡者,备人者也;众者,使人备己者也。故知战之地,知战之日,则可千里而会战。

不知战地，不知战日，则左不能救右，右不能救左，前不能救后，后不能救前，而况远者数十里，近者数里乎？以吾度之，越人之兵虽多，亦奚益于胜哉？故曰，胜可为也。敌虽众，可使无斗。

故策之而知得失之计，作之而知动静之理，形之而知死生之地，角之而知有余不足之处。故形兵之极，至于无形，无形则深间不能窥，智者不能谋。因形而措胜于众，众不能知。人皆知我所以胜之形，而莫知吾所以制胜之形。故其战胜不复，而应形于无穷。

夫兵形象水，水之形避高而趋下，兵之形避实而击虚。水因地而制流，兵因敌而制胜。故兵无常势，水无常形。能因敌变化而取胜者，谓之神。

故五行无常胜，四时无常位，日有短长，月有死生。

【译文】

孙子说：凡先到达战场等待敌人的就从容主动，后赶到战场仓促应战的就疲劳被动。所以善于指挥作战的将帅，能调动敌人而不被敌人所调动。能使敌人自动上钩的，是以利引诱的结果；能使敌人不能到达预定地域的，是制造困难阻止的结果。所以敌人休整时，应设法使他疲劳；敌人给养充足时，应设法让他饥饿；敌人静处不动时，应设法调动他。

出兵要指向敌人无法及时赶到的地方，向敌人意料不到的方向行动。行军千里而不困顿的，是因为军队经过的是没有敌人或敌人防守不严的地区；进攻而能取胜的，是因为攻击了敌人不注意防守的地方；防守十分牢固的，是因为扼守住了敌人不敢攻的地方。所以，善于进攻的，能使敌人不知怎样守好；善于防守的，能使敌人不知怎样攻好。微妙呀，微妙得让敌人看不出一点形迹；神奇呀，神奇得让敌人听不到一点声息，这样，就能主宰敌人命运。

前进时，敌人无法抵御的，是由于攻击了敌人防守薄弱的地方；退却时,敌人无法追及的,是由于行动迅速,敌人追不上。所以,我若求战,敌人即使坚守深沟高垒,也不得不出来与我交战,因为我进攻了敌人必须救援的要害地方;我若不想交战,即使画地而守,敌人也无法和我交战,因为我设法改变了敌人的进攻方向。

所以,了解敌人的情况,而自己不露形迹,就能够做到自己兵力集中而使敌人兵力分散。自己兵力集中于一处,敌人兵力分散于十处,这样,我就能以十倍于敌的兵力打击敌人,造成我众而敌寡的有利态势。能做到以众击寡,那么与我军直接交战的敌人就很少了。我们发动进攻的地方要让敌人一无所知,不知道,他就要处处防备,敌人防备的地方越多,兵力越分散,这样,我所直接攻击的敌人就少了。所以,防备前面,后面的兵力就薄弱;防备后面,前面的兵力就薄弱;防备左翼,右翼的兵力就薄弱;防备右翼,左翼的兵力就薄弱;处处防备,就处处兵力薄弱。兵力所以少,是处处防备的结果;兵力所以多,是迫使敌人处处防备我的结果。所以,能预知同敌人交战的地方、交战的时间,就可以跋涉千里同敌人交战。如果既不能预知交战的地点,又不能预知交战的时间,就会左不能救右,右不能救左,前不能救后,后不能救前,何况远的相距几十里,近的也有好几里呢? 依我看来,越国的兵虽多,对于夺取战争的胜利又有什么补益呢? 所以说,胜利是可以争取到的。敌人兵力虽多,也可以使其无法与我较量。

因此,要认真分析判断,研究敌人作战计划的得失利害;挑动敌人,了解敌人的活动规律;侦察敌方,摸清敌人占领地形的有利与不利;用小股部队佯攻敌人,以求探明敌方兵力部署的虚实强弱。作战的方式运用到极妙的程度,能使人们看不出一点形迹,这样,就是深藏的间谍也无法探明我方虚实,即使很聪明的敌人也想不出对付我的办法来。根据敌情变化灵活运用战法而取得的胜利,别人也不知其中的奥妙。人们只知道我取胜的方法,但不知道我是怎样运用这些方法取胜的。所以,每次打胜仗,都不是重复使用某种战法,而是适应敌情而变化无穷。

用兵的规律像水,水流的规律是避开高处而流向低处,用兵的方法是避开敌人坚实之处而攻击其虚弱的地方。水因地势的高下而制约其流向,用兵则要依据敌情而决定其取胜谋略。所以,用兵作战没有固定不变的方式方法,就像水流没有固定不变的形状一样。能依据敌情变化而取胜的,就称得上"用兵如神"了。

所以,用兵就像五行相生相克,并没有固定的胜利一方,就像四季更次交替,白天有短有长,月亮有缺有圆,永远处于变化之中。

军争第七

[说明]本篇主要论述如何先敌争取制胜条件,取得有利的作战地位。他认为,必须懂得"以迂为直,以患为利"的原则,要"迂其途,而诱之以利",并采取表面上不利于己的手段欺骗敌人,做到"后人发,先人至"。

孙子曰:凡用兵之法,将受命于君,合军聚众,交和而舍,莫难于军争。军争之难者,以迂为直,以患为利。故迂其途,而诱之以利,后人发,先人至,此知迂直之计者也。

故军争为利,军争为危。举军而争利,则不及;委军而争利,则辎重捐。是故卷甲而趋,日夜不处,倍道兼行,百里而争利,则擒三将军。劲者先,疲者后,其法十一而至;五十里而争利,则蹶上将军,其法半至;三十里而争利,则三分之二至。是故军无辎重则亡,无粮食则亡,无委积则亡。

故不知诸侯之谋者,不能豫交;不知山林、险阻、沮泽之形者,不能行军;不用乡导者,不能得地利。故兵以诈立,以利动,以分合为变者也。故其疾如风,其徐如林,侵掠如火,不动如山,难知如阴,动如雷震。掠乡分众,廓地分利,悬权而动。先知迂直之计者胜。此军争之法也。

《军政》曰:"言不相闻,故为之金鼓;视不相见,故为之旌旗。"夫金鼓旌旗者,所以一人之耳目也。人既专一,则勇者不得独进,怯者不得独退,此用众之法也。故夜战多金鼓,昼战多旌旗,所以变人之耳目也。

三军可夺气,将军可夺心。是故朝气锐,昼气惰,暮气归。善用兵者,避其锐气,击其惰归,此治气者也。以治待乱,以静待哗,此治心者也。以近待远,以佚待劳,以饱待饥,此治力者也。无邀正正之旗,勿击堂堂之陈,此治变者也。

故用兵之法,高陵勿向,背丘勿逆,佯北勿从,锐卒勿攻,饵兵勿食,归师勿遏,围师必阙,穷寇勿迫。此用兵之法也。

【译文】

孙子说:大凡用兵的法则,将帅接受国君的命令,从动员集中军队,到开赴前线与敌对垒,这中间最困难的事情莫过于军争,即与敌人争夺创造胜利的条件。军争中最难的地方,又在于如何将迂回曲折的途径作为捷径,化不利为有利。所以迂回前进,并用小利引诱敌人,这样就能做到比敌人后出动而先到达战场,这就叫懂得"以迂为直"的计谋。

军争是为了争取有利的地位,整个过程也是有危险的。全军带着所有辎重去争取有利条件,就会行动迟缓而不能到达预定地域;放下辎重去争取有利条件,就会损失辎重。因此,卷起甲胄,轻装急进,昼夜不停,以加倍的行程连续行军,走上百里与敌人争利,三军将领都会被俘虏。身体健壮的士卒先到了,体弱疲倦的掉了队,其结果可能只有十分之一的兵力赶到;走上五十里的路程去争利,先头部队的将领就可能遭受挫败,其结果是部队只有半数赶到;走上三十里路程去争利,部队也只有三分之二赶到。因此军队没有辎重就会失败,没有粮食就不能生存,没有物资储备就无法坚持作战。

所以不了解列国的战略企图,就不能与其结交;不熟悉山林、险阻、沼泽等地形,就不能行军;不使用向导的,就不会有效地利用地形。用兵打仗要奇诈多变才能获得成功,根据是否有利采取行动,随情况变化决定分散或集中使用兵力。军队行动快速时,像疾风迅至;行动缓慢时,像微风掠过森林;进攻敌人时,像迅猛的烈火;驻守时,像山岳一样屹立不动;隐蔽时,像阴天看不见日月星辰那样;动作起来,就像迅雷闪电。掠取敌人的资财,分给部将作为奖赏,占领敌国,分兵据守要地,要衡量形势,然后相机而动。事先懂得以迂为直计谋的,就能胜利。这就是军争的原则。

《军政》说:"用语言指挥听不到,所以使用金鼓;用动作指挥看不清,所以使用旌旗。"金鼓旌旗都是用来统一军队行动的。军队行动统一了,勇敢的将士就不能单独前进,胆小的也不能单独后退,这就是指挥人数众多的军队的方法。所以夜间作战要多用金鼓指挥,白天作战要使用旌旗来指挥,之所以变换这些信号,都是为了适应士卒的视听能力。

三军的士气可以挫伤,将军的决心可以动摇。军队初战的时候,士气比较旺盛,经过一段时间之后,就逐渐怠惰,到了后期,士卒就会气竭思归。所以善于用兵的人,总是避开敌人的锐气,等到敌人松懈疲惫了才去打它,这是掌握军队士气的方法。以自己的严整来对待敌人的混乱,以自己的镇静来对待敌人的惊恐,这是掌握军心的方法。以自己的靠近战场应对敌人长途跋涉,以自己的从容不迫应对敌人的奔走疲困,以自己的粮足食饱来应对敌人的饥饿难耐,这是保持军队战斗力的方法。不去迎击旗帜整齐、部署周密的敌人,不去攻击阵容严整、实力雄厚的敌人,这是灵活机动的作战方法。

所以用兵的方法是:敌人占领高地,不要仰攻;敌人背靠丘陵,不要正面攻击;敌人假装败退,不要追击;敌人锐气正盛,不要向他进攻;敌人引诱不要上当;敌人撤退回国不要阻拦;合围敌人要留个缺口;对走投无路的敌人不要过分逼迫。这就是指挥作战的原则。

九变第八

[说明]特殊情况下的灵活处置问题,是本篇论述的主要内容。孙武强调考虑问题要兼顾利与害两个方面,"智者之虑,必杂于利害"。并提出了有备无患的备战思想。

孙子曰:凡用兵之法,将受命于君,合军聚众,圮地无舍,衢地合交,绝地无留,围地则谋,死地则战。途有所不由,军有所不击,城有所不攻,地有所不争,君命有所不受。故将通于九变之利者,知用兵矣。将不通于九变之利,虽知地形,不能得地之利矣。治兵不知九变之术,虽知五利,不能得人之用矣。

是故智者之虑,必杂于利害。杂于利,而务可信也;杂于害,而患可解也。

是故屈诸侯者以害,役诸侯者以业,趋诸侯者以利。

故用兵之法,无恃其不来,恃吾有以待之;无恃其不攻,恃吾有所不可攻也。

故将有五危:必死可杀,必生可虏,忿速可侮,廉洁可辱,爱民可烦。凡此五者,将之过也,用兵之灾也。覆军杀将,必以五危,不可不察也。

【译文】

孙子说:大凡用兵的法则,主将接受了国君的命令,征集士兵组建军队,不要在难以通行的地区扎营,在四通八达的地区要结交诸侯,不要在交通困难、无水草粮食、难以生存的地区停留,在四面险阻、出入通道狭窄的地区要出奇制胜,在进退不得的地区要殊死搏斗。有的道路不一定要走,有些敌军不一定要攻击,有的城邑不一定要攻占,有的地方不一定要与敌人争夺,国君的有些命令也可以不执行。所以,将帅能通晓上述九种变化奥妙的,就掌握了带兵的方法。将帅不通晓变化奥妙的,即使知道地形地貌,也不会很好地利用。治军不知道"九变"的方法,即使知道以上"五利",也不能充分发挥军队的战斗力。

所以,明智的将帅考虑问题,总是兼顾到利害两个方面。在有利的情况下考虑到不利的方面,事情就可以顺利进行;在不利的情况下考虑到有利的方面,祸患就可以消除。

所以,要使诸侯屈服,就要让他做不利于自己的事;要役使诸侯,就要驱使他做各种事情;要使诸侯归附奔走,就要用利益去引诱他。

所以用兵的法则是,不要寄希望于敌人不会来,而要依靠自己严阵以待;不要寄希望于敌人不会进攻,而要靠自己有使敌人不敢进攻的强大力量。

所以将帅有五种致命弱点:只知死拼,就可能被诱杀;贪生怕死,就可能被俘虏;急躁易怒,就可能被凌侮;廉洁自尊,就可能受不了敌人的污辱;只知溺爱居民,就可能被烦扰。以上五点,是将帅易犯的过失,是用兵的大忌。军队覆灭,将帅被杀,都是这五种危险造成的,作为将帅不能不慎重考虑。

行军第九

[说明]"处军相敌"是作战指挥中的重要问题,也即篇名"行军"的意思所指。本篇主要论述了行军作战中军队在各种地形上的处置要领和观察判断敌情的方法,并提出了"令之以文,齐之以武"的治军思想。

孙子曰:凡处军相敌,绝山依谷,视生处高,战隆无登,此处山之军也。绝水必远水,客绝水而来,勿迎之于水内,令半济而击之,利。欲战者无附于水而迎客。视生处高,无迎水流,此处水上之军也。绝斥泽,唯亟去无留。若交军于斥泽之中,必依水草,而背众树,此处斥泽之军也。平陆处易,右背高,前死后生,此处平陆之军也。凡此四军之利,黄帝之所以胜四帝也。

凡军好高而恶下,贵阳而贱阴。养生处实,军无百疾,是谓必胜。丘陵堤防,必处其阳,而右背之。此兵之利,地之助也。上雨水沫至,欲涉者待其定也。凡地有绝涧、天井、天牢、天罗、天陷、天隙,必亟去之,勿近也。吾远之,敌近之;吾迎之,敌背之。军旁有险阻、潢井、蒹葭、林木、翳荟者,必谨覆索之,此伏奸之所也。

近而静者,恃其险也;远而挑战者,欲人之进也;其所居易者,利也。众树动者,来也;众草多障者,疑也;鸟起者,伏也;兽骇者,覆也。尘高而锐者,车来也;卑而广者,徒来也;散而条达者,樵采也;少而往来者,营军也。辞卑而益备者,进也;辞强而进驱者,退也;轻车先出居其侧者,陈也;无约而请和者,谋也;奔走而陈兵者,期也;半进半退者,诱也;杖而立者,饥也;汲而先饮者,渴也;见利而不进者,劳也。鸟集者,虚也;夜呼者,恐也;军扰者,将不重也;旌旗动者,乱也;吏怒者,倦也;杀马肉食者,军无粮也;悬缻不返其舍者,穷寇也;谆谆翕翕,徐与人言者,失众也;数赏者,窘也;数罚者,困也;先暴而后畏其众者,不精之至也;来委谢者,欲休息也。兵怒而相迎,久而不合,又不相去,必谨察之。

兵非贵益多,唯无武进,足以并力、料敌、取人而已。夫惟无虑而易敌者,必擒于人。

卒未亲附而罚之,则不服,不服则难用也;卒已亲附而罚不行,则不可用也。故令之以文,齐之以武,是谓必取。令素行

以教其民，则民服；令素不行以教其民，则民不服。令素行者，
与众相得也。

【译文】

孙子说：凡行军作战，观察判断敌情时应该注意：通过山地时要靠近谷地；驻扎时，要居高向阳；如敌人已占领了高地，不宜仰攻，这是军队在山地行军作战时的处置原则。横渡江河，要在离江河稍远的地方驻扎；敌军渡河前来，不要在水中迎击，而要乘他部分未渡时予以攻击，这样比较有利。如果要与已渡河的敌人作战，那就不要靠近江河迎击。在江河地带驻扎，也要居高而向阳，切勿在敌军下游驻扎，这些是在江河地带行军作战的处置原则。通过盐碱沼泽地带，应迅速离开，不要停留。如同敌军在盐碱沼泽地带遭遇，那就要占领有水草而靠树林的地方，这些是在盐碱沼泽地带行军作战的处置原则。在平原地带驻军，要选择地势平坦的地方，最好右侧依托高地，前低后高，这些是平原地带行军作战的处置原则。以上四种利用地形的原则，是黄帝能够战胜其他部落首领的重要原因。

凡是驻军，总是喜欢高处而厌恶低洼的地方，要求向阳而回避阴湿。驻扎在便于供给和地势高的地方，军队里就不会发生疾病，这是军队必胜的一个重要因素。丘陵、堤防驻军，应驻扎在向阳的地方，并且要背靠着它。这些对用兵有利的措施，都来自对地形的正确利用。河流上游下暴雨，水沫漂来，徒步渡河的要等水势平稳，防止山洪暴至。出现"绝涧""天井""天牢""天罗""天陷""天隙"等地貌时，必须迅速离开，不要靠近。要躲开它，让敌军去接近它；要面向它，让敌军去背靠它。军队旁边有险峻的山川、低洼积水之地及芦苇、林木、杂草丛生之地时，必须仔细反复地搜索，因为这些地方容易隐藏伏兵和奸细。

敌军离我很近而仍保持镇静，是他们倚仗据有险要的地形；敌军远道而来挑战的，是企图引诱我军前进；敌军占据平坦的地方，是因为他们拥有了地利。树林里有很多树枝摇动，是敌军向我袭来；草丛中有许多

障碍物,是敌人企图迷惑我;鸟儿突然飞起,是下面有伏兵;走兽受惊猛跑,是敌人大举来袭。飞尘高而窄,是敌人的战车向我驰来;飞尘低而广,是敌人的步兵来了;飞尘分散而细长,是敌军在砍柴;飞尘少而时起时落,是敌军在察看地形,准备宿营。敌方使者言词谦卑而实际上又在加紧战备的,是准备进犯我;措辞强硬而又摆出进攻姿态的,是准备撤退;敌战车先出并占据侧翼的,是在布列阵势;敌方没有预先约定而突然来请求议和的,其中必有阴谋;敌方士卒急速奔走并排兵布阵的,是期求与我交战;敌军半进半退的,可能是引诱我;敌军倚仗手中的兵器站立的,是饥饿的表现;敌兵打水而抢着先饮的,是干渴的表现;敌人见小利而不前进的,是由于疲劳过度。敌方营寨上有飞鸟聚集栖息,说明营寨已空虚无人;敌人夜间有惊呼的,说明敌军心里恐惧;敌营惊扰无序的,是其将帅没有威严;敌营旌旗杂乱的,是其阵形混乱;敌人军官急躁易怒,是过度困倦的表现;敌人杀战马吃,是军中缺粮;抛弃炊具不返回营地的,是准备拼命;敌军恳切而顺、絮絮叨叨和下属讲话,是其将领失去人心的表现;再三奖赏士卒,说明敌军已没有别的良策;一再重罚部属的,是陷于困境的表现;将帅先对士卒凶暴后又畏惧士卒的,说明其太不精明了;敌人借故派使者来谈判并措辞委婉的,是想休兵停战。敌军盛怒前来,但久不应战,又不撤退,必须细心观察其企图。

打仗不在于兵力越多越好,只要不轻敌冒进,并能集中兵力,判明敌情,就能战胜敌人。那种无深谋远虑而又轻敌妄动的人,势必被敌人所俘虏。

将帅还没有取得士卒爱戴,就贸然处罚他们,那士卒一定不服气,不服就难以派遣他们去作战;如果士卒对将帅已经亲近依附,却仍不执行惩罚,这样的军队就不能作战。所以,要用道义去教育士卒,用军纪来令行禁止,这样的军队就必定胜利。平时能认真执行命令,教育士卒,士卒就养成服从的信念;平时命令得不到贯彻执行,教育士卒,士卒一定不服从主帅的指挥。平时命令能贯彻执行,是将领和士卒间相处融洽的表现。

卷下

地形第十

[说明]"地形者,兵之助也。"本篇强调了战争中利用地形的重要性以及军队在各种地形条件下的行动原则,指出了"知彼知己,胜乃不殆"的战争指导法则。

孙子曰:地形有通者,有挂者,有支者,有隘者,有险者,有远者。我可以往,彼可以来,曰通。通形者,先居高阳,利粮道,以战则利。可以往,难以返,曰挂。挂形者,敌无备,出而胜之;敌若有备,出而不胜,难以返,不利。我出而不利,彼出而不利,曰支。支形者,敌虽利我,我无出也;引而去之,令敌半出而击之,利。隘形者,我先居之,必盈之以待敌;若敌先居之,盈而勿从,不盈而从之。险形者,我先居之,必居高阳以待敌;若敌先居之,引而去之,勿从也。远形者,势均难以挑战,战而不利。凡此六者,地之道也,将之至任,不可不察也。

故兵有走者,有弛者,有陷者,有崩者,有乱者,有北者。凡此六者,非天地之灾,将之过也。夫势均,以一击十,曰走;卒强吏弱,曰弛;吏强卒弱,曰陷;大吏怒而不服,遇敌怼而自战,将不知其能,曰崩;将弱不严,教道不明,吏卒无常,陈兵纵横,曰乱;将不能料敌,以少合众,以弱击强,兵无选锋,曰北。凡此六者,败之道也,将之至任,不可不察也。

夫地形者,兵之助也。料敌制胜,计险厄远近,上将之道也。知此而用战者，必胜；不知此而用战者，必败。故战道必胜，主曰无战，必战可也；战道不胜，主曰必战，无战可也。故进不求名，退不避罪，唯民是保，而利于主，国之宝也。

视卒如婴儿，故可与之赴深谿；视卒如爱子，故可与之俱死。爱而不能令，厚而不能使，乱而不能治，譬如骄子，不可用也。

知吾卒之可以击，而不知敌之不可击，胜之半也；知敌之可击，而不知吾卒之不可以击，胜之半也；知敌之可击，知吾卒之可以击，而不知地形之不可以战，胜之半也。故知兵者，动而不迷，举而不穷。故曰：知彼知己，胜乃不殆；知天知地，胜乃可全。

【译文】

孙子说：地形有"通""挂""支""隘""险""远"等六类。凡是我可以去，敌人可以来的地形，叫作"通"。在"通"这种地形平坦，四通八达的地区，要抢先占据地势高、视野开阔的地方，并能保证粮道畅通，这样与敌交战就有利。凡是可以去，而不易返回的地方，叫作"挂"。在"挂"这种地形复杂，易进难退的地方，敌军如无防备，就要主动出击战胜它；如果敌人有防备，我出击而不能取胜，又难以撤回，就不利了。凡是我出击不利，敌人出击也不利的地方，叫作"支"。在"支"这种敌我相持不下的地方，即使敌人以利诱我，也不要出击；最好是引兵佯离，诱使敌军追击，等他们出动一半时，我再突然发起攻击，这样有利。在"隘"形这种狭窄的山谷地区，我若先敌到达，就要先占据隘口，等待敌人进攻；如果敌军已抢先占据隘口，并以重兵扼守，那就不要进击，若敌人没有用重兵据守隘口，就迅速攻占它。在形势险要的地方，如我先敌占领，就要占据视野广阔的制高点等待打击敌人；如果敌人已占领高处，那就主动撤退，不要进攻它。在"远"形这种敌我相距很远的地方，双方势均力敌，不宜挑战，战斗对我不利。以上六点，是关于利用地形的原则，这是将帅的重大责任所在，是不可不认真考虑的。

军队失败有"走""弛""陷""崩""乱""北"等六种情况。这六种情况，都不是天灾造成的，而是将帅的过失所致。在敌我条件相当的情况下，以一击十因而失败的，叫作"走"；士卒强横，将吏懦弱，因而失败的，叫作"弛"；将吏横蛮，士卒怯弱，因而失败的，叫作"陷"；部将怨怒而不服从指挥，遇到敌人忿然擅自出战，主将又不了解他们的能力，因而失败的，叫作"崩"；主将软弱而又缺乏威严，治军训练无章法，吏卒无所遵循，列队布阵杂乱无章，因而失败的，叫作"乱"；主将不能正确判断敌情，以少击多，以弱击强，又没有精锐部队为骨干，因而失败的，叫作"北"。以上六种情况，都是导致军队失败的原因，这是将帅的重大责任所在，是不可以不认真研究的。

地形是用兵的辅助条件。正确判明敌情，制订取胜计划，研究地形的险易，计算道路的远近，这些都是将帅必须做到的。懂得这些并能用来指导作战的就必然胜利；不懂得这些，因而不能用来指导作战的就必然失败。所以，如果根据战争规律确有必胜把握，即使国君不让打，也可以坚持打；如果根据战争规律不能取胜，国君命令打，也可以不去打。作为一个将帅，应该进不贪求胜的功名，退不回避责任，只求民众和士卒能得以保全，符合国君的根本利益，这样的将帅才算是国家最宝贵的人才。

将帅对士卒能像对待婴儿一样体贴，士卒就可以跟随将帅赴汤蹈火；将帅对士卒能像对待自己的爱子一样体贴，士卒就可以与将帅一起同生共死。但是，对士卒一味溺爱而不能指挥，对士卒一味厚待而不能使用，违犯了军纪也不严肃处置，这样的军队，就如骄惯的孩子一样，是不能用来打仗的。

只了解我军能打，而不了解敌军不可打，取胜的可能性只有一半；只了解敌军可以打，而不了解我军不能打，取胜的可能性也只有一半；了解敌军可以打，也了解我军能打，而不了解地形不利于作战，取胜的把握仍然只有一半。所以，真正懂得用兵的将帅，他行动起来，目的明确而不迷失,采取的措施变化无穷。所以说:了解敌方,了解我方,就能必胜不败;了解天时,了解地利,胜利就有把握。

九地第十一

[说明]"九地"并非言地理自然的形态,而是论述在九种不同作战地区的用兵原则。本篇还指出了"兵之情主速""并敌一向,千里杀将"等原则。

孙子曰:用兵之法,有"散地",有"轻地",有"争地",有"交地",有"衢地",有"重地",有"圮地",有"围地",有"死地"。诸侯自战其地者,为"散地"。入人之地而不深者,为"轻地"。我得亦利,彼得亦利者,为"争地"。我可以往,彼可以来者,为"交地"。诸侯之地三属,先至而得天下之众者,为"衢地"。入人之地深,背城邑多者,为"重地"。山林、险阻、沮泽,凡难行之道者,为"圮地"。所由入者隘,所从归者迂,彼寡可以击吾之众者,为"围地"。疾战则存,不疾战则亡者,为"死地"。是故"散地"则无战,"轻地"则无止,"争地"则无攻,"交地"则无绝,"衢地"则合交,"重地"则掠,"圮地"则行,"围地"则谋,"死地"则战。

古之所谓善用兵者,能使敌人前后不相及,众寡不相恃,贵贱不相救,上下不相收,卒离而不集,兵合而不齐。合于利而动,不合于利而止。敢问:"敌众整而将来,待之若何?"曰:"先夺其所爱,则听矣。"兵之情主速,乘人之不及,由不虞之道,攻其所不戒也。

凡为客之道:深入则专,主人不克;掠于饶野,三军足食;谨养而勿劳，并气积力；运兵计谋，为不可测。投之无所往，死且不北。死焉不得，士人尽力。兵士甚陷则不惧，无所往则固，入深则拘，不得已则斗。是故其兵不修而戒，不求而得，不约而亲，不令而信。禁祥去疑，至死无所之。吾士无余财，非恶货也；无余命，非恶寿也。令发之日，士卒坐者涕沾襟，偃卧者涕交颐。投之无所往，则诸、刿之勇也。

故善用兵者，譬如"率然"。"率然"者，常山之蛇也。击其首则尾至，击其尾则首至，击其中则首尾俱至。敢问："可使如率然乎？"曰："可。"夫吴人与越人相恶也，当其同舟济而遇风，其相救也如左右手。是故方马埋轮，未足恃也；齐勇若一，政之道也；刚柔皆得，地之理也。故善用兵者，携手若使一人，不得已也。

将军之事，静以幽，正以治。能愚士卒之耳目，使之无知；易其事，革其谋，使人无识；易其居，迂其途，使人不得虑。帅与之期，如登高而去其梯；帅与之深入诸侯之地，而发其机。若驱群羊，驱而往，驱而来，莫知所之。聚三军之众，投之于险，此将军之事也。九地之变，屈伸之利，人情之理，不可不察也。

凡为客之道：深则专，浅则散。去国越境而师者，绝地也；四通者，衢地也；入深者，重地也；入浅者，轻地也；背固前隘者，围地也；无所往者，死地也。是故"散地"，吾将一其志；"轻地"，吾将使之属；"争地"，吾将趋其后；"交地"，吾将谨其守；"衢地"，吾将固其结；"重地"，吾将继其食；"圮地"，吾将进其途；"围地"，吾将塞其阙；"死地"，吾将示之以不活。故兵之情，围则御，不得已则斗，过则从。

是故不知诸侯之谋者，不能豫交；不知山林、险阻、沮泽之形者，不能行军；不用乡导者，不能得地利。四五者一不知，非霸、王之兵也。夫霸、王之兵，伐大国，则其众不得聚；威加于敌，则其交不得合。是故不争天下之交，不养天下之权，信己之私威加于敌，故其城可拔，其国可隳。

施无法之赏，悬无政之令，犯三军之众，若使一人。犯之以事，勿告以言；犯之以利，勿告以害。投之亡地然后存，陷之死地然后生。夫众陷于害，然后能为胜败。故为兵之事，在顺详敌之意，并敌一向，千里杀将，是谓巧能成事。

是故政举之日，夷关折符，无通其使，厉于廊庙之上，以诛其事。敌人开阖，必亟入之。先其所爱，微与之期。践墨随敌，以决战事。是故始如处女，敌人开户，后如脱兔，敌不及拒。

【译文】

孙子说：按用兵的法则，战地可分为"散地""轻地""争地""交地""衢地""重地""圮地""围地""死地"等九类。诸侯在自己的领土上作战，叫作"散地"。进入敌国境内不深的地区，叫作"轻地"。敌我双方占领后均有利的地区，叫作"争地"。我军可以去，敌军可以来的地区，叫作"交地"。几个国家接壤的地区，先到的就可以结交邻国并取得支援的，叫作"衢地"。深入敌境，穿越许多敌人城邑的地区，叫作"重地"。山林、险阻、沼泽等道路难行的地区，叫作"圮地"。进入的道路狭隘，返回的道路迂回遥远，敌人的少数兵力能击败我众多兵力的地区，叫作"围地"。迅速战斗则能生存，延误战机就会被消灭的地区，叫作"死地"。因此，在"散地"不宜作战；在"轻地"不可停留；遇"争地"应先占领，如敌已先占领，不可强攻；在"交地"则各部队勿失联络；在"衢地"应结交邻国；在"重地"应夺取物资，就地补给；在"圮地"应迅速通过；在"围地"应巧设奇谋；在"死地"要迅猛奋战，死中求生。

古时善于用兵的人，能使敌人前后无法互相照应，大部队与小部队无法相互依靠，官兵无法互相救援，上下失去联系难以集中，士卒溃败无法聚拢,即使聚拢也很不整齐。时机有利于我就行动,不利于我时就停止。试问:"如果敌军多而且阵势齐整地向我进攻,该如何对付他呢?"回答是:"先夺取敌人的要害之处,这样,敌人就会被迫听任我的摆布了。"用兵贵在神速,乘敌人措手不及时,走敌人意料不到的道路,攻击敌人没有戒备的地方。

凡是进入敌国作战时要注意:深入敌境官兵就会集中精力,敌军无法战胜我;在富饶地区夺取粮秣,保障三军得到充足的给养;注意休养士卒,勿使疲劳,提高士气,积蓄力量;部署军队,让敌人无法预料。把士卒置于无路可走的境地,死到临头也不会逃跑。既然士卒死都不怕,就会拼死一战了。士卒深陷危地,就无所畏惧;无路可走,军心就能稳固;深入敌国就不易涣散;迫不得已就会拼死战斗。因此,这样的军队不待修整就能加强戒备,不用强求就能完成任务,不用约束就能互相帮助,不用命令就能遵守纪律。禁止迷信,消除谣言,即使战死也不退避。我军士卒毁弃多余的财物,并不是他们不要财物;不怕牺牲,并不是他们不想活。当作战命令发布的时候,士卒们坐着的泪水沾湿了衣襟,躺着的则泪流满面。把军队置于无路可走的绝境时,他们就会像专诸、曹刿那样勇敢了。

所以,善于用兵打仗的人,就像"率然"一样反应敏捷。"率然"是常山的一种蛇。打它的头,尾巴就来救应;打它的尾,头就来救应;打它的腰,头尾都来救应。试问:"军队可以像率然一样反应迅速吗?"回答是:"可以。"吴国人与越国人虽然互相仇恨,可是,当他们同船渡河时,遇到大风,还能互相救援,犹如左右手一样。因此,想系住马匹,埋起车轮,以此稳定军队,是靠不住的;要使士卒齐心协力英勇作战,在于将帅的领导;要使强弱都各尽其力,在于恰当地利用地形。所以,善于用兵的人,率领三军应像使用一个人那样容易,这是把士卒置于不得已境地的结果。

统率三军这种事情,要沉着冷静,具有远见,严正而有条理。能够蒙蔽士卒的耳目,让他们对军事计划毫无所知;改变任务,变更计谋,让人们不能识破;经常改变驻地,进军迂回绕道,让人们无法推断其行动意图。将帅授予军队任务,要像使其登高后抽去梯子一样,使他们有进无退;率领军队深入诸侯国土,要像击发弩机射箭一样,使其一往无前。要像驱赶羊群一样,赶过去,赶过来,使他们不知道到哪里去。聚集全军士卒,置于危险的境地,迫使他们去拼命杀敌,这便是将军的责任。不同地形特点的变化,进退攻防的利害得失,士卒的心理状态,这些都是将帅不能不仔细研究的。

大凡出国作战的规律是:进入敌境越深,士卒就越专心一致;进得浅,士卒就容易逃散。离开本国,进入敌国作战的地区,叫作"绝地";四通八达的地区叫"衢地";进入敌境深的地区叫"重地";进入敌境浅的地区叫"轻地";后面地势险要前面道路狭隘的地区叫"围地";无处可走的地区叫"死地"。因此,在"散地",我军就要统一意志;在"轻地",我军就要加强各部队的联系;遇"争地",我军就要迅速前进到敌人的后面;在"交地",我军就要谨慎防守;在"衢地",我军就要巩固与诸侯国的联盟;在"重地",我军就要补充粮食;在"圮地",我军要迅速通过敌境;陷入"围地",我军就要堵住缺口;在"死地",我军要表现出视死如归的决心。士卒的心理是,被包围就会拼死抵抗,迫不得已就会英勇战斗,陷于危险的境地就会听从指挥。

因此不了解诸侯国计谋的,不能与他们结交;不熟悉山林、险阻、沼泽等地形的,不能行军;不使用向导的,不能利用地形优势。对于"九地"的利害,有一样不了解,就不能算是强大的军队。强大的军队,攻打大国,可使其军民来不及聚集;威力加于敌国,可使其无法与别国结交。因此,不必争着和哪一国结交,也不必在别国培植自己的权势,只要依靠自己的力量,把威力加之于敌人,就可以拔取其城邑,毁灭其国家。

给予破格的奖赏,颁发打破常规的号令,指挥全军如同使唤一个人。命令士卒执行任务,而不告诉他们原因;只告知他们有利的一面,而不告诉他们有什么危险。把士卒投放在"亡地"上才能保存,使士卒陷入"死地"然后才能得生。让士卒陷于危险的境地,然后才能力争胜利。所以,指挥作战,在于假装顺从敌人意图,一旦战机成熟,便集中兵力打击其一点,长驱千里,擒杀敌将,这就是所谓的巧妙用兵能成大事。

因此,当决定战争行动的时候,就要封锁关口,废除通行凭证,停止与敌国的使者往来,在朝廷反复研究,决定作战大计。一旦发现敌人有隙可乘,就一定要迅速进攻。首先要夺取敌人关键的地方,而不要同敌人约定作战日期。实施计划要根据敌情变化而加以调整,以决定战争胜负。所以,战争开始要像处女一样沉静,使敌人放松警戒,然后像从猎人手中脱逃的兔子一样迅速,让敌人来不及抵抗。

火攻第十二

[说明]火攻乃为将之不得已,故孙武专辟一篇,论述火攻的种类,条件和实施方法。同时,本篇还提出了"主不可以怒而兴师,将不可以愠而致战"的慎战思想。

孙子曰:凡火攻有五:一曰火人,二曰火积,三曰火辎,四曰火库,五曰火队。行火必有因,烟火必素具。发火有时,起火有日。时者,天之燥也;日者,月在箕、壁、翼、轸也,凡此四宿者,风起之日也。

凡火攻,必因五火之变而应之。火发于内,则早应之于外。火发而其兵静者,待而勿攻,极其火力,可以而从之,不可从则止。火可发于外,无待于内,以时发之。火发上风,无攻下风。昼风久,夜风止。凡军必知五火之变,以数守之。

故以火佐攻者明,以水佐攻者强。水可以绝,不可以夺。

夫战胜攻取,而不修其攻者凶,命曰"费留"。故曰:明主虑之,良将修之。非利不动,非得不用,非危不战。主不可以怒而兴师,将不可以愠而致战。合于利而动,不合于利而止。怒可以复喜,愠可以复悦;亡国不可以复存,死者不可以复生。故明主慎之,良将警之,此安国全军之道也。

【译文】

孙子说:火攻有五种情况:一是焚烧敌军,二是焚烧粮草储备,三是焚烧辎重,四是焚烧仓库,五是焚烧运输设施。实施火攻必须具备一定的条件,燃火器材必须经常准备。放火还要选择恰当的时间,起火要选择有利的日期。所谓恰当的时间,指的是天气干燥;所谓有利的日期,指月亮运行到"箕""壁""翼""轸"四个星宿的位置,凡是月亮运行到这四个位置时就是起风的日子。

凡是火攻,必须根据上述五种火攻情况变化而变化,适时地运用兵力加以配合。从敌人内部放火,就要及时派兵从外面策应。火已烧起,而敌军仍能保持镇静的,要观察等待,不要马上进攻,等加大火势后,可以进攻就进攻,不可以进攻就停止。如果从外面放火,那就不必等待内应,条件成熟时就放火。火在上风放,不能从下风进攻。白天刮风久了,夜晚风就会停。军队必须懂得五种火攻方法的变化应用,等待实施火攻的条件具备。

用火来辅助进攻,效果显著;用水来辅助进攻,威力强大。水可以分割、断绝敌人,但是不如火攻那样可以焚烧敌人的物资。

凡打了胜仗,夺取了敌人的土地、城池,而不能够巩固胜利,就是很危险的,这就叫作"费留"。所以说,明智的国君一定要慎重考虑这个问题,贤良的将帅必须认真处理这个问题。不是对国家有利,就不要采取军事行动;没有取胜的把握就不要随便用兵;不到危急之时,就不要轻易用兵。国君不可凭一时的恼怒而兴兵打仗,将帅不可凭一时的怨愤而与敌交战。符合国家利益就行动,不符合国家利益就停止。恼怒可以重新变为喜悦,怨愤可以重新变为高兴;国亡了就不能复存,人死了就不能再生。所以英明的国君对待战争一定要慎重,贤良的将帅对待战争一定要警惕,这是安定国家、保全军队的重要原则。

用间第十三

[说明]本篇主要论述使用间谍的重要性、方法及种类。孙武认为使用间谍是用兵作战的要事。不重视间谍的将领是"不仁之至也,非人之将也"。

孙子曰:凡兴师十万,出征千里,百姓之费,公家之奉,日费千金。内外骚动,怠于道路,不得操事者,七十万家。相守数年,以争一日之胜,而爱爵禄百金,不知敌之情者,不仁之至也,非人之将也,非主之佐也,非胜之主也。故明君贤将,所以动而胜人,成功出于众者,先知也。先知者,不可取于鬼神,不可象于事,不可验于度,必取于人,知敌之情者也。

故用间有五:有乡间,有内间,有反间,有死间,有生间。五间俱起,莫知其道,是谓神纪,人君之宝也。乡间者,因其乡人而用之。内间者,因其官人而用之。反间者,因其敌间而用之。死间者,为诳事于外,令吾间知之,而传于敌间也。生间者,反报也。

故三军之事,莫亲于间,赏莫厚于间,事莫密于间。非圣智莫能用间,非仁义不能使间,非微妙不能得间之实。微哉微哉!无所不用间也。间事未发而先闻者,间与所告者皆死。

凡军之所欲击,城之所欲攻,人之所欲杀,必先知其守将、左右、谒者、门者、舍人之姓名,令吾间必索知之。必索敌间之来间我者,因而利之,导而舍之,故反间可得而用也。因是而知之,故乡间、内间可得而使也。因是而知之,故死间为诳事,可使告敌。因是而知之,故生间可使如期。五间之事,主必知之。知之必在于反间,故反间不可不厚也。

昔殷之兴也,伊挚在夏;周之兴也,吕牙在殷。故明君贤将,能以上智为间者,必成大功。此兵之要,三军之所恃而动也。

【译文】

孙子说:凡是动用军队十万,千里征战,百姓的花费,公家的开支,每天要耗费千金。举国骚动,在道路上奔走的人疲倦不堪,不能在田野耕作的,不下于七十万家。敌我双方相持数年,只为争夺最后的胜利,如果吝惜爵禄和金钱,不去重用间谍了解敌情,而遭致失败,那就不仁到了极点。这样的人不配做军队的将领,不是国君的好助手,也不会成为胜利的主宰者。因此,英明的国君,贤良的将帅,之所以一出兵就能战胜敌人,功业超于众人,其重要原因,在于他事先了解敌情。要事先了解敌情,不能依赖祈求鬼神,不能用过去相似的事情作类比推测,也不能通过观察日月星辰的运行变化去验证,一定要求之于人,即从了解敌情的人那里去获得。

间谍有五种类型:有"乡间",有"内间",有"反间",有"死间",有"生间"。五种间谍都配合使用,敌人就摸不到规律而无从应对,这种种神妙的方法,是国君战胜敌人的法宝。所谓"乡间",是指利用敌国普通人做间谍。所谓"内间",是指收买敌国的官吏做间谍。所谓"反间",是指收买或利用敌方派来的间谍为我效力。所谓"死间",是指故意散布虚假情报,让我方的间谍传给敌间。所谓"生间",是指派往敌方侦察后,亲自返回报告敌情的人。

所以军队中的士卒,没有比间谍更亲近的了,奖赏没有比间谍更优厚的了,事情没有比用间更机密的了。不是才智过人的将帅不能使用间谍;不是仁义的将帅也不能使用间谍;不是心思精细、手段巧妙的将帅不能取得间谍的真实情报。微妙啊!微妙啊!真是无处不可使用间谍呀。

用间的计谋尚未施行，就被泄露出去，间谍和知道的人都要处死。

凡是要攻击的敌军，要攻占的城邑，要击杀的敌方人员，必须预先了解对方将领及其左右亲信、掌管传达通报的官员、负责守门的官吏以及幕僚的姓名，我方间谍一定要将这些情况侦察清楚。必须查出敌方派来侦察我方的间谍，以便重金收买，然后利用，通过诱导让间谍归顺，然后放他回去，这样，反间就可以为我所用了。通过这个渠道了解敌情，那么乡间、内间就可以用起来了。由于反间了解敌人的内情，因而死间散布的虚假情况可以由他去告诉敌人。由于反间了解敌人情况，因而生间也可以按照预定的时间返回。五种间谍的使用，国君都必须懂得。其中关键在于会使用反间，所以，对反间不可不给予优厚的待遇。

从前商朝的兴起，是因为重用了在夏为臣的伊尹；周朝的兴起，是因为重用在殷为官的吕牙。所以，英明的国君，贤能的将帅，能用有智谋的人做间谍的，就一定能成就大的功业。这是用兵作战的重要环节，整个军队都要依靠间谍提供的情报来采取行动。

吴 子

略谈《吴子》

　　《吴子》是中国古代著名的兵书,相传为战国初期吴起所著。吴起(约前440—前381),卫国左氏(今山东菏泽市定陶区西)人,战国早期著名的军事家。初任鲁将,继任魏将,屡建战功,被魏文侯任命为西河守。吴起在西河二十三年,进行了一系列改革,整军备武,先后"与诸侯大战七十六,全胜六十四",使魏国成为当时一个强大的诸侯国。魏文侯死后,吴起受到旧贵族的排挤离间,被迫离魏去楚。楚悼王重用吴起为楚之令尹。吴起在楚国实行变法,提倡"明法审令",废除世卿世禄制度,裁减冗员,"捐不急之官","厉甲兵,以时争于天下",为楚王建立了一支类似"魏武卒"的军队。不久便"南平百越,北并陈、蔡,却三晋,西伐秦",使当时的楚国一跃成为诸侯国中之强者。公元前381年,楚悼王暴卒,以阳城君为首的奴隶主贵族复辟叛乱,包围王宫,吴起惨遭乱箭射杀而死。

　　《吴子》是吴起在研读前人兵法的基础上,对历次战争包括他自己经历的战争实践的经验总结。《汉书·艺文志》著录有《吴起》四十八篇,后大都散佚。今本《吴子》仅存"图国""料敌""治兵""论将""应变""励士"等六篇,当是吴起在魏时所著。

　　战国时代,由于阶级斗争和生产力的发展,社会处在新旧交替的激烈变动时期。随着兵器的发展,战争的形式、规模和作战方法也发生了相应的改变。《吴子》在战争观、作战原则、指挥艺术和治兵等方面,都明显反映出战国时期战争的特点和吴起的军事思想。其中重要的作战思想,有以下几个方面:

　　1. 对战争的性质进行了探讨。《吴子》从新兴地主阶级的立场出发来观察战争,把战争的起因归结为五种:"一曰争名,二曰争利,三曰积恶,四曰内乱,五曰因饥。"由此将战争区分为义兵、强兵、刚兵、暴兵、逆兵等不同性质,并且作了进一步解释:"禁暴救乱曰义,恃众以伐曰强,因怒兴师曰刚,弃礼贪利曰暴,国乱人疲,举事动众曰逆。"对待这些战争应采取不同的态度和方略:"义必以礼服,强必以谦服,刚必以辞服,暴必以诈服,逆必以权服。"初步探索和区分了"义"和"非义"的战争性质。这是对战争性质认识上的一大进步,也是《孙子兵法》所不及的地方。《吴子》主张维护新兴地主阶级利益的"义兵",反对代表旧奴隶主贵族利益的"强兵""刚兵""暴兵"和"逆兵"。它主张举兵行事要顺天应人,适应社会变革的自然趋势,这样才"合道""合义"。《吴子》所表述的战争观和军事思想,在先秦的诸兵书中是不多见的。

2. 主张军事、政治两者不可偏废。他能将军事和政治问题结合起来考察,认识两者的内在联系。他向魏文侯提出:必须"内修文德,外治武备",所谓"文德",就是"道、义、礼、仁",并以此治理军队和民众。所以他主张治国治军要先"教百姓(指各级官员)而亲万民(指人民群众)","必教之以礼,励之以义",这样便能做到"和",使国家、军队团结一致,和衷共济,一旦发生战争,"士以进死为荣,退生为辱"。吴起的文德武备主张,反映了他重视政治与军事的关系和人民群众对战争所起的重要作用。

3. 强调战备、慎战、料敌、择机。吴起的军事思想具有朴素的唯物论和辩证法的因素。他从当时的客观环境出发,十分重视战备,提出:"夫安国家之道,先戒为宝。"意思是说,要使国家长治久安,就必须提高警惕,重视战争规律。他主张慎战,认为"战胜易,守胜难"。而且屡战屡胜的军队可能正孕育着失败与灾祸,因而"以数胜得天下者稀,以亡者众"。这与他反对"强兵""刚兵""暴兵""逆兵"的思想是一致的。他强调"料敌",反对主观臆断,认为必须调查研究,了解敌情,择其弱点和有利时机攻击之。并总结出"凡料敌,有不卜而与之战者八""有不占而避之者六"。指出有八种情况可以毫不迟疑地与敌交战,有六种情况如果不经过缜密运筹就不能与敌交战。

4. 强调随机应变战法,积极利用地形条件。吴起强调为将者必须针对敌情、天时、地利等情况的变化,采取随机应变的战略战术。在交战中,吴起特别强调要审时度势,以变对敌,灵活变换战法。例如在"丘陵林谷""深山大泽"等特种地形条件下作战,要先击鼓呐喊,乘势攻敌,尔后乘敌敌军"乱则击之勿疑"。在敌众我寡的情况下与敌作战,则要充分利用有利的地形,"以一击十,莫善于厄;以十击百,莫善于险;以千击万,莫善于阻"。如果善于利用狭小险阻的有利地形,就可以凭险以少击众,击敌于厄路之间。此外,《吴子·应变》还针对占据有利地形,设有坚固工事,粮食又很充足的敌人提出作战的方法:尽可能采取车、骑、徒等协同作战,兵分五路,分进合击,使敌困惑,"莫知所加",尔后五路合围。从《吴子》总结的这些作战方法,可以看出,它十分强调先机制敌,以地利制敌,尤为强调集中兵力和机动作战,发展了《孙子兵法》以来的军事思想。

5.重视军队素质,强调兵要精,兵要练,兵要严。吴起治军思想有其独到之处。他提出兵"不在寡众"而在于精,"以治为胜"。他认为:"民有胆勇气力者,聚为一卒;乐以进战效力,以显其忠勇者,聚为一卒;能逾高超远,轻足善走者,聚为一卒;王臣失位,而欲见功于上者,聚为一卒;弃城去守,欲除其丑者,聚为一卒。此五者,军之练锐也。"他强调精兵三千,就能达到"内出可以决围,外入可以屠城"的作战目的。为使兵精,还需加强训练。吴起把练兵看作是提高军队素质的重要因素之一。《吴子·治兵》中说:"夫人常死其所不能,败其所不便。"可见,要使士兵不因本事不强牺牲,不因使用兵器不熟而战败,就必须严格进行训练。吴起在练兵的内容、方式、方法和要求上在当时来说也是相当先进的。他针对当时新出现的铁兵器和远射兵器,提出按照士兵具体条件分别使用不同兵器。按不同编制装备进行军队编组,按不同编组进行训练。使"短者持矛戟,长者持弓弩,强者持旌旗,勇者持金鼓,弱者给厮养,智者为谋主"。在训练内容上,吴起要求军队熟练掌握各种队形阵法及其变换,做到"圆而方之,坐而起之,行而止之,左而右之,前而后之,分而合之,结而解之"。在训练方法上,主张"一人学战,教成十人;十人学战,教成百人;百人学战,教成千人;千人学战,教成万人;万人学战,教成三军"。吴起还强调治兵要严:"若法令不明,赏罚不信,金之不止,鼓之不进,虽有百万,何益于用?"所以吴起主张治兵必须"明法审令",强调纪律,有过则罚,有功则赏,使军队士卒做到"发号施令而人乐闻,兴师动众而人乐战,交兵接刃而人乐死"。同时还要求统兵的将帅要爱兵,"爱其命,惜其死"。这样锻炼出来的军队自然是高素质的精兵。吴起能"以五万之众","兼车五百乘,骑三千匹,而破秦五十万众";能"与诸侯大战七十六,全胜六十四",与他亲自培训出来的一支精兵有极大关系。

《吴子兵法》早在战国时期即与《孙子兵法》齐名,并广为流传。《韩非子·五蠹篇》中提到,"境内皆言兵,藏孙、吴之书者家有之"。《史记·孙子吴起列传》:"世俗所称师旅,皆道《孙子》十三篇、吴起《兵法》,世多有。"它所记载的一些军事理论原则、作战思想,突出反映了战国时期的战争规律和特点,具有朴素的唯物论和辩证法的因素,在先秦诸兵书包括《孙子兵法》的基础上,有不少新的发展。在宋朝,《吴子兵法》被官方列为《武经七书》之一,作为武举试士必备的兵书教材。它早在唐朝就传到了日本,以后又传到法、英、俄各国。历来为中外军事家所重视,被公认为不可多得的军事名著,受到了举世的赞誉。

卷上

图国第一

[说明]图国,用今天的话说,可以解释为"谋国""治国""经国""理国"等意思。本篇便记叙了吴起关于如何治理国家的主张:内修文德,外治武备,两者不可偏废。

吴起主张的"内修文德",主要是"必先教百姓而亲万民","绥之以道,理之以义,动之以礼,抚之以仁"。即教育官吏要用"四德"来引导、管理、动员和安抚民众。

吴起主张"外治武备",即强调要建立一支"内出可以决围,外入可以屠城"的强大军队。这样,政权才能巩固。

吴起还强调了用人要"使贤者居上,不肖者处下",认为国君如果能得到圣贤者做老师和朋友,重用他们,就能够"制国治军",称王称霸。

吴起儒服,以兵机见魏文侯。文侯曰:"寡人不好军旅之事。"

起曰:"臣以见占隐,以往察来,主君何言与心违?今君四时使斩离皮革,掩以朱漆,画以丹青,烁以犀象。冬日衣之则不温,夏日衣之则不凉。为长戟二丈四尺,短戟一丈二尺。革车掩户,缦轮笼毂。观之于目则不丽,乘之于田则不轻,不识主君安用此也?若以备进战退守,而不求能用者,譬犹伏鸡之搏狸、乳犬之犯虎,虽有斗心,随之死矣。

"昔承桑氏之君,修德废武,以灭其国家。有扈氏之君,恃众好勇,以丧其社稷。明主鉴兹,内修文德,外治武备。故当敌而不进，无逮于义矣。僵尸而哀之，无逮于仁矣。"

于是文侯身自布席，夫人捧觞，醮吴起于庙，立为大将，守西河。与诸侯大战七十六，全胜六十四，余则均解。辟土四面，拓地千里，皆起之功也。

吴子曰："昔之图国家者，必先教百姓而亲万民。有四不和：不和于国，不可以出军；不和于军，不可以出陈；不和于陈，不可以进战；不和于战，不可以决胜。是以有道之主，将用其民，先和而造大事。不敢信其私谋，必告于祖庙，启于元龟，参之天时，吉乃后举。民知君之爱其命，惜其死，若此之至，而与之临难，则士以进死为荣，退生为辱矣。"

吴子曰："夫道者，所以反本复始；义者，所以行事立功；谋者，所以违害就利；要者，所以保业守成。若行不合道，举不合义，而处大居贵，患必及之。是以圣人绥之以道，理之以义，动之以礼，抚之以仁。此四德者，修之则兴，废之则衰。故成汤讨桀，而夏民喜说；周武伐纣，而殷人不非。举顺天人，故能然矣。"

吴子曰："凡制国治军，必教之以礼，励之以义，使有耻也。夫人有耻，在大足以战，在小足以守矣。然战胜易，守胜难。故曰：天下战国，五胜者祸，四胜者弊，三胜者霸，二胜者王，一胜者帝。是以数胜得天下者稀，以亡者众。"

吴子曰："凡兵所起者有五：一曰争名，二曰争利，三曰积恶，四曰内乱，五曰因饥。其名又有五：一曰义兵，二曰强兵，三曰刚兵，四曰暴兵，五曰逆兵。禁暴救乱曰义，恃众以伐曰强，因怒兴师曰刚，弃礼贪利曰暴，国乱人疲，举事动众曰逆。五者之数，各有其道，义必以礼服，强必以谦服，刚必以辞服，暴必以诈服，逆必以权服。"

武侯问曰：“愿闻治兵、料人、固国之道。”

起对曰："古之明王，必谨君臣之礼，饰上下之仪，安集吏民，顺俗而教，简募良材，以备不虞。昔齐桓募士五万，以霸诸侯；晋文召为前行四万，以获其志；秦穆置陷陈三万，以服邻敌。故强国之君，必料其民。民有胆勇气力者，聚为一卒；乐以进战效力，以显其忠勇者，聚为一卒；能逾高超远，轻足善走者，聚为一卒；王臣失位，而欲见功于上者，聚为一卒；弃城去守，欲除其丑者，聚为一卒。此五者，军之练锐也。有此三千人，内出可以决围，外入可以屠城矣。"

武侯曰："愿闻陈必定，守必固，战必胜之道。"

起对曰："立见且可，岂直闻乎！君能使贤者居上，不肖者处下，则陈已定矣。民安其田宅，亲其有司，则守已固矣。百姓皆是吾君，而非邻国，则战已胜矣。"

武侯尝谋事，群臣莫能及，罢朝而有喜色。

起进曰："昔楚庄王尝谋事，群臣莫能及，罢朝而有忧色。申公问曰：'君有忧色，何也？'曰：'寡人闻之，世不绝圣，国不乏贤，能得其师者王，能得其友者霸。今寡人不才而群臣莫及者，楚国其殆矣。'此楚庄王之所忧，而君说之，臣窃惧矣。"

于是武侯有惭色。

【译文】

吴起穿着儒士的衣服，向魏文侯进呈治军用兵的诸般方略。文侯接见了他，说："寡人对兴兵打仗的事不感兴趣。"

吴起说："臣可以从表面来揣测您内心的愿望，根据您过去的言行来观察您将来的打算，您为何口里说的和心里想的不一致呢？如今君王派人一年到头宰杀各种动物，剥下它们的皮革，涂上红漆，画上各种颜色，且又烙上犀牛和大象的图像。这些东西冬天穿上不暖和，夏天穿上也不凉爽。您制造二丈四尺的长戟,一丈二尺的短戟。现在用皮革遮护车门,把轮子和车毂也盖起来。这些东西看上去并不美丽,乘坐它打猎也不轻便,不知国君要拿这些东西做什么? 如果国家用这些来准备作战时的进攻与退守,却找不到善于使用它们的人,这就像孵雏的母鸡去和猫狸搏斗,小犬去向老虎进攻,虽然有拼死一战的决心,随之而来的也只有死亡的结局。

"古时承桑氏的君主,只知道讲文德,废除了武备,结果国家灭亡了。夏禹时的有扈氏,倚仗人多,喜好穷兵黩武,不修治文德,结果也丧失了他的国家。贤明的君主鉴于以上教训,一定要在内部修治文德,对外加强战备。因此大敌当前之际,当进而不进,算不上义。等到士卒死去之后才知道悲哀,算不上仁。"

于是魏文侯亲自动手,为吴起设宴,他的夫人捧杯敬酒,告祭祖庙,任命吴起为大将,守卫西河一带。后来吴起率兵与诸侯国大战了七十六次,其中全胜了六十四次,余下则打成了平局。这些战争,使魏国向四周拓展了上千里的疆土,这都是吴起的功劳。

吴起说:"古时候君主要想把国家治理得富强,一定要先教育百官并且亲近万民。有四种不协调的情况出现时,不宜盲目发动战争:国内意见不统一,不能出兵打仗;军队内部不团结,不能布阵作战;临战阵势部署不当,不能发动进攻;作战时各个部队之间不能统一行动,战争也不可能取胜。所以善于治理国家的君主,在使用万民之前,会先团结他们,然后才能成就大事业。不能偏听偏信,一定要先向祖庙祭祀、祈祷,用大龟来占卜吉凶,以求神示,还要参照天时的兆象,如果吉利,然后再举兵。民众知道了国君如此重视、爱惜他们的生命,这样,在国家危急时刻,就一定会以战死为光荣,以偷生为耻辱了。"

吴起说:"道,是用来让人们恢复善良天性的;义,是用来建功立业的;谋,是用来避免祸害获取利益的;要,是用来保护事业和巩固成果的。如果行为不合于'道',举动不合于'义',而身居高位,灾祸就一定会降临。所以圣人引导民众用'道',治理民众用'义',动员民众用'礼',安抚民众用‘仁’。能做到‘道、义、礼、仁’四德的，国家就会兴盛，否则就衰亡。所以商汤讨伐夏桀时，夏朝的民众十分高兴；周武王讨伐商纣王时，商朝的民众并不反对。这是因为汤讨桀、武伐纣都是顺应时势和人心，所以他们能取胜。"

吴起说："凡是治理国家和军队，必须用‘礼’教育民众，用‘义’勉励民众，让他们有羞耻之心。人们有了羞耻之心，力量壮大的时候可以出战，力量小时足可防守。然而仅凭武力去战胜敌人容易，要想保持住既得的成果却十分困难。所以说：经常发动战争的国家，战争中获胜五次的，灾祸将要降临；战争中获胜四次的，必定疲惫不堪；战争中获胜三次的，可以称霸；战争中获胜二次的，可以称王；战争中获胜一次的，可以成就帝业。所以靠多次战争取胜而夺得天下的少，相反由此亡国的却很多。"

吴起说："大凡战争发动的原因有五种：一是争夺名位，二是争夺利益，三是积怨甚深，四是发生内乱，五是发生饥荒。其出兵的名义又可以分为五种：一是义兵，二是强兵，三是刚兵，四是暴兵，五是逆兵。禁止残暴和制止叛乱的叫‘义兵’，依仗兵多侵扰别国的叫‘强兵’，一时愤怒兴兵作战的叫‘刚兵’，背弃道德贪图利益而发动战争的叫‘暴兵’，国家内乱百姓穷困还要兴师动众的叫‘逆兵’。对付这五种不同性质的兵有不同的方法：如果是义兵，就必须用礼义去折服他；如果是强兵，就必须用谦逊的姿态去打动他；如果是刚兵，就必须用辞令去说服他；如果是暴兵，就必须用计谋去制服他；如果是逆兵，就必须用威权去压服他。"

魏武侯问吴起道："我想听听整治军队、统计人口、巩固国家政权的方略。"

吴起回答说："古时候贤明的君王，必定谨慎保持君臣的礼节，整顿上下的法度，使官吏和民众都能安守本分，按照习俗进行教育，选拔和招募优异人才，以防意料不到的变故。春秋时，齐桓公曾招募了五万士卒，最终称霸于诸侯；晋文公集中四万士兵为前锋，就实现了自己的愿望；秦穆公选拔了三万人冲锋陷阵,就制服了敌对的邻国。所以发奋图强的君主,一定会全面了解民众,量才使用。把胆大力壮的编为一队;把甘愿奋不顾身、效死力战以显其忠勇之心的编为一队;把手脚敏捷,特别善于奔跑、攀登高处、跨越险阻的编为一队;把大臣中因罪撤职,如今又愿将功补过报效君主的编为一队;把放弃城池,擅离职守,想立功赎罪的编为一队。这五种类型的士卒是军队中的精锐。有三千这样的人,战争之时,由内进攻可以突破敌人的包围,由外进攻可以摧毁敌人的城池。"

魏武侯说:"我还想听你讲述战争时使布阵稳定,防守坚固,作战必胜的方法。"

吴起回答说:"马上见到实际效果尚且可以,岂止是只听我陈述一下。如果君主能使德才兼备的贤者得到重用,德才平庸者不被亲信,这样众心悦服,阵势就先已稳定了。如果百姓能安居乐业,亲近他们的长官,那么防守的阵线就已牢固了。百姓都拥护自己的国君,反对邻国,那么战斗就已获取胜利了。"

魏武侯曾经和大臣们议论国家大事,大臣们的见解都赶不上他,散朝后,他喜不自禁。

吴起进谏道:"过去楚庄王也曾经和群臣议论国家大事,大臣们的政见没有一人能比得上他,散朝后,楚庄王却一脸忧戚之色。申公巫臣见后问他说:'您为何面有忧色?'楚庄王回答说:'我听说世上不可能没有圣人,国家也不可能缺乏贤人,如果能拜这些人为师,就可以奠定称王的基础,如果能结交这些人为友,就可以成就霸业。现在我没有什么才干,可是大臣们还不如我,楚国的前途真危险啊!'这是楚庄王所忧虑的事,您却感到很高兴,臣私下十分担心。"

武侯听了吴起一番话,脸上现出了羞惭之色。

料敌第二

[说明]料敌,即审定、衡量、分析、研究敌情的意思。本篇记叙了吴起分析和掌握敌情的观点。

吴起认为,"安国家之道,先戒为宝",把加强战备,作为保障国家安全的首要条件。

为了战胜敌人,吴起认为,首先要从政治、经济、民心等方面来分析敌方的国情;同时要从天候、地理、将帅、士兵、物资、军纪以及有无援助等方面来分析敌方的军情,根据不同的情况来决定不同的作战方针和方法。

在作战过程中,吴起主张"必须审敌虚实而趋其危",即弄清敌军的虚实,攻击它的要害;并根据有利和不利条件,"见可而进,知难而退",每战要有必胜的把握。

武侯谓吴起曰:"今秦胁吾西,楚带吾南,赵冲吾北,齐临吾东,燕绝吾后,韩拒吾前。六国之兵四守,势甚不便。忧此奈何?"

起对曰:"夫安国家之道,先戒为宝。今君以戒,祸其远矣。臣请论六国之俗:夫齐陈重而不坚,秦陈散而自斗,楚陈整而不久,燕陈守而不走,三晋陈治而不用。

"夫齐性刚,其国富,君臣骄奢,而简于细民。其政宽而禄不均,一陈两心,前重后轻,故重而不坚。击此之道,必三分之,猎其左右,胁而从之,其陈可坏。

"秦性强,其地险,其政严,其赏罚信,其人不让,皆有斗心,故散而自战。击此之道,必先示之以利,而引去之,士贪于得而离其将,乘乖猎散,设伏投机,其将可取。

"楚性弱,其地广,其政骚,其民疲,故整而不久。击此之道,袭乱其屯,先夺其气,轻进速退,弊而劳之,勿与争战,其军可败。

"燕性悫,其民慎,好勇义,寡诈谋,故守而不走。击此之道,触而迫之,陵而远之,驰而后之,则上疑而下惧,谨我车骑必避之路,其将可虏。

"三晋者,中国也,其性和,其政平,其民疲于战,习于兵,轻其将,薄其禄,士无死志,故治而不用。击此之道,阻陈而压之,众来则拒之,去则追之,以倦其师。此其势也。

"然则一军之中,必有虎贲之士,力轻扛鼎,足轻戎马,搴旗斩将,必有能者。若此之等,选而别之,爱而贵之,是谓军命。其有工用五兵,材力健疾,志在吞敌者,必加其爵列,可以决胜。厚其父母妻子,劝赏畏罚,此坚阵之士,可与持久。能审料此,可以击倍。"

武侯曰:"善!"

吴子曰:"凡料敌,有不卜而与之战者八:一曰疾风大寒,早兴寤迁,剖冰济水,不惮艰难;二曰盛夏炎热,晏兴无间,行驱饥渴,务于取远;三曰师既淹久,粮食无有,百姓怨怒,妖祥数起,上不能止;四曰军资既竭,薪刍既寡,天多阴雨,欲掠无所;五曰徒众不多,水地不利,人马疾疫,四邻不至;六曰道远日暮,士众劳俱,倦而未食,解甲而息;七曰将薄吏轻,士卒不固,三军数惊,师徒无助;八曰陈而未定,舍而未毕,行阪涉险,半隐半出。诸如此者,击之勿疑。

"有不占而避之者六:一曰土地广大,人民富众;二曰上爱其下,惠施流布;三曰赏信刑察,发必得时;四曰陈功居列,任贤使能；五曰师徒之众，兵甲之精；六曰四邻之助，大国之援。凡此不如敌人，避之勿疑。所谓见可而进，知难而退也。"

武侯问曰："吾欲观敌之外，以知其内，察其进以知其止，以定胜负，可得闻乎？"

起对曰："敌人之来，荡荡无虑，旌旗烦乱，人马数顾，一可击十，必使无措。诸侯未会，君臣未和，沟垒未成，禁令未施，三军汹汹，欲前不能，欲去不敢，以半击倍，百战不殆。"

武侯问敌必可击之道。

起对曰："用兵必须审敌虚实而趋其危。敌人远来新至，行列未定，可击；既食，未设备，可击；奔走，可击；勤劳，可击；未得地利，可击；失时不从，可击；涉长道，后行未息，可击；涉水半渡，可击；险道狭路，可击；旌旗乱动，可击；陈数移动，可击；将离士卒，可击；心怖，可击。凡若此者，选锐冲之，分兵继之，急击勿疑。"

【译文】

魏武侯对吴起说："如今秦国威胁着我国的西面，楚国包围着我国的南面，赵国面对我国的北面，齐国紧逼着我国的东面，燕国断绝了我国的后路，韩国据守在我国的前方。这六国的军队四面包围着我国，形势十分不利。为此我十分忧虑，你看怎么办呢？"

吴起回答说："保障国家长治久安的方法，最重要的是先加强戒备。现在您已经有了戒备，灾祸就远离了。请允许我分析论述一下六国布阵的习惯：齐国的军队阵势庞大但不坚固；秦国的阵势分散，喜欢各自为战；楚国的阵势虽然整齐，但不能持久；燕国的阵势能防守但不利于出击；三晋的阵势有条理但无战斗力。

"齐国民众性情刚烈，国家富饶，但国君、大臣傲慢奢侈，对民众生计毫不关心。政治管理松弛无度，俸禄不公平，军心涣散不一，兵力部署前重后轻,所以看上去阵势庞大但不坚固。攻击这种军队的办法是,要兵分三路,两路袭击他的左右侧,一路乘势进逼,这样就可以摧毁他的阵势。

"秦国民众性情强悍,其地形险峻,政令严格,赏罚守信用,士卒勇猛而不退让,都有斗志,所以虽然阵势分散,但能人自为战。攻击这种军队的办法是,一定要先用利益引诱他,当士卒贪图小利而脱离他们的将帅时,就乘机打击他的散兵游勇,并布置伏兵,伺机破敌,这样就可以俘虏他们的将领。

"楚国民众性情柔弱,土地广阔,但政令紊乱,民力疲困,所以阵势虽然严整但不长久。攻击这种军队的办法是,先袭击骚扰他的军队驻地,挫伤他的士气,轻装前进,迅速撤退,不要和他决战,这样,他的军队会因疲于奔命而被打败。

"燕国民众性情诚笃忠厚,其民众谨慎,好勇讲义气,但缺少欺诈和智谋,所以军队善于防守但不擅长出击。攻击这种军队的方法是,一接触就逼迫他,扰乱他一下就很快撤退,用快速部队袭击他的后方,这样,敌人的将领因弄不清我方意图而犹疑不定,士卒也会十分恐惧,把我方的车骑严密地布置在敌方撤退时的必经之路上,这样就可以捉住他的将领。

"三晋是地处中原的国家,这里的民众性情温和,政令也比较平允,他的民众疲困于战斗,习惯于出兵,其将领受不到重视,俸禄也很微薄,士卒没有战死的决心,所以他们的阵势虽有条理,但军队没有战斗力。打击这种军队的办法是,先用强大的阵势和兵力压倒他,敌人来得多就坚决抵御,敌人撤退就追击,以消磨其士气。这就是六国的形势和我们的对策。

"那么一军之中,一定有勇士,他们力大能举起鼎,动作敏捷能追上奔跑的战马,能拔敌旗斩敌将,一定有这样的能人。这一类杰出人物,选拔出来区别于一般的士卒,爱惜他们,重视他们,这些人可以说是军队的生命。凡是精通各种兵器、身强力壮、动作敏捷、志在杀敌者,要封官加爵,这样就可夺取最后的胜利。要厚待他们的父母妻子,用奖赏勉励他们,用惩罚警告他们,有这些坚守阵势、勇猛无敌、诚实可靠的将士,就可以与敌人长期作战。能明察和掌握这些情况,就可以攻击成倍的敌人。"

武侯说:"很好。"

吴子说:"凡是判断敌情,有八种情况不经占卜就可以直接出兵与敌人作战:一是狂风怒吼,气候寒冷,日夜行军,破冰渡河,不顾队伍艰难困苦的;二是盛夏酷暑,天气炎热,出发很迟又没有休息,士卒饥渴难耐,急于攻取远地的;三是军队长期在外,粮食缺乏,百姓埋怨且愤怒,不吉祥的征兆屡次出现,上级又无法制止的;四是军队物资已经用光,柴草饲料缺乏,阴雨连绵,又没有地方去抢夺补充物资的;五是兵力不足,不服水土,人马患病,瘟疫流行,四邻援兵又赶不到的;六是路途遥远,天近黄昏,士卒既疲劳又恐惧,劳累且饥饿,都卸下盔甲休息了的;七是将领和官吏没有能力又缺乏诚信,士卒不安心,全军屡次遭到袭击,又无救兵的;八是阵地还没有部署好,宿营地没有安排妥当,翻山涉险,十分艰难,一半隐于内一半出于外的。像以上这八种情况,是敌人最为不利的时机,打击他们不要有丝毫的犹疑。

"敌方如果有下述六种情况,不须占卜就应该避免与其作战:一是土地广阔,人民富足,人口众多的;二是官吏爱护百姓,恩惠所施遍及各个阶层的;三是赏赐恰当守信,处罚得体,在恰当时机发布命令的;四是按功绩大小给予官位,任用有才能的人的;五是人马众多,武器装备精良的;六是能得到四邻的帮助,有大国支援的。以上六种情况,如果我们不如敌人,那就要决心避免与他展开战斗,不必迟疑。这就是所谓看到条件许可就进击,知道难以取胜就退兵。"

魏武侯问道:"我想通过观察敌人的外部现象来了解他的内部情况,通过观察敌人的行动以了解他的企图,以此来判断胜负,你可以讲给我听听吗?"

吴起回答说:"当敌人来时,队伍庞大人马众多,但纪律松弛,军旗杂乱无序,人马东张西望,这时,我军可以以一击十,使敌人无法对付。如果敌方诸侯尚未会合,君臣之间意见不统一,工事尚未筑成,禁令尚未发布施行,整个军队人心惶惶,喧哗不止,进退两难,这时我军有敌人一半兵力,就可以击败他,并且可以百战百胜。"

魏武侯问吴起,在什么条件下可以攻击敌人。

吴起回答说:"用兵作战一定要弄清敌军的虚实,攻击它的要害。敌人远道而来,立足未稳,可以攻击;正在吃饭,未有防备,可以攻击;行动慌乱,手足无措的,可以攻击;疲劳不堪的,可以攻击;没有占据有利地形的,可以攻击;未掌握战机,行动不一致的,可以攻击;长途跋涉,未得到休息的,可以攻击;渡河刚到一半的,可以攻击;在险恶、狭窄的道路上行军的,可以攻击;军旗七歪八倒,部队混乱的,可以攻击;阵势不稳,频繁移动的,可以攻击;将领离开了士卒的,可以攻击;军心恐惧的,可以攻击。凡是敌人出现以上这些情况的,应先选派精锐士卒冲击他,再派遣队伍紧紧跟上,迅速攻击,不可有丝毫犹豫。"

治兵第三

[说明]治兵,概而言之,即整军经武、明耻教战的整个事务。本篇便记叙了吴起论述如何治理军队的问题。吴起认为,兵不在多,"以治为胜",指出了治理军队直接关系到战争的胜负。

吴起强调军纪要严,赏罚要明,做到平时不混乱,战时才能勇往直前。他很重视加强军队的训练,主张"教戒为先",使全军上下都熟悉各种战法。他还提出要处理好将帅和士兵之间的关系,将帅和士兵要"与之安,与之危";部队行动要"无犯进止之节,无失饮食之适,无绝人马之力"。用以上办法治理军队,就会"投之所往,天下莫当"。

武侯问曰:"用兵之道,何先?"

起对曰:"先明四轻、二重、一信。"

曰："何谓也？"

对曰："使地轻马，马轻车，车轻人，人轻战。明知险易，则地轻马；刍秣以时，则马轻车；膏锏有余，则车轻人；锋锐甲坚，则人轻战。进有重赏，退有重刑。行之以信。审能达此，胜之主也。"

武侯问曰："兵何以为胜？"

起对曰："以治为胜。"

又问曰："不在众乎？"

起对曰："若法令不明，赏罚不信，金之不止，鼓之不进，虽有百万，何益于用？所谓治者，居则有礼，动则有威，进不可当，退不可追，前却有节，左右应麾，虽绝成陈，虽散成行。与之安，与之危，其众可合而不可离，可用而不可疲，投之所往，天下莫当，名曰'父子之兵'。"

吴子曰："凡行军之道，无犯进止之节，无失饮食之适，无绝人马之力。此三者，所以任其上令。任其上令，则治之所由生也。若进止不度，饮食不适，马疲人倦而不解舍，所以不任其上令。上令既废，以居则乱，以战则败。"

吴子曰："凡兵战之场，止尸之地，必死则生，幸生则死。其善将者，如坐漏船之中，伏烧屋之下。使智者不及谋，勇者不及怒，受敌可也。故曰用兵之害，犹豫最大，三军之灾，生于狐疑。"

吴子曰："夫人常死其所不能，败其所不便。故用兵之法，教戒为先。一人学战，教成十人；十人学战，教成百人；百人学战，教成千人；千人学战，教成万人；万人学战，教成三军。以近待远，以佚待劳，以饱待饥。圆而方之，坐而起之，行而止之，左而右之，前而后之，分而合之，结而解之。每变皆习，乃授其兵，是谓将事。"

吴子曰："教战之令，短者持矛戟，长者持弓弩，强者持旌旗，勇者持金鼓，弱者给厮养，智者为谋主。乡里相比，什伍相保。一鼓整兵，二鼓习陈，三鼓趋食，四鼓严辨，五鼓就行。闻鼓声合，然后举旗。"

武侯问曰："三军进止，岂有道乎？"

起对曰："无当天灶，无当龙头。天灶者，大谷之口。龙头者，大山之端。必左青龙，右白虎，前朱雀，后玄武。招摇在上，从事于下。将战之时，审候风所从来，风顺治呼而从之，风逆坚阵以待之。"

武侯问曰："凡畜车骑，岂有方乎？"

起对曰："夫马，必安其处所，适其水草，节其饥饱。冬则温厩，夏则凉庑。刻剔毛鬣，谨落四下。戢其耳目，无令惊骇。习其驰逐，闲其进止。人马相亲，然后可使。车骑之具，鞍勒衔辔，必令完坚。凡马不伤于末，必伤于始；不伤于饥，必伤于饱。日暮道远，必数上下，宁劳于人，慎勿劳马。常令有余，备敌覆我。能明此者，横行天下。"

【译文】

魏武侯问吴起说："用兵对敌作战，欲求取胜，应当首先抓什么？"

吴起回答说："首先要弄明白四轻、二重、一信。"

武侯又问："这是什么意思呢？"

吴起回答说："'四轻'就是让地形便于战马奔驰，战马便于驾驭车辆，车辆便于运载将士，将士便于作战。对于地形的险易程度，事前都能明了，那么地形就不会成为战马驰骋的障碍；马的饲料供应及时，那么战马也就会不以驾车为累了；充分准备好润滑油和车轴上用的铁，战车也就适于载人了；兵器锋利，铠甲坚固，那么士卒便不会以作战为畏途了。'二重'就是作战时奋勇前进有重赏，后退有重刑惩罚。'一信'就是施行赏罚时,一定要说到做到,严格执行赏罚制度。如果能确实做到这些,取胜就具备条件了。"

魏武侯问道:"军队依靠什么打胜仗?"

吴起回答说:"治理好军队便可以取胜。"

武侯又问道:"难道不依靠兵多吗?"

吴起回答说:"如果法令不明确,赏罚不守信用,军队进攻时鸣金也不停止,击鼓时将士也不冲锋,即使拥有百万大军,又有何用呢?所谓军队能得到治理,就是平时上下遵守礼制法度,战时有压倒敌人的威势,进攻时敌人就无法阻挡,撤退时敌人无法追击,进退秩序井然,左右移动听从指挥,即使队列被隔断阵势也不混乱,即使队伍被冲散仍能恢复行列。上下之间能同甘共苦,生死相依,这种军队万众一心不会离散,能连续作战也不感到疲倦,把这种军队放在任何地方,敌人都无法阻挡。这种军队,人们称之为父子兵。"

吴起说:"一般行军的原则是:前进和停止的节奏不应被打乱,饮食要适时供应,不要耗尽了人马的体力。这三件事如能做到,士卒就会服从上级命令。服从命令,这是治军的基础。如果行军时进止无节制,饮食不适宜,人马困乏,不能适时宿营休息,士卒就会不服从上级的命令。上级命令不能执行,在平时会纪律松弛,在作战时会必败无疑。"

吴起说:"凡是两军交战的地方,就是士卒流血牺牲的地方,勇于牺牲的人反而生存,贪生怕死的人反而死亡。善于指挥作战的将领,就好像坐在漏水的船上,趴在燃烧的屋子下面。这种处境之下,即使是智者也来不及再三考虑,勇敢的人也来不及发脾气,只能当机立断,奋力应敌。所以说,指挥作战,犹豫不决最为有害,军队中的灾难,都是迟疑造成的。"

吴起说:"人们常常由于缺乏作战的技能而战死,因作战方法不熟练而失败。所以率领军队的方法,是以教育和训练军队为首要任务。一个人学会了作战技能和方法,可以教会十人;十人学会了作战技能和方法,可以教会一百人;一百人学会了作战技能和方法,可以教会一千人;一千人学会了作战技能和方法,可以教会一万人;一万人学会了作战技能和方法,可以教会全军。这样,我在近处对付远道而来的敌人,我休养生息对付疲倦不堪的敌人,我吃饱肚子对付饥肠辘辘的敌人。训练时,教士卒从圆阵变为方阵,从坐变为站,从行军变为停歇,从向左变为向右,从前进变为后退,从分散变为集中,又从集中变为分散。每一种变化都要士卒掌握后才把兵器交给他们,这些都是将领应懂得的事情。"

吴起说:"训练部队作战的法则是,身材矮小的士卒使用长矛和戟,身材高大的士卒使用弓弩,身体强壮的士卒扛战旗,勇敢的士卒鸣金击鼓,身体瘦弱的士卒做后勤工作,有智慧的士卒聘为谋士。士卒中同乡同里之人编在一起,每什每伍都要相互连保连坐。第一次击鼓整理武器,第二次击鼓练习布阵,第三次击鼓迅速吃饭,第四次击鼓认真检查,第五次击鼓整理好队伍。听见鼓声齐播,然后举旗依次出发前进。"

魏武侯问道:"军队前进或者停止,有什么原则可遵照执行吗?"

吴起回答说:"不要在'天灶'和'龙头'扎营驻军。所谓'天灶',就是大山的谷口。所谓'龙头',就是大山脉的顶端。一定要青龙旗指挥左军,白虎旗指挥右军,朱雀旗指挥前锋,玄武旗指挥后卫。旗帜在上空挥舞,三军要跟随行动。作战之前,要弄清风向,如果是顺风就致意士卒大喊着冲向敌人,如果是逆风就坚守阵地,等待时机。"

魏武侯问道:"驯养战马,有什么方法吗?"

吴起回答说:"军马要住得舒适,水草适合,饮食饥饱有节制。冬天要使马厩温暖,夏天要使马厩凉爽。要经常给它刷洗剪修毛与长鬃,小心地修蹄换掌。遮挡它的耳目,使它不至于在战场上惊恐不安。要经常训练马匹,使它熟练于奔驰和追逐目标,以及前进或停止的动作。士卒和马匹互相亲近,然后才能随心所欲地驾驭。凡是驾车和乘骑的工具,如鞍、勒、衔、辔,一定要保存完好。马匹受到伤害,不是使用最后造成的,就是刚开始使用时便受到伤害;不是因为饥饿受到伤害,就一定是因饮食过量受到伤害。天黑路远,骑马和步行要交替进行,宁肯人疲劳些,也切不要使马过分劳累。要经常让马保持充沛的精力,以便敌人袭击时能立即使用。能明白这番道理,就一定能横扫天下。"

卷下

论将第四

[说明]论将，即论述有关将德、将才、将智、将能各方面的条件。本篇记叙了吴起关于选将的标准和要求。吴起认为，将领要文武双全、刚柔兼备。他告诫将领要慎重做到"理、备、果、戒、约"五个字；在作战中要熟练掌握"气、地、事、力"四机。他要求将领严格治理军队，使部队服从命令听指挥，做到"施令而下不敢犯，所在而寇不敢敌"。他认为这样的将领，才称得上良将。

吴起还把敌方的将领分为智、愚、贪、骄、疑等不同类型，主张针对敌将的特点，采取不同的对策。

吴子曰："夫总文武者，军之将也；兼刚柔者，兵之事也。凡人论将，常观于勇。勇之于将，乃数分之一耳。夫勇者必轻合，轻合而不知利，未可也。故将之所慎者五：一曰理，二曰备，三曰果，四曰戒，五曰约。理者，治众如治寡；备者，出门如见敌；果者，临敌不怀生；戒者，虽克如始战；约者，法令省而不烦。受命而不辞家，敌破而后言返，将之礼也。故师出之日，有死之荣，无生之辱。"

吴子曰："凡兵有四机：一曰气机，二曰地机，三曰事机，四曰力机。三军之众，百万之师，张设轻重，在于一人，是谓气机；路狭道险，名山大塞，十夫所守，千夫不过，是谓地机；善行间谍，轻兵往来，分散其众，使其君臣相怨，上下相咎，是谓事机；车坚管辖，舟利橹楫，士习战陈，马闲驰逐，是谓力机。知此四者，乃可为将。然其威德仁勇，必足以率下安众，怖敌决疑。施令而下不敢犯，所在而寇不敢敌。得之国强，去之国亡，是谓良将。"

吴子曰："夫鼙鼓金铎所以威耳，旌旗麾帜所以威目，禁令刑罚所以威心。耳威于声，不可不清；目威于色，不可不明；心威于刑，不可不严。三者不立，虽有其国，必败于敌。故曰将之所麾，莫不从移；将之所指，莫不前死。"

吴子曰："凡战之要，必先占其将而察其才，因其形而用其权，则不劳而功举。其将愚而信人，可诈而诱；贪而忽名，可货而赂；轻变无谋，可劳而困；上富而骄，下贫而怨，可离而间；进退多疑，其众无依，可震而走；士轻其将而有归志，塞易开险，可邀而取；进道易，退道难，可来而前；进道险，退道易，可薄而击；居军下湿，水无所通，霖雨数至，可灌而沉；居军荒泽，草楚幽秽，风飙数至，可焚而灭；停久不移，将士懈怠，其军不备，可潜而袭。"

武侯问曰："两军相望，不知其将，我欲相之，其术如何？"

起对曰："令贱而勇者，将轻锐以尝之。务于北，无务于得，观敌之来。一坐一起，其政以理，其追北佯为不及，见其利佯为不知，如此将者，名为智将，勿与战也。若其众讙哗，旌旗烦乱，其卒自行自止，其兵或纵或横，其追北恐不及，见利恐不得，此为愚将，虽众可获。"

【译文】

吴子说："文武双全的人，才能做军队的将领；能刚柔结合的人，才能指挥作战。一般的人评价将领时，常常是观察他是否勇敢。勇敢对于一个将领来说，不过是若干条件中的一个。所以，单凭勇敢，就会轻率地与敌人交战，与敌人轻率交战，就会不顾利害，这是不行的。因此，将领应谨慎把握的有五项：一是'理'，二是'备'，三是'果'，四是'戒'，五是

'约'。所谓'理',就是治理千军万马如同治理少数人一样有条理;所谓'备',就是出辕门如同看见敌人在面前一样,时时保持高度戒备;所谓'果',就是面对敌人时生死不顾;所谓'戒',就是尽管打了胜仗,仍保持初战时的慎重;所谓'约',就是颁行的法令简明而不烦琐。接受作战命令决不推辞,击败了敌军才谈得上返回,这就是将领应遵守的礼仪。所以,军队从出发的那天起,将领就应该下定决心,以勇于献身为光荣,没有贪生怕死的耻辱。"

吴子说:"战争中有四种成败得失所系的关键:一是'气机',二是'地机',三是'事机',四是'力机'。军队数百万,兵力部署何处是重点,何处是次要部位,一切都依赖将领一人的统筹安排,这就是关系到士气盛衰之'气机';道路狭窄险峻,或有高山要塞,十个人把守,千人也难通过,这就是能否认识利用地形的'地机';善于使用间谍深入敌后侦察,不断轻装前去袭扰敌人,分散敌人的兵力,使敌国君主与大臣之间互相抱怨,上下互相责怪,这就是陷敌于不战自乱的'事机';战车的零件坚固,战船的橹楫齐备,士卒熟悉布阵作战的方法,战马习惯了驱逐奔驰,这些是发挥战斗力的'力机'。知道这四种关键之所在,才配做一名将领。然而将领的威严、品德、仁爱、勇猛,都必须足以成为全军的表率,使士卒安心、敌人害怕,又能解决疑难问题。发布命令后,下级不敢违抗,良将所到之处,敌人不敢前来侵犯。这种将领,国家得到他就会强盛,失去他就会灭亡,这叫作良将。"

吴子说:"鼙、鼓、金、铎,是用听觉来指挥军队的;旌、旗、麾、帜,是用视觉来指挥军队的;禁、令、刑、罚,是用来约束军队的。用听觉指挥依靠声音,所以声音不可不清晰;用视觉指挥依靠旗帜的颜色,所以颜色不能不鲜明;约束军心是靠刑罚,所以刑罚不能不严厉。这三个方面如果不确立,即使有国家也一定会被敌人打败。所以说,将领指挥的方向,部队没有不遵从命令行动的;将领指向的目标,部队没有不拼死向前的。"

吴子说:"作战的要领是一定要先察明敌方将领,判断他有什么样的能力,根据情况而采取对策,那么不费多少力气就能成功。敌方的将领愚蠢而轻易相信别人的,可以用诈谋引诱他上圈套;敌方将领贪利而不顾名声的,可以用财物收买他;敌方将领轻举妄动而没有谋略的,可不断骚扰他,使他束手无策;敌方将领有钱财,而又骄傲奢侈,士兵贫困又有怨心的,可以分化、离间他们;敌方将领或进或退,犹豫不决,士兵没有依靠的,可以猛烈攻击把他击溃;士兵轻视将领而又急于回家的,就堵塞平坦大道,让开险路,截击而歼灭他们;敌人前进的道路平坦,后退的道路难行的,可以引诱他们前进而消灭他们;敌人前进的道路艰险,后退的道路平坦的,可以逼近而攻击他们;敌军驻地低洼潮湿,积水不通,又遇连绵阴雨,可以引水淹没他们;敌军驻扎在荒凉的沼泽地带,草木长得很茂盛,经常又有暴风,可以放火消灭他们;敌军长期驻扎不移动,将士松懈麻痹,军队缺乏戒备的,可以偷袭他们。"

魏武侯问道:"敌我双方对阵,不知道敌人将领才能如何,如果我想了解一下,你看用什么方法?"

吴起回答说:"命令勇敢的下级军官,率领轻捷善战的少量部队去向敌挑战。试探后要装作败退,不要求胜,以此来观察敌人追击时的举动。如果敌方的一举一动,政令有条有理,他们追赶时行动假装赶不上,他们见到战利品好像没有看到,这样的将领是智将,不要和他们作战。如果敌方士卒大声喧哗,乱作一团,旌旗混乱,士兵行动没有统一号令,想走就走,想停就停,武器丢得乱七八糟,他们追赶时唯恐追不上,见到战利品唯恐得不到,这是愚蠢的将领,即使敌人再多也可以擒获。"

应变第五

[说明]应变,即适应条件、状况变化而采取措施。本篇主要记载了吴起对战术中如何随机应变的论述。

吴起对魏武侯提出的作战中可能遇到的几种情况,作了详细的回答。他认为,战场情况是不断变化的,指挥作战不能墨守成规,主张"审察其治"，即善于了解和分析敌我情况,掌握敌情的变化。他还注意根据天候、地理等不同条件和复杂的地形,做出不同的作战部署。

武侯问曰:"车坚马良,将勇兵强,卒遇敌人,乱而失行,则如之何?"

吴起对曰:"凡战之法,昼以旌旗幡麾为节,夜以金鼓笳笛为节。麾左而左,麾右而右。鼓之则进,金之则止。一吹而行,再吹而聚,不从令者诛。三军服威,士卒用命,则战无强敌,攻无坚陈矣。"

武侯问曰:"若敌众我寡,为之奈何?"

起对曰:"避之于易,邀之于厄。故曰:以一击十,莫善于厄;以十击百,莫善于险;以千击万,莫善于阻。今有少卒,卒起,击金鸣鼓于厄路,虽有大众,莫不惊动。故曰:用众者务平,用少者务隘。"

武侯问曰:"有师甚众,既武且勇;背大阻险,右山左水;深沟高垒,守以强弩;退如山移,进如风雨;粮食又多,难与长守。则如之何?"

起对曰:"大哉问乎! 此非车骑之力,圣人之谋也。能备千乘万骑,兼之徒步,分为五军,各军一衢。夫五军五衢,敌人必惑,莫之所加。敌若坚守,以固其兵,急行间谍,以观其虑。彼听吾说,解之而去;不听吾说,斩使焚书,分为五战。战胜勿追,不胜疾走。如是佯北,安行疾斗,一结其前,一绝其后。两军衔枚,或左或右,而袭其处。五军交至,必有其利。此击强之道也。"

武侯问曰:"敌近而薄我,欲去无路,我众甚惧,为之奈何?"

起对曰:"为此之术,若我众彼寡,分而乘之;彼众我寡,以方从之。从之无息,虽众可服。"

武侯问曰:"若遇敌于溪谷之间,傍多险阻,彼众我寡,为之奈何?"

起对曰:"诸丘陵、林谷、深山、大泽,疾行亟去,勿得从容。若高山深谷,卒然相遇,必先鼓噪而乘之。进弓与弩,且射且虏,审察其治,乱则击之勿疑。"

武侯问曰:"左右高山,地甚狭迫,卒遇敌人,击之不敢,去之不得,为之奈何?"

起对曰:"此谓谷战,虽众不用。募吾材士,与敌相当,轻足利兵,以为前行。分车列骑,隐于四旁,相去数里,无见其兵,敌必坚陈,进退不敢。于是出旌列旆,行出山外营之,敌人必惧,车骑挑之,勿令得休。此谷战之法也。"

武侯问曰:"吾与敌相遇大水之泽,倾轮没辕,水薄车骑,舟楫不设,进退不得,为之奈何?"

起对曰:"此谓水战,无用车骑,且留其傍。登高四望,必得水情,知其广狭,尽其浅深,乃可为奇以胜之。敌若绝水,半渡而薄之。"

武侯问曰:"天久连雨,马陷车止,四面受敌,三军惊骇,为之奈何?"

起对曰:"凡用车者,阴湿则停,阳燥则起,贵高贱下,驰其强车,若进若止,必从其道。敌人若起,必逐其迹。"

武侯问曰:"暴寇卒来,掠吾田野,取吾牛马,则如之何?"

起对曰:"暴寇之来,必虑其强,善守勿应。彼将暮去,其装必重,其心必恐,还退务速,必有不属,追而击之,其兵可覆。"

吴子曰:"凡攻敌围城之道,城邑既破,各入其宫。御其禄秩,收其器物。军之所至,无刊其木、发其屋、取其粟、杀其六畜、燔其积聚,示民无残心。其有请降,许而安之。"

【译文】

魏武侯问道:"我的军队虽然战车坚固,马匹精良,将领与士卒都很英勇坚强,但突然遇上了敌人,我军毫无准备,队伍混乱不成行列,应当如何处理?"

吴起回答说:"一般作战的方法,白天用旌旗幡麾等旗帜指挥作战,夜晚用金鼓笳笛指挥作战。麾指向左士卒就向左,麾指向右士卒就向右。击鼓时就前进,鸣金时就退回。第一次吹笳笛就出发,第二次吹笳笛就集中,如有不听从命令者就杀掉。这样,全军都会顺从威严,士卒奋不顾身地战斗,就没有打不败的强敌、攻不破的坚阵了。"

魏武侯问道:"如果敌人兵力众多,我军人马较少,这种情况应当如何对付呢?"

吴起回答说:"平坦地带要避开敌人,险要地形要拦截敌人。所以说要想以一击十,没有比利用狭窄地形更好的了;要想以十击百,没有比险要地形更好的了;要想以千击万,没有比能阻碍敌人前进的地形更好的了。现在如果有少量士卒,突然在狭隘道路上击鼓鸣金,发起进攻,即使敌军部队众多,也不会不受惊扰而惶恐。所以说,指挥兵力多时,一定要利用平坦地形;兵力少时,就要选择险要地形。"

魏武侯问道:"假如敌人部队很多,而且勇猛无比,武艺精良;他们背靠高山险阻,右依山,左傍水;深沟高垒,防守严密,且又配有强劲的弓弩;他们退却时像大山移动一样稳健,进攻时像风雨一样迅猛;他们粮食又多,我们难以和他长久相持。这种情况你看如何处理为好?"

吴起回答说:"您提的这个问题很有价值啊!这不是光凭着坚车骁骑的力量能对付的,还要有智谋深远的人指挥。要准备战车千辆,骑兵万人,加上步兵,分为五路人马,每一路走一个方向。五路人马分为五个方向,敌人一定迷惑,不知如何分配兵力抵挡我军。假若敌人坚守阵地,不出兵应战,那就立即派遣间谍去了解他们的动态。如果敌人听从了我们使者的劝说,撤退兵力,那就适可而止;如果敌人不听从我们的劝说,斩杀了我们派去的使者,焚烧了国书,那就要开始五路作战。打败了敌人后不要追赶，不胜就迅速撤退。如果假装被打败，要行动谨慎，极力战斗，派一部分兵力从正面牵制敌人，一部分兵力从后面堵住敌人的退路。两路兵力隐蔽行动，从左右两侧对其袭击。五路兵力互相配合，一定能形成有利的态势。这是打击强敌的方法。"

魏武侯问道："敌人接近我而紧逼我，我无路可撤退，士兵非常惊慌，对此应该怎么办？"

吴起回答说："处置的方法是，如果我军兵力多，敌人兵力少，可以分兵追击他；如果敌人兵力多，我军兵力少，则要因地制宜，集中兵力打击他。这样不断地打击，敌人虽多也会被制服。"

魏武侯问道："如果在山间溪谷与敌人遭遇，旁边有很多险阻，敌军众多，我军兵力很少，这种情况你看怎么办？"

吴起回答说："遇上各种丘陵、林谷、深山、大泽等不利地形，要赶快通过，不能迟疑。如果在高山深谷间突然遇上敌人，一定在先击鼓大造声势震慑敌人。一边使用弓箭手射击敌人，一边俘虏敌人，观察敌人的阵势，如敌阵混乱则坚决攻击，丝毫不能犹豫。"

魏武侯问道："左右都是高山，地势十分狭窄，我军突然遇见敌人，攻击他又不敢，想赶走他又没有办法，你看怎么办好？"

吴起回答说："这就是谷地作战，军队士兵众多却无法施展。最好挑选精锐之士，与敌军对抗，携带锐利武器，轻装迎敌作为前锋。将战车与骑兵分列埋伏四周，和前锋相隔几里，不要暴露自己的兵力，这样敌人必然坚守阵地，既不敢前进，也不敢后退。这时，派一部分兵力竖起战旗，走出山外扎营，迷惑敌人，敌人一定恐惧不安，这时用车骑向敌人挑战，不让敌人得到休息。这就是谷战的方法。"

魏武侯问道："我军与敌军在河湖沼泽地带相遇，车轮车辕被水淹没了，大水又逼近战车，没有船可用，无法前进，也无法后退，你说应当怎么办？"

吴起回答说："这就是水战，战车派不上用场，把它们留在岸边。这时，到高处眺望，必定可以摸清水的情况，弄清这片水域的宽窄，了解水的深浅，才可以出奇制胜。敌人如果渡水，那就在他们渡到中间时攻击。"

魏武侯问道："天气阴雨连绵，战马陷入淤泥，战车无法行驶，这时如果被敌人四面包围，全军感到惊恐，你看应当怎么办？"

吴起回答说："凡是用战车作战的，遇阴雨地面泥泞时就停止，天晴地面干燥时就行动，要走高处，不走低洼处，追击时要用坚固的车，不管前进或停止，都要依照上面的办法去做。如果敌人行动，必须循着敌人战车的轨迹去追击。"

魏武侯问道："强大的敌人突然来攻打我国，掠夺我农田上的粮食，牵走我的牛羊，那么应当如何对付呢？"

吴起回答说："敌军突然来犯，必然恃仗他兵力强大，这时我军应认真防守，不要应战。等到敌人在傍晚退去，他们携带的装载一定很重，心里一定会恐慌，撤退时务求迅速，前后必然有不连贯的情况，此时追击他，敌兵就会被消灭。"

吴起说："凡是进攻敌军包围城池，都有一定的作战方法，已经攻取了敌国的城邑，那就要进入官府。控制和使用原来的官吏，没收他们的钱财和物资。军队到达后不要砍伐他们的树木、拆毁房屋、擅取粮食、宰杀牲畜、焚烧仓库中的物资，要向民众表示我军没有残暴之心。敌人有投降的，应允许并安抚他。"

励士第六

[说明]励士，即奖励、勉励、鼓励、激励的意思。本篇记叙了吴起是如何激励将士奋勇作战的。

吴起认为，军队要打胜仗，"严刑明赏"虽然重要，但仅靠这一点是不够的，还必须设宴款待有功之臣，勉励无功者，抚恤慰问为国战死者的家属。只有这样，才能"发号施令而人乐闻，兴师动众而人乐战，交兵接刃而人乐死"。魏武侯采纳了这个办法,将士们奋勇抗敌,以五万人而破"秦五十万众"。

武侯问曰:"严刑明赏,足以胜乎?"

起对曰:"严明之事,臣不能悉,虽然,非所恃也。夫发号施令而人乐闻,兴师动众而人乐战,交兵接刃而人乐死。此三者,人主之所恃也。"

武侯曰:"致之奈何?"

对曰:"君举有功进飨之,无功而励之。"

于是武侯设坐庙庭,为三行,飨士大夫。上功坐前行,肴席兼重器上牢;次功坐中行,肴席器差减;无功坐后行,肴席无重器。飨毕而出,又颁赐有功者父母妻子于庙门外,亦以功为差。有死事之家,岁使使者劳赐其父母,著不忘于心。

行之三年,秦人兴师,临于西河,魏士闻之,不待吏令,介胄而奋击之者以万数。

武侯召吴起而谓曰:"子前日之教行矣!"

起对曰:"臣闻人有短长,气有盛衰。君试发无功者五万人,臣请率以当之。脱其不胜,取笑于诸侯,失权于天下矣。今使一死贼伏于旷野,千人追之,莫不枭视狼顾。何者?恐其暴起而害己也。是以一人投命,足惧千夫。今臣以五万之众,而为一死贼,率以讨之,固难敌矣。"

于是武侯从之,兼车五百乘,骑三千匹,而破秦五十万众。此励士之功也。

先战一日,吴起令三军曰:"诸吏士当从受敌车骑与徒。若车不得车,骑不得骑,徒不得徒,虽破军皆无功。"

故战之日,其令不烦而威镇天下。

【译文】

　　魏武侯问道:"赏罚严明,就能够打胜仗吗?"

　　吴起回答说:"赏罚严明是否能打胜仗,我并不全部清楚。虽然赏罚很重要,但也不能完全倚仗它。国君发号施令,人民乐意听从;出动军队与敌国交战,人们乐于参战;战场上与敌人短兵相接,士卒乐于战死。这三种情况,才是国君所依靠的。"

　　魏武侯问道:"怎样才能做到这'三乐'呢?"

　　吴起回答说:"您对有战功的人要设宴款待,无功的人要勉励他们。"

　　于是,魏武侯在宗庙里举行宴会,按功劳的大小,分三等款待将士。上等功臣坐在最前面的席位上,桌子上放着精美的菜肴,使用贵重的器具,用猪、牛、羊三牲招待;次一等功臣坐在中间的席位上,酒菜用具比上等功臣的规格稍低一些;没有功劳的将士坐在后面的席位上,用酒肉招待,没有贵重餐具。招待完毕后,又在宗庙门外颁发物品赏赐给有功人的父母妻子,也根据功劳大小加以区别。有为国牺牲的人家,每年派使者去慰问他们的父母,表示仍惦记在心中。

　　这种办法实行三年后,秦国出兵侵入西河地区,魏国的士卒听到消息,不等官吏下命令,就纷纷主动披甲上阵,人数不少于万人。

　　魏武侯召见吴起,对他说:"你以前教我奖励官兵的办法已经见到成效了。"

　　吴起回答说:"我听说人有短处也有长处,气有盛有衰。君主不妨试派五万名没有立过功的人,由我率领他们去抵御秦国的军队。倘若不能取胜,就会被诸侯耻笑,我在天下的威势也失去了。现在假设有一个不怕死的贼人,潜藏在旷野中,有一千个人去追捕他,其中没有一个人不像猫头鹰和狼一样小心翼翼地左右窥视。这是什么原因呢? 因为追捕的人都怕这个拼死的盗贼突然出来伤害自己。所以一人拼命,能使千人惧怕。现在我率领五万士卒,如果每个人都像那个拼死的盗贼一样,用他们去讨伐秦军,敌人自然就难以抵挡我军了。"

　　于是武侯听从了吴起的建议,另外拨给他五百辆战车,派三千骑兵,讨伐秦军,结果击溃了秦国的五十万军队。这就是鼓励士卒的好处。

在作战的前一天,吴起发布命令说:"各位将士必须迎击敌人的战车、骑兵和步兵。如果乘战车的人不能缴获乘车之敌,骑兵不能俘获敌人的骑兵,步兵不能俘获敌人的步兵,即使打败敌人,都不算有功。"

所以作战的那一天,吴起发布的命令并不多,却战果辉煌,威震天下。

尉缭子

略谈《尉缭子》

　　《尉缭子》是我国古代一部著名的兵书。其作者和成书年代，由于史籍记载不详，说法颇多。一般认为是战国魏人尉缭所撰。尉缭，生卒年不详，相传是鬼谷子的高足，学成后曾隐居，后应魏惠王之请，到大梁向惠王陈述兵法二十四篇。也有疑为秦王政时尉缭所写，或后人伪托。《尉缭子》最早见于《汉书·艺文志》，有二十九篇本归入"杂家类"，下注"六国时"三字；又有三十一篇本归入"兵形势家"类，都与今本二十四篇不符。1972年，山东临沂银雀山西汉墓出土的竹简中，发现《尉缭子》残简，内容与今本大体相同。根据现有资料推断，《尉缭子》约成书于战国中期。今有《续古逸丛书》影宋本及明清刊本存世。

　　《尉缭子》五卷二十四篇，约一万一千字。前十二篇主要论述战争观以及战争与政治、经济的关系，侧重于军事理论攻守权谋和战法等问题。后十二篇主要论述治军原则以及各种军令军制。前后两部分联系紧密，互为补充，大致反映了战国时期战争的特点和规律。全书洋溢着朴素的唯物论思想，为历代兵家学者所推崇。清代朱墉在《武经七书汇解》中赞誉说："七子谈兵，人人挟有识见，而引古谈今，学问博洽，首推尉缭。"可见，它在我国古军事学史上确实占有重要的地位。

　　关于战争与政治的关系，《尉缭子》强调，国富兵强首先在于国家要有良好的政治制度和政策，治兵要从革新政治入手，使国家制度完备，明确君臣职守，执法公正严明，提倡奖励耕战，"民流者亲之，地不任者任之"，"使天下非农无所得食，非战无所得爵"，人民就会"扬臂争出农战"，国家富强就能"战胜于外""威制天下"。

　　关于战争，尉缭认为当时存在两种不同性质的战争。他反对杀人越货的不义之战，支持"诛暴乱、禁不义"的义战。认为："凡兵，不攻无过之城，不杀无罪之人。"又说："故兵者，所以诛暴乱、禁不义也。"说明他在战争问题上，是持一种进步的人道主义的战争观。

尉缭强调,对于战争要有全面的认识,要清楚知道"凡兵,有以道胜,有以威胜,有以力胜"的道理;在战前必须先"权敌审将,而后举兵",这样才能掌握战争的主动权,因此,他对选择统兵的将帅提出了很高的要求。要"宽不可激而怒,清不可事以财",不可"心狂、耳聋、目盲",要严于律己,以身作则,做到"暑不张盖,寒不重衣,险必下步,军井成而后饮,军食熟而后饭,军垒成而后舍,劳佚必以身同之";"受命之日忘其家,张军宿野忘其亲,援枹而鼓忘其身"。将帅与士兵之间,要像心与肢体那样协调一致,成为一体,这样才能夺取战争的胜利。

在作战指挥上,尉缭注重谋略和战前准备,强调战前要全面地掌握敌我双方的情况。要"先料敌而后动","凡兴师必审内外之权,以计其去。兵有备阙,粮食有余不足,校所出入之路,然后兴师伐乱,必能入之"。这些观点和孙武的"知彼知己,百战不殆"的思想是一致的。他强调,作战要有雄厚的物质基础和后勤保障,不能依靠和指望别国的援助借贷。他说:"夫出不足战、入不足守者,治之以市。市者,所以给战守也。""夫市也者,百货之官也。"认为无力对外作战和对内搞好防御的国家,就应当治理好市场。管理好市场,有了收入才可能供应军队攻守作战。尉缭从当时的城市商业繁荣兴盛,看到了国家管理市场商业和它对军队后勤保障的重要性,这种思想在当时显然要比重农抑商的思想进步得多。

尉缭主张严格治军,必须先立法制,"号令明,法制审",使军令、军制完备,赏罚有据。对于违犯军纪、军令者,则施以刑罚。尉缭还具体阐述了有关治军的十二条措施。这些措施涉及教育、训练、行军、作战等各个方面。

综观《尉缭子》的军事思想,可以看出它具有两个鲜明特点,一是它吸收了先秦兵家和诸子论兵的精华,二是它具有朴素唯物论思想。全书大致反映了战国时代军队和战争的情况。

关于《尉缭子》的分类,《隋书》《旧唐书》《新唐书》的《经籍志》均将其列为"杂家类",其实《尉缭子》是在吸收先秦诸家对军事研究基础上建立其独特的军事思想的,因而是一部有特色的兵书。在《尉缭子》中,吸收诸家之长,谈论治国用兵的地方随处可见。如在仁义与战争问题上,儒家的孟轲与法家的商鞅便各执一端。孟子反对战争,主张行王道、施仁政以统一天下;商鞅却主张"捐礼义""弃仁义",用战争统一天下。尉缭把两家各执一端之说统一起来,既推崇仁义,又主张兼并战争,以"诛暴乱、禁不义"的战争来统一天下。在耕战问题上,法家商鞅主张农战,儒家孟轲主张以井田制促进农业生产,农家许行主张"食"为八政之首,"播百谷,劝耕桑,以足衣食"。尉缭摈弃不识时务的恢复井田制的倒退思想,吸收各家有益的思想,提出奖励耕织,使"野充粟多"、国家富强,然后才能进行统一战争,无敌于天下。在发展商业上,儒家孟轲主张对商贾要轻其赋税,法家商鞅主张重农抑商,农家许行主张小农经济,自给自足。尉缭则兼容各家有识之说,主张既要重视耕桑,又要重视商业,这是富国强兵之基础。由此可见,尉缭之集百家之说,不是兼容并蓄的大杂烩,而是取其长,去其短,为他的军事理论体系服务。

《尉缭子》具有朴素的唯物论思想。战国时期,稷下学派中的邹衍将阴阳五行改造成神秘的唯心的"五德终始",用它来论证"皇权神授、奉天承运"的合理性。尉缭则极力反对阴阳家"舍人事而任鬼神"的唯心思想,他对魏惠王说,讨伐敌人,治理国家,不能靠天官、时日、阴阳、向背,而是要讲人的作用。他举例说,按天官书的说法,"背水陈为绝地,向阪(山坡)阵为废军",但是武王以二万二千五百人背着济水向着山坡列阵,却打败了纣王的数十万大军,灭了殷,"由是观之,天官、时日不若人事也"。求神求鬼,不如"先稽我智"。这种面对现实、积极进取的军事观,至今仍有借鉴意义。

卷第一

天官第一

[说明]天官，即天文。本篇集中论述战争中人的地位和作用，阐明了"天官、时日不若人事"的道理。批驳了唯心的天命论，反映了作者朴素的唯物思想。

梁惠王问尉缭子曰："黄帝刑德，可以百胜，有之乎？"

尉缭子对曰："刑以伐之，德以守之，非所谓天官、时日、阴阳、向背也。黄帝者，人事而已矣。何者？今有城，东西攻不能取，南北攻不能取，四方岂无顺时乘之者邪？然不能取者，城高池深，兵器备具，财谷多积，豪士一谋者也。若城下池浅守弱，则取之矣。由是观之，天官、时日不若人事也。按《天官》曰：'背水陈为绝地，向阪阵为废军。'武王伐纣，背济水，向山阪而阵，以二万二千五百人击纣之亿万而灭商，岂纣不得《天官》之陈哉！楚将公子心与齐人战，时有彗星出，柄在齐。柄所在胜，不可击。公子心曰：'彗星何知！以彗斗者，固倒而胜焉。'明日与齐战，大破之。黄帝曰：'先神先鬼，先稽我智。'谓之天官，人事而已。"

【译文】

梁惠王问尉缭子："黄帝依靠'刑德'，可以百战百胜，有这回事吗？"

尉缭子回答说："刑是讲讨伐敌人的，德是讲治理国家的，并不是所谓的天官、时日、阴阳、向背那一套。黄帝的刑德之术，不过是强调人的作用罢了。为什么这样说呢？譬如现在有座城，从东西两面攻不下来，从南北两面也攻不下来，这四个方向难道都没有顺应天时可以攻下敌城的机会吗？然而不能攻克的原因，是城墙高，护城河深，武器精良齐备，物资粮食积存充足，将士们团结一心。如果城墙低，护城河浅，防守力量弱，就能攻下它了。由此看来，靠天官、时日这些东西，不如发挥人的作用。按《天官》一书的说法：'背水布阵就是把士卒置于死地，向着山坡列阵就等于置军队于无用之地。'但是，周武王讨伐商纣王，就背着济水向着山坡摆开阵势，以二万二千五百人攻击纣王的数十万大军，灭掉了商朝，难道是纣王的阵法不是《天官》中所说的有利布阵吗？楚国的将领公子心和齐国人打仗，当时彗星出现在天空，彗星的柄部在齐国一方。有人认为，彗柄所在的一方得胜，是不能出击的。公子心说：'彗星哪有知觉！用扫帚打人，本来就应该把扫帚倒转过来，用柄打才能取胜。'第二天，楚军与齐军交战，大败齐军。黄帝说：'先去求神求鬼，不如先考察自己的智谋如何。'我看所谓天官，不过是人的作用和力量罢了。"

兵谈第二

[说明]兵谈，就是谈论治兵的规律。本篇中，作者认为只有"禁舍开塞"，才能富国强兵。一个将领，不仅要用兵如神，还要懂得"战胜于外，备主于内"的道理。

量土地肥墝而立邑。建城称地，以城称人，以人称粟。三相称，则内可以固守，外可以战胜。战胜于外，备主于内。胜备相用，犹合符节，无异故也。

治兵者，若秘于地，若邃于天，生于无。故开之，大不窕，小不恢。明乎"禁舍开塞"，民流者亲之，地不任者任之。夫土广而任则国富，民众而制则国治。富治者，民不发轫，甲不出暴，而威制天下。故曰兵胜于朝廷。不暴甲而胜者,主胜也。陈而胜者,将胜也。

兵起非可以忿也,见胜则兴,不见胜则止。患在百里之内,不起一日之师;患在千里之内,不起一月之师;患在四海之内,不起一岁之师。

将者,上不制于天,下不制于地,中不制于人。宽不可激而怒,清不可事以财。夫心狂、耳聋、目盲,以三悖率人者,难矣。

兵之所及,羊肠亦胜,锯齿亦胜,缘山亦胜,入谷亦胜。方亦胜,圆亦胜。重者,如山如林,如江如河;轻者,如炮如燔,如垣压之,如云覆之。令人聚不得以散,散不得以聚;左不得以右,右不得以左。兵如总木,弩如羊角,人人无不腾陵张胆,绝乎疑虑,堂堂决而去。

【译文】

要根据土地的肥瘠情况建立城邑。建立城邑的规模要与土地面积的大小相适应,城邑的大小要与人口的多少相适应,人口的多少要与粮食供应相适应。三者互相适应,那么内可以固守国土,外可以战胜敌人。在国外战胜敌人,在国内有充分的准备。胜利和准备相互影响,两者的关系就像符节一样相互吻合,这是两者没有差异的缘故。

治理军队,要像隐藏在大地之下那么深不可测,要像处于高天之上那样不可捉摸,产生于无形之中。所以实行它,大的方面不暴露破绽,小的方面不显露形迹。弄清楚"禁舍开塞"的政治措施,老百姓流离失所的就给予抚慰,土地荒芜的就去开发利用。土地广阔而充分利用,国家就富足;人口众多而制度健全,国家就安定太平。国家富足又安定太平,不必动员老百姓,军队也不必出征,就能威服天下。所以说,军事上的胜利取决于朝廷的政治决策。不出动军队而取得胜利,这是国君决策的胜利。通过战争而取得胜利,这是将领指挥的胜利。

出兵打仗不可凭一时的愤怒,知道有胜利的把握就出兵,没有胜利的把握就停止出兵。祸患在百里之内,不能只作出兵一天就能胜利的打算;祸患在千里之内,不能只作出兵一月就能胜利的打算;祸患在四海之内,不能只作出兵一年就能胜利的打算。

作为将领,上不受天时气象的制约,下不受地理条件的制约,中不受国君的制约。心胸要宽阔,不能因刺激而发怒;要清正廉洁,不能贪图钱财。有的人态度轻狂,听不进别人意见,目光短浅,看不到实际情况,如果任用具有这三种毛病的人统帅军队,那就难于成功了。

训练有素的军队,在羊肠小道上也能取胜,在犬牙交错的复杂地形上也能取胜,攀登高山能取胜,深入峡谷也能取胜。采用方阵能取胜,采用圆阵也能取胜。行动稳重时,如高山密林那样沉着镇静,如长江大河那样势不可挡;轻兵奇袭,像猛火焚烧那样暴烈,像高墙崩塌一样呈压顶之势,像乌云盖顶那样使敌人无处逃遁。使集中了的敌人不能分散,分散的来不及集中;左边的敌人不能去右边,右边的敌人不能去左边。军队刀枪剑戟密如树林,强弓劲弩凌厉如旋风,人人无不斗志昂扬,英勇果敢,断绝疑虑,一往无前地去决战。

制谈第三

[说明]制谈,主要论述国家、军队制度对战争胜利的保障作用。文中指出只有"号令明,法制审",士卒才能英勇作战。其中列举了四种"世将不能禁"的情况,认为这是军队的大害。强调只有国家政治制度健全,实行农战政策,任用贤能,立足于国内,才能取得军事上的胜利。

凡兵,制必先定。制先定则士不乱,士不乱则刑乃明。金鼓所指,则百人尽斗;陷行乱阵,则千人尽斗;覆军杀将,则万人齐刃。天下莫能当其战矣。

古者，土有什伍，车有偏列。鼓鸣旗麾，先登者未尝非多力国士也，先死者亦未尝非多力国士也。损敌一人而损我百人，此资敌而损我甚焉，世将不能禁。征役分军而逃归，或临战自北，则逃伤甚焉，世将不能禁。杀人于百步之外者，弓矢也；杀人于五十步之内者，矛戟也。将已鼓而士卒相嚣，拗矢折矛，抱戟，利后发。战有此数者，内自败也，世将不能禁。士失什伍，车失偏列，奇兵捐将而走，大众亦走，世将不能禁。夫将能禁此四者，则高山陵之，深水绝之，坚阵犯之。不能禁此四者，犹亡舟楫，绝江河，不可得也。

民非乐死而恶生也，号令明，法制审，故能使之前。明赏于前，决罚于后，是以发能中利，动则有功。

今百人一卒，千人一司马，万人一将，以少诛众，以弱诛强。试听臣言其术，足使三军之众，诛一人无失刑。父不敢舍子，子不敢舍父，况国人乎！

一武仗剑击于市，万人无不避之者。臣谓非一人之独勇，万人皆不肖也。何则？必死与必生，固不侔也。听臣之术，足使三军之众为一死贼，莫能当其前，莫能随其后，而能独出独入焉。独出独入者，王霸之兵也。

有提十万之众而天下莫当者谁？曰桓公也。有提七万之众而天下莫当者谁？曰吴起也。有提三万之众而天下莫当者谁？曰武子也。今天下诸国士，所率无不及二十万之众，然不能济功名者，不明乎禁舍开塞也。明其制，一人胜之，则十人亦以胜之也；十人胜之，则百、千、万人亦胜之也。故曰：便吾器用，养吾武勇，发之如鸟击，如赴千仞之谿。

今国被患者，以重币出聘，以爱子出质，以地界出割，得天下助卒，名为十万，其实不过数万尔。其兵来者，无不谓其将曰："无为人下先战。"其实不可得而战也。

量吾境内之民，无伍莫能正矣。经制十万之众，而王必能使之。衣吾衣，食吾食，战不胜，守不固者，非吾民之罪，内自致也。天下诸国助我战，犹良骥骎骔骈之驶，彼驽马鬐兴角逐，何能绍吾气哉？

吾用天下之用为用，吾制天下之制为制，修吾号令，明吾刑赏，使天下非农无所得食，非战无所得爵，使民扬臂争出农战，而天下无敌矣。故曰：发号出令，信行国内。

民言有可以胜敌者，毋许其空言，必试其能战也。视人之地而有之，分人之民而畜之，必能内有其贤者也。不能内有其贤而欲有天下，必覆军杀将。如此，虽战胜而国益弱，得地而国益贫，由国中之制弊矣。

【译文】

凡是统率军队，必须得先制定好各种制度。制度建立了，士兵就不至于散乱；士兵不散乱，纪律就严明了。金鼓的声音响起，百人都能勇猛战斗；冲散敌军，打乱敌阵，千人都能奋勇当先；消灭敌军，诛杀敌方将领，万人都能协同作战。这样的军队天下没有人能阻挡其前进。

古时候，士兵有"什伍"的编制，战车有"偏列"的编制。当敲响战鼓挥动旗帜发起进攻时，先登上城堡杀敌的，往往是那些乐于为国献身的勇士；先战死的，往往也是那些乐于为国献身的勇士。如果只杀伤一个敌人而我伤亡上百人，这实际上是资助了敌人，严重地损伤了自己，现在一般的将领仍然不能够制止这种行为。士兵应征入伍后刚编入部队就跑回家，或临战时自行败逃，这就造成了更加严重的逃散或伤亡，现在一般的将领仍然不能够制止这种行为。可在百步之外杀死敌人的武器是弓箭，可在五十步以内杀死敌人的武器是矛和戟。将领已经击鼓命令进攻了，然而士兵仍在互相吵闹，把箭、矛折断，扔掉戈戟，畏缩不前，只想走在队伍的后面。战斗中出现了这些情况，是自己先溃败了，可是现在一般的将领仍然不能够制止这种行为。战争时士兵脱离了队伍，战车的编队很混乱，机动部队抛弃将领自己逃跑了，大部队也随之溃散，现在一般的将领仍然不能够制止这种行为。如果将领能制止这四种行为发生，那么高山可以攀登，深涧可以渡过，坚固的阵地可以攻克。如果不能防止这四种情况发生，要战胜敌人就像没有船只就想渡过江河一样，是不可能达到目的的。

民众之所以能够英勇杀敌，不怕牺牲，并不是他们喜欢死而厌恶生，是因为号令严明，法制严密，才能使他们奋勇向前。有明确的奖赏鼓励在前，又有严厉的惩罚督促于后，因此出兵就能获胜，行动就能成功。

当今军制规定：一百人设一卒长，一千人设一司马，一万人设一将军，这是以少数人管理多数人，以弱小的一方去统辖强大的一方。如果能听从我的管理办法，就可以驾驭三军人马，做到全军不会错办一个人的罪。即使是父亲也不敢包庇儿子，儿子也不敢包庇父亲，何况一般的人呢！

一个武夫在集市上攻击他人，众人没有不躲避的。我认为这并不是他一个人勇敢而大家都怕死。为什么呢？因为抱必死决心的人和意图求生的人本来是不相同的。如果采纳我的办法，完全可以使三军之众都像一个不怕死的亡命徒那样，谁也不敢在前边阻挡，谁也不敢在后边尾追，那就所向无敌，如入无人之境了。所向无敌的军队，就是称霸诸侯的军队。

率领十万军队而天下无敌的是谁呢？是齐桓公。率领七万军队而天下无敌的是谁呢？是吴起。率领三万军队而天下无敌的是谁呢？是孙武。现在天下诸国的将领，所率军队没有不超过二十万的，然而不能成就功名，就在于没有建立明确的"禁舍开塞"制度。如果明确建立了这些制度，那么一个人能取得胜利，就会带动十个人战胜敌人；十个人能取得胜利，就会带动百个、千个、万个人战胜敌人了。所以说：修缮我军的武器装备，培养部队的勇敢精神，打起仗来就能像猛禽捕食那样迅捷凶猛,像决开积水倾泻于深谷那样势不可当。

现在诸侯国遭到攻击,就用贵重的财宝送礼,让自己的爱子去做人质,以割让土地为代价,而求得天下诸侯的援兵,号称十万,其实不过几万人。当援军出发的时候,国君总是告诫他们的将领说:"不要在别国之前出战。"这样的援兵根本不可能奋力作战。

根据国内民众的情况,没有什伍的制度,就治理不好他们。组织起十万大军,而国君必须能够驱使他们。如果这些军队穿国家的衣服,吃国家的粮食,战斗还不能获胜,防守阵地不能坚固,那也不是老百姓的罪过,而是军队没有建立良好的制度或指挥不当造成的。诸侯国援助我们作战,敌人就像骏马那样奔驰,而援兵却像竖起鬃毛乱跑的劣马,劣马去和骏马较量,这怎么能鼓舞我军的士气呢?

我们要利用天下的财富来充实国力,我们要效仿天下好制度使之成为自己的制度,整肃我们的号令,严明我们的赏罚,让天下人都知道不务农就没有饭吃,无战功的人就得不到爵位,鼓励民众争先恐后地参军和务农,这样就可以天下无敌了。所以说:号令一经发出,就可以取信于民并通行全国。

如果有人说他有战胜敌人的妙计,不要轻信他的空话,必须在实战中考验他。要想兼并别人的土地,统治别国的民众,就必须选用贤能之人。如果在国内没有贤才辅佐,而又想占领他国,必定招致兵败将亡的结果。这种情况下,即使侥幸获胜,国家也会因此而更加衰弱;即使攻占了别国的土地,国家也会因此而更加贫困,这些都是因为国家制度已经败坏了。

战威第四

[说明]战威,指战争的威力,也即战斗力。本篇主要论述了高昂的士气对于战争取胜的重要作用,但也肯定了战争中增强战斗力的物质因素。文中着重谈了激励士气的方法。

凡兵,有以道胜,有以威胜,有以力胜。讲武料敌,使敌之气失而师散,虽形全而不为之用,此道胜也。审法制,明赏罚,便器用,使民有必战之心,此威胜也。破军杀将,乘阗发机,溃众夺地,成功乃返,此力胜也。王侯知此,所以三胜者毕矣。

夫将之所以战者,民也;民之所以战者,气也。气实则斗,气夺则走。刑未加,兵未接,而所以夺敌者五:一曰庙胜之论,二曰受命之论,三曰逾垠之论,四曰深沟高垒之论,五曰举陈加刑之论。此五者,先料敌而后动,是以击虚夺之也。

善用兵者,能夺人而不夺于人。夺者,心之机也。令者,一众心也。众不审则数变,数变则令虽出,众不信矣。故令之之法:小过无更,小疑无申。故上无疑令,则众不二听;动无疑事,则众不二志。

未有不信其心而能得其力者也,未有不得其力而能致其死战者也。故国必有礼信亲爱之义,则可以饥易饱;国必有孝慈廉耻之俗,则可以死易生。古者率民,必先礼信而后爵禄,先廉耻而后刑罚,先亲爱而后律其身。

故战者必本乎率身以励众士,如心之使四支也。志不励则士不死节,士不死节则众不战。励士之道,民之生,不可不厚也;爵列之等,死丧之亲,民之所营,不可不显也。必也因民所生而制之,因民所营而显之。田禄之实,饮食之亲,乡里相劝,死丧相救,兵役相从,此民之所励也。使什伍如亲戚,卒伯如朋友,止如堵墙,动如风雨,车不结辙,士不旋踵,此本战之道也。

地所以养民也,城所以守地也,战所以守城也。故务耕者民不饥,务守者地不危,务战者城不围。三者,先王之本务也。本务者,兵最急,故先王专于兵有五焉:委积不多则士不行,赏禄不厚则民不劝,武士不选则众不强,器用不备则力不壮,刑赏不中则众不畏。务此五者,静能守其所固,动能成其所欲。夫以居攻出,则居欲重,陈欲坚,发欲毕,斗欲齐。

王国富民,霸国富士,仅存之国富大夫,亡国富仓府。所谓上满下漏,患无所救。

故曰举贤任能,不时日而事利;明法审令,不卜筮而获吉;贵功养劳,不祷祠而得福。又曰:天时不如地利,地利不如人和,圣人所贵,人事而已。

夫勤劳之师,将必先己。暑不张盖,寒不重衣,险必下步,军井成而后饮,军食熟而后饭,军垒成而后舍,劳佚必以身同之。如此,师虽久而不老不弊。

【译文】

凡是用兵,有靠谋略取胜的,有靠威势取胜的,有靠武力取胜的。讲习武事,分析敌情,使敌人士气低落队伍涣散,虽然军队的组织形式完整但没有作战能力,这就是通过运用谋略来取得胜利。严格法令制度,明确奖罚,完善武器装备,使士卒有高昂的士气和必胜的信心,这就是靠威势取胜。打垮敌军杀其将帅,使用各种攻城器械强攻敌人城邑,粉碎敌人的防御,占领敌国的土地,胜利之后凯旋,这就是靠武力取胜。一国之主懂得了这些,就算是全面地掌握了三种取胜的方法。

　　将领赖以作战靠的是百姓,百姓能够英勇战斗靠的是士气。士气旺盛就勇于战斗,士气衰落就会溃败。战争没有开始,敌我还没有交锋,这时候能够使敌人丧失斗志的有五个方面:一是朝廷的正确决策;二是任命胜任的将领;三是部队进入敌境迅速突然;四是本国防守坚固;五是军队指挥得当。这五个方面,都是要先分析敌情然后采取行动,是用以实击虚的方法压倒敌人。

　　善于用兵的人,能够夺取主动权而不被敌人抢去先机。夺取主动权在于机智灵活,用兵如神。命令,是用来统一大家意志的。不了解军情那么命令就会多次变更,以后即使有命令下达众人也不会相信了。因此,下达命令的原则是:小错误不更改,小疑问不申明。所以上级不朝令夕改,那么大家就不会无所适从;行动没有犹豫不决的情况,那么大家就不会三心二意了。

　　从来没有得不到士兵的信任,而能够让他们尽力的;从来没有不能让士兵尽力,而能够使他们拼命作战的。所以,一个国家必须有崇礼守信相亲相爱的风气,民众才能忍饥挨饿战胜困难;国家必须具有孝顺慈爱廉洁知耻的风气,民众才会不惜牺牲去保卫国家。古时候的国君治理民众,总是先用礼义信用教育民众,然后才赏赐官爵俸禄;先进行廉耻教育,然后才施用刑罚;先用仁爱抚慰他们,然后才用法律约束他们。

　　因此指挥作战的将领,一定要以身作则,以此激励部下,这样就会像大脑指挥四肢一样灵活自如了。战斗意志不激发,将士就不会为国家献身;将士没有为国献身的精神,那么广大士兵就不会奋勇作战了。激励将士,给他们的待遇不能不丰厚;爵位的等级,死丧的抚恤,民众所谋求的,不可不给予足够的重视。这些优惠的措施要根据民生情况订立制度予以保证,根据民众的关注点予之重视。使他们在田地俸禄方面得到实惠,起居饮食得到照顾,邻里互相帮助,生死关头互相救援,从军服役携手相随,这都是激励士气的方法。让行伍之间如同亲戚互相关心,上下级关系如同朋友那样亲密无间,这样部队驻守时就像一堵城墙那样稳固,行动时像暴风雨那样迅猛,战车有进无退,士兵勇往直前,这就是作战的根本原则。

土地是用来养活人民的,城池是用来守卫土地的,打仗是用来守卫城池的。因此,努力发展农业生产,老百姓就不会有饥饿;注重边疆守备,领土就不会被侵犯;注重机动作战的,城池就不会被围困。这三件事是古代君王立国的根本问题。这些根本问题中,军事是最重要的。所以,古代帝王特别注意军事方面的五个问题:粮食积蓄不充分,军队就难以行动;奖赏和俸禄不优厚,士兵就不会尽力;勇士不经严格挑选,军队就不能加强;武器和装备不充足,战斗力就不会强大;赏罚不适当,士卒就不会畏服。努力办好这五个方面的事,防御时就能做到阵地牢固,进攻时就能每战必胜。由防御转为进攻,防御要稳定,阵地要坚固,发起进攻时要集中全部兵力,战斗行动要协调一致。

称王天下的国家,注意增加民众的财富;称霸诸侯的国家,注意提高士兵的待遇;没落的国家,只会增加官吏的收入;将要灭亡的国家,只会增加国君的库存财富。所以说,只满足上层而忽略下层,亡国的祸患是无法挽救的。

所以说,选贤任能,不用选择吉日良辰,事情也会顺利;法令明确,不用占卜吉凶,结果也会圆满;褒奖有功之士,优待为国操劳的人,不用祈祷祭祀,也会得到福报。又说:天时有利不如地形有利,地形有利不如人心和睦,圣人所重视的,只在人事罢了。

吃苦耐劳的军队,将领一定与士卒同甘共苦,身先士卒。天热时不张伞,天寒时不增加衣服,道路艰险一定会下马步行,军队的水井挖好后才喝水,军队的饭做熟后才进餐,军营驻扎后自己才休息,无论是训练还是休息,都与士兵保持一致。这样,部队即使长期作战也能保持旺盛的士气。

卷第二

攻权第五

[说明]权,是权谋的意思。本篇着重论述了攻城的谋略。作者指出,军队攻城取胜,首先要齐心协力,其次要有严格的纪律,将帅要有威严,最后是要确有把握才去攻战。

兵以静胜,国以专胜。力分者弱,心疑者背。夫力弱,故进退不豪,纵敌不禽。将吏士卒,动静一身,心既疑背,则计决而不动,动决而不禁。异口虚言,将无修容,卒无常试,发攻必衄。是谓疾陵之兵,无足与斗。

将帅者,心也;群下者,支节也。其心动以诚,则支节必力;其心动以疑,则支节必背。夫将不心制,卒不节动,虽胜,幸胜也,非攻权也。

夫民无两畏也。畏我侮敌,畏敌侮我。见侮者败,立威者胜。凡将能其道者,吏畏其将也;吏畏其将者,民畏其吏也;民畏其吏者,敌畏其民也。是故知胜败之道者,必先知畏侮之权。夫不爱说其心者,不我用也;不严畏其心者,不我举也。爱在下顺,威在上立。爱故不二,威故不犯。故善将者,爱与威而已。

战不必胜,不可以言战;攻不必拔,不可以言攻。不然,刑赏不足信也。信在期前,事在未兆。故众已聚不虚散,兵已出不徒归,求敌若求亡子,击敌若救溺人。分险者无战心,挑战者无全气,斗战者无胜兵。

凡挟义而战者，贵从我起。争私结怨，应不得已。怨结虽起，待之贵后。故争必当待之，息必当备之。

兵有胜于朝廷，有胜于原野，有胜于市井。斗则得，服则失，幸以不败，此不意彼惊惧而曲胜之也。曲胜，言非全也。非全胜者，无权名。故明主战攻之日，合鼓合角，节以兵刃，不求胜而胜也。

兵有去备彻威而胜者，以其有法故也。有器用之蚤定也，其应敌也周，其总率也极。故五人而伍，十人而什，百人而卒，千人而率，万人而将，已周已极。其朝死则朝代，暮死则暮代。权敌审将，而后举兵。

故凡集兵，千里者旬日，百里者一日，必集敌境。卒聚将至，深入其地，错绝其道，栖其大城大邑，使之登城逼危。男女数重，各逼地形，而攻要塞。据一城邑，而数道绝，从而攻之。敌将帅不能信，吏卒不能和，刑有所不从者，则我败之矣。敌救未至，而一城已降。

津梁未发，要塞未修，城险未设，渠答未张，则虽有城无守矣。远堡未入，戍客未归，则虽有人无人矣。六畜未聚，五谷未收，财用未敛，则虽有资无资矣。夫城邑空虚而资尽者，我因其虚而攻之。法曰："独出独入，敌人不接刃而致之。"此之谓也。

【译文】

军队靠沉着冷静取胜，国家靠团结统一取胜。兵力分散就势弱，决心动摇，士气就会离散。兵力薄弱，进攻或者退守就没有气势，即使有好的战机也会放走敌人。军队上下步调一致，如同一个人，如果决心动摇，思想混乱，计划决定了也不会行动，行动起来也控制不住。军队中众说纷纭，夸夸其谈，将领没有威严，士兵缺乏训练，这样发动进攻必然失败。这就是士气衰颓的军队，这种军队是不能参加作战的。

将领就像人的心脏,士卒就像人的四肢关节。将领的决心坚定,则肢节运动必然有力;将领如果犹疑不定,则肢节运动一定不听从指挥。如果将领不能像心脏指挥四肢那样指挥军队,士卒就不能像四肢听从心脏指挥那样听令于将领指示,即使胜利了,也是侥幸的,并非掌握了进攻的谋略。

百姓没有既畏惧敌人又畏惧自己将帅的。畏惧自己的将帅就会藐视敌人,畏惧敌人就会轻慢自己的将领。将帅被轻慢,作战就会失败;将帅立有威信,作战就会胜利。凡是将领能掌握这些道理的,军吏就会畏惧自己的将帅;军吏畏惧将帅,百姓就畏惧军吏;百姓畏惧军吏,敌人就畏惧这样的百姓。所以懂得胜败道理的人,必须首先知道畏惧和轻慢二者的利害关系。将领不能爱抚使部下悦服,士卒就不会听从使唤;不能使部下敬畏,士卒就不会听从指挥。爱抚在于使下级服从,威严在于上级自身树立。爱抚下级,士兵就忠心不二;将领有了威严,士兵就不会违抗命令。所以善于做将领的就在于得到士兵的尊敬和自己树立威严而已。

打仗没有必胜的把握,不可轻言作战;进攻没有必克的把握,不可轻言攻城。否则,即使采用严刑重赏也不足以使士卒信服。威信要在战前树立,变故要在事前预见。所以,部队已经集中起来了,就不能随便解散;军队已经出动了,就不能无功而返,寻敌求战就好像寻找丢失的孩子一样心切,攻击敌人就像抢救溺水的人一样坚决果敢。陷于危险境地的军队没有战斗的决心,进行挑战的军队没有饱满的士气,鲁莽作战的军队没有取胜的把握。

凡是正义的战争,最好我先主动出击。争夺私利而结下冤仇的战争,应是不得已的。因结怨而引起的战争,最好后发制人。所以说,发动战争一定要选择时机,停兵息战也一定要保持戒备。

用兵打仗,有时靠朝廷决策取胜,有时靠野战取胜,有时靠强攻城市取胜。要勇于战斗才能取得胜利,屈服退让就会失败,侥幸没有失败,这是由于敌人意外地惊慌恐惧而勉强取胜的。勉强取胜就不能算是全胜。

没有全胜的将领就谈不上懂得用兵的谋略。所以英明的君主在发动进攻之日，通过正确的指挥，协调行动，虽不强求胜利，胜利也会自然到来。

用兵也有表面上放松战备，解除威势而取得胜利的，这是因为有巧妙的制敌方法。有早就准备好的武器装备，有严密的应战计划，有高明的统帅。所以，五人设一伍长，十人设一什长，百人设一卒长，千人设一率，万人设一将，组织周密达到了极点。其将领若早晨战死，早晨就有人接替；若晚上战死，晚上就有人接替。正确分析敌情，审慎选择将领，然后才出兵。

所以凡是集结军队，千里路程十天内就要赶到，百里路程一天内就要赶到，而且必须集结到敌人边境附近。兵员已经集中，将领已经到达，就要立即深入敌人的纵深地带，切断它的交通要道，包围它的重要城市，迫使敌人困守孤城而处于危险的境地。城中的居民层层设防，各自将其逼入险境，然后向敌人的要塞攻击。盘踞在敌人的城邑之外，在敌人各方联系都被切断的情况下，向敌人发动猛攻。这时敌人的将领就会丧失威信，官兵互不配合，即使上级施用刑罚也没有下级愿意服从，那么我们就可以趁势打败敌人了。不等敌人援兵赶到，城内敌人已经投降了。

如果敌人渡口桥梁还没有开发，要塞还没有修建，城防工事没有构筑，障碍没有设置，这样即使有城池也是守不住的。边疆的堡垒还没有派兵进驻，戍守边疆的军队还没有调动就绪，敌人即使有军队也和没有军队一样。敌人应征集的六畜还没有集中，应征收的五谷还没有到手，应积聚的物资还没有收齐，那么即使有少量的财物也和没有一个样。敌人城邑空虚且又物资匮乏的，我就要乘虚而攻取。兵法上说："我军行动自由如入无人之境，敌人还没有来得及和我交锋就失败了。"就是指的这种情况。

守权第六

[说明]本篇论述了守卫城池前后的战略战术。积极防御固然需要险要地形、坚固的工事、充足的粮草、精良的装备,但防御中要相机出击,并配合援军,战胜敌人。

凡守者,进不郭圉,退不亭障,以御战,非善者也。豪杰英俊,坚甲利兵,劲弩强矢,尽在郭中,乃收窖廪,毁拆而入保,令客气十百倍而主之气不半焉,敌攻者伤之甚也。然而世将弗能知。

夫守者,不失其险者也。守法:城一丈,十人守之,工食不与焉。出者不守,守者不出。一而当十,十而当百,百而当千,千而当万。故为城郭者,非特费于民聚土壤也,诚为守也。千丈之城,则万人之城也。池深而广,城坚而厚,士民备,薪食给,弩坚矢强,矛戟称之,此守法也。

攻者不下十余万之众,其有必救之军者,则有必守之城;无必救之军者,则无必守之城。若彼城坚而救诚,则愚夫蠢妇无不蔽城尽资血城者。期年之城,守余于攻者,救余于守者。若彼城坚而救不诚,则愚夫蠢妇无不守陴而泣下,此人之常情也。遂发其窖廪救抚,则亦不能止矣。必鼓其豪杰英俊、坚甲利兵、劲弩强矢并于前,幺麽毁瘠者并于后。

十万之兵顿于城下,救必开之,守必出之。出据要塞,但救其后,无绝其粮道,中外相应。此救而示之不诚,示之不诚,则倒敌而待之者也。后其壮,前其老,彼敌无前,守不得而止矣。此守权之谓也。

【译文】

凡是守城的队伍,不在外城迎击敌人,不在城郊固守险要据点,这样来进行防御,不是好的办法。把精锐部队、优良武器,都配置在城内,同时收集城外地窖和粮仓的粮食,拆毁城外房屋,让民众退守城堡,这样就会使进攻的敌人气焰十倍百倍嚣张,而守者士气低落减半,一旦敌人来进攻,守军的伤亡就很大。可是一般的将领却不懂得这个道理。

进行防守的军队,一定不能放弃险阻地形。守城的方法是:城墙每一丈,要十个人防守,工匠、炊事等勤杂人员不计算在内。出击的部队不担任防守,防守的部队不参与出击。这样的话,守城的队伍一个可以挡敌十人,十人可以挡敌百人,百人可以挡敌千人,千人可以挡敌万人。所以建立城郭,并不是胡乱耗费民力将土堆聚起来做做样子,实在是防守的需要。一千丈的城墙需要一万人来防守。同时要求护城河深而宽,城墙坚实而厚,人力配备充足,柴草和粮食供应有保证,弩矢精良,矛戟适用,这就是守城的法则。

敌人用十万以上的军队攻城,如果有一定会来救援的援军,就有一定能守得住的城池;如果没有一定来相救的援军,那就没有必定守得住的城池。如果防守者城池坚固并且援军可靠,那么,民众就没有不全力以赴,献出财产与生命帮助守城的。能够坚守一年的城池,是因为防守的力量大于攻城的力量,援军能够支援防守的军队。如果只有坚固的城垣,援军却不可靠,那么民众就没有不守在城垛旁边而失望落泪的,这是人之常情。即使打开仓库进行救济安抚,也不能消除这种悲观情绪。必须勉励有才能的豪杰,率领精锐部队,配备优良的武器,冲锋陷阵在前,老幼病弱者在后边全力以赴支援。

十万敌军围困于城下,援军一定要打开重围,守军一定要乘机出击。守军占领险要地形,援军可以只在守军的后方打开一条通路,使守军的粮道不被切断,并与守军内外互相策应。这是为了表示救援不积极,用来迷惑敌人,然后就可以颠倒敌人的部署,等待有利时机出击。这样敌人会把战斗力强的队伍用来对付援军,战斗力差的队伍配置在攻城的前沿。这样,敌人攻城就不可能有进展,守军也可以寻机出击。这就是守城的战略。

十二陵第七

[说明]陵,喻为高大的形状。本篇主要论述将帅的修养,如何做到形象高大。文章从正反两面提出十二种经验和十二种教训,以此作为将帅在实践中自励和防微杜渐的行为准则。

　　威在于不变,惠在于因时,机在于应事,战在于治气,攻在于意表,守在于外饰,无过在于度数,无困在于豫备,慎在于畏小,智在于治大,除害在于敢断,得众在于下人。

　　悔在于任疑,孽在于屠戮,偏在于多私,不祥在于恶闻己过,不度在于竭民财,不明在于受间,不实在于轻发,因陋在于离贤,祸在于好利,害在于亲小人,亡在于无所守,危在于无号令。

【译文】

　　威严在于不轻易改变决定,给人恩惠在于适时,机谋在于适应事物的变化,打仗在于激励士气,进攻在于出敌不意,防守在于粉饰外表迷惑敌人,不犯错误在于掌握处理事务的分寸,不陷入困境在于事前有准备,谨慎在于警惕小事情上犯错,明智在于能处理大事,除奸害在于勇敢果断,得人心在于礼贤下士。

　　后悔在于任用不可靠之人,罪孽在于肆意屠杀,办事不公在于私心太重,不善在于厌恶听到自己的过失,用度不足在于耗尽民财,不明事理在于受人离间,劳而无功在于轻举妄动,固执浅薄在于疏远贤人,惹祸在于贪图财利,招受损害在于亲近小人,灭亡在于没有用来防守的各种战备,身陷危机在于主将没有明确的号令。

武议第八

[说明]武议,即议论用武之道。本篇主要论述了战争的目的和性质,战争与经济的关系,以及将帅在战争中的作用。

凡兵不攻无过之城,不杀无罪之人。夫杀人之父兄,利人之财货,臣妾人之女子,此皆盗也。故兵者,所以诛暴乱、禁不义也。兵之所加者,农不离其田业,贾不离其肆宅,士大夫不离其官府。由其武议在于一人,故兵不血刃而天下亲焉。

万乘农战,千乘救守,百乘事养。农战不外索权,救守不外索助,事养不外索资。夫出不足战、入不足守者,治之以市。市者,所以给战守也。万乘无千乘之助,必有百乘之市。

凡诛者所以明武也。杀一人而三军震者,杀之;杀一人而万人喜者,杀之。杀之贵大,赏之贵小。当杀而虽贵重,必杀之,是刑上究也。赏其牛童与圉者,是赏下流也。夫能刑上究,赏下流,此将之武也。故人主重将。

夫将提鼓挥枹,临难决战,接兵角刃,鼓之而当,则赏功立名;鼓之而不当,则身死国亡。是兴亡安危,应在枹端,奈何无重将也!

夫提鼓挥枹,接兵角刃,君以武事成功者,臣以为非难也。古人曰:"无蒙冲而攻,无渠答而守,是谓无善之军。"视无见,听无闻,由国无市也。夫市也者,百货之官也。市贱卖贵,以限士人。人食粟一斗,马食菽三斗,人有饥色,马有瘠形,何也? 市有所出而官无主也。夫提天下之节制,而无百货之官,无谓其能战也。

起兵，直使甲胄生虮虱，必为吾所效用也。鸷鸟逐雀，有袭人之怀、入人之室者，非出生也，后有惮也。

太公望年七十，屠牛朝歌，卖食盟津。过七十余而主不听，人人谓之狂夫也。及遇文王，则提三万之众，一战而天下定，非武议安能此合也。故曰，良马有策，远道可致；贤士有合，大道可明。

武王伐纣，师渡盟津，右旄左钺，死士三百，战士三万。纣之陈亿万，飞廉、恶来，身先戟斧，陈开百里。武王不罢士民，兵不血刃而克商诛纣，无祥异也，人事修不修而然也。今世将考孤虚，占咸池，合龟兆，视吉凶，观星辰风云之变，欲以成胜立功，臣以为难。

夫将者上不制于天，下不制于地，中不制于人。故兵者，凶器也；争者，逆德也；将者，死官也。故不得已而用之。无天于上，无地于下，无主于后，无敌于前。一人之兵，如狼如虎，如风如雨，如雷如霆，震震冥冥，天下皆惊。

胜兵似水。夫水，至柔弱者也，然所以触丘陵必为之崩，无异也，性专而触诚也。今以莫邪之利，犀兕之坚，三军之众，有所奇正，则天下莫当其战矣。故曰：举贤用能，不时日而事利；明法审令，不卜筮而获吉；贵功养劳，不祷祠而得福。又曰：天时不如地利，地利不如人和。古之圣人，谨人事而已。

吴起与秦战，舍不平陇亩，朴樕盖之，以蔽霜露。如此何也？不自高人故也。乞人之死不索尊，竭人之力不责礼。故古者，介胄之士不拜，示人无己以烦也。夫烦人而欲乞其死、竭其力，自古至今，未尝闻矣。

将受命之日忘其家，张军宿野忘其亲，援枹而鼓忘其身。

吴起临战,左右进剑。起曰:"将专主旗鼓尔。临难决疑,挥兵指刃,此将事也。一剑之任,非将事也。"

三军成行,一舍而后成三舍,三舍之余如决川源。望敌在前,因其所长而用之。敌白者,垩之;赤者,赭之。

吴起与秦战,未合,一夫不胜其勇,前获双首而还,吴起立斩之。军吏谏曰:"此材士也,不可斩。"起曰:"材士则是也,非吾令也。"斩之。

【译文】

凡是用兵,不攻无过失的城邑,不杀无辜的人民。杀害别人的父兄,掠夺别人财物,奴役别人的子女,这都是强盗行为。所以用兵就是为了镇压暴乱,制止不正义的行为。对于被征服的国家,要使农民不离开自己的田宅,商人不离开自己的店铺,官吏不离开自己的官府。因为战争的目的,只在于惩罚为首的一人,因此不用流血奋战就能得到天下的拥护。

拥有万辆兵车的大国,要致力于将农耕与战争相结合;拥有千辆兵车的中等国家,在于加强守备;只有百辆兵车的小国,要努力发展生产,要能够自给自足。农战结合兵给食足的国家,就可以不对外争夺霸权;能够自救自守的国家,就可以不乞求别国的援助;能够自给自足的国家,就可以不向别国乞求资财。凡是对外无力作战,对内无力防守的,就应发展市场贸易。市场贸易是用来增加税收、保障军费供给的。万乘之国可以不像千乘之国那样希望别人援助,但必须像百乘之国那样,发展市场贸易,增加收入。

凡死刑都是为了申明军威。杀一个人能使三军震动的,就杀掉他;杀一个人能使万人高兴的,就杀掉他。杀人贵在杀掉有罪的大人物,奖赏贵在奖励有功的小人物。应当杀的,即使官高势大也必须杀掉,这就是刑罚能制裁大人物的表现。奖励牛童马夫,这是奖励能到达下层的表现。能够做到刑罚制裁到上层人物,奖赏达到下层人物,这就是将领的威严所在。所以,国君应当尊重将领的职权。

将领掌握着战争指挥权,提鼓而击,与敌人决战于危难之际,双方短兵相接,如果指挥得当,则能建功扬名;如果指挥不当,就会身死国亡。因此国家的存亡安危,在于将帅对战争的指挥是否正确,这样怎能不重视将领呢!

将领提鼓而击,敌我两方短兵相接,国君要取得军事上的胜利,我以为并非难事。古人说:"没有攻车而发起进攻,没有铁蒺藜而进行防守,这是装备不完善的军队。"军队由于营养不良,以致影响了视力和听力,是由于国家没有治理好市场,以致供给缺乏。所谓市场,就是管理百货买卖的地方。物价便宜时买进来,物价昂贵时卖出去,使士卒民众窘迫困难。每天每人不过吃一斗粮食,每匹马不过吃三斗饲料,可是人饿得脸色发黄,马饿得体形消瘦,为什么呢? 这是市场虽有各种物品,而管理却无人负责的缘故。掌握了一国的军事指挥大权,却没有对市场进行有效的管理,以至于不能保证军需品的供应,那就不能说是善于作战的。

进行战争,士卒盔甲都生了虱子还在拼命作战,是因为畏惧将帅的军令,不得不效力。这就像凶猛的鸟追逐小雀,有时小雀竟然撞到人的怀中,有的冲入人家的室内,这并不是它的本性,而是畏惧后面凶猛的鸟追上来了。

姜太公七十岁时,还在朝歌宰牛为业,在盟津卖食品谋生。年过七十还没有得到君王的重用,人们都说他是狂人。等遇见周文王,却能统帅三万人的军队,一次战争就把天下平定了。太公如果不是有这样高明的军事指挥才能,哪能有得到这样重用的机会呢? 所以说,良马得到鞭策可以日行千里;贤能之士得到重用,就可使治道昌明。

周武王攻打商纣王,军队在盟津渡河,他右手拿着白旄,左手拿着黄钺,指挥敢死的勇士三百人、善战的士兵三万人同商纣王的军队作战。这时商纣王陈兵数十万,大将飞廉、恶来身先士卒,手持戟斧,阵势绵延百里。但是,武王并没有使士卒疲惫,也没有进行血战,就打败了商纣王的军队,诛杀了纣王,这不是由于什么吉凶灾祥预兆,而是人事处理得好与不好带来的结果。现在一般的将领只知道靠考究时辰、观察天象、对照龟兆来辨别吉凶，观察星辰风云的变化，想用这种方法来制胜立功，我认为很难办到。

作为将领，应该上不受天时的牵制，下不受地理条件的牵制，中不受人为的牵制。军队，是杀人的凶器；战争，是违背道德的行为；将领，是掌握生杀的官吏。所以只有不得已时才发动战争。指导战争，那就必须上不受天时的影响，下不受地形的限制，后面不顾忌国君的约束，前面不害怕敌人的阻挡。将领一人率领数万人马，像虎狼那样威猛，像风雨那样急骤，像雷霆那样迅疾，声势浩大，神秘莫测，让天下人都感到震惊。

打胜仗的军队就像水一样。水看起来是最柔弱的东西，然而它冲击的地方，山陵也会崩溃，这没有什么奇特的，是水一直朝着一个方向冲击不止的缘故。如果现在使用莫邪那样锋利的剑，配备犀牛皮做的坚固铠甲，有着大量的军队，再加上将帅用兵如神，那么天下就没有谁能与他抗衡了。所以说：选拔贤士任用能人，不择吉日事情也能办好；严明法令制度，不用求神占卜也能获得好结果；尊重和优待有功劳的人，不祭祀祈祷也能得福。又说：天时有利不如地理条件有利，地理条件有利不如人团结一心。古代的圣人，不过是注重人的作用罢了。

当年吴起与秦军作战，就睡在不加平整的田埂上，只用树枝搭在上面遮蔽霜露。这样做是为了什么呢？就是他不把自己看得高人一等。凡是要求战士为你拼命效死，你就不能要求人家对你毕恭毕敬；要求人家竭尽全力，你就不能在繁琐的礼节上对他求全责备。所以古时候戴盔穿甲的战士不行跪拜礼，就是向人们表示不需要那些烦琐的礼节。给战士增加很多麻烦，又要求人家为你效死尽力，这是从古到今都没听说过的。

作为将领奉命出征的时候，要忘掉自己的家庭；行军路上要忘掉自己的亲人；临阵指挥时要舍生忘死。吴起临战时，左右侍从送上宝剑。吴起说："将领的主要职责是发号施令。在危急关头解决疑难，指挥队伍作战，这才是将领的职责。直接拿着兵器去与敌人格斗，那不是将领的事情。"

三军出征,开始走三十里,接着走九十里,九十里之后,就要像决堤的洪水一样势不可挡地前进。与敌人接近时,要根据敌人的特点采取相应的措施。敌人用白色标记,我也用白色去欺骗他;敌人用红色标记,我也用红色去迷惑它。

吴起与秦军作战,两军还没有交锋,一个士卒自恃其勇,独自冲上前去斩获两个敌人首级回阵,吴起立刻下令杀掉他。军吏劝阻说:"这是一个很有才能的勇士,不能杀掉。"吴起说:"他确是个有才能的,但他没按我的命令去做。"结果还是把他杀了。

将理第九

[说明]将理,即将帅管理刑狱之事。古代兵刑合一,将领要兼管听讼决狱。本篇着重说明执法严明公正的重要性,同时,还论述了治狱和生产的关系,指出酷刑逼供,牵连无辜,势必影响国计民生,造成军需供应困难。

凡将,理官也,万物之主也,不私于一人。夫能无私于一人,故万物至而制之,万物至而命之。君子不救囚于五步之外,虽钩矢射之,弗追也。故善审囚之情,不待棰楚,而囚之情可毕矣。笞人之背,灼人之胁,束人之指,而讯囚之情,虽国士有不胜其酷,而自诬矣。

今世谚云:"千金不死,百金不刑。"试听臣之术,虽有尧舜之智不能关一言,虽有万金不能用一铢。今夫决狱,小圄不下数十,大圄不下数千。十人联百人之事,百人联千人之事,千人联万人之事。所联之者,亲戚弟兄也,其次婚姻也,其次知识故人也。是农无不离田业,贾无不离肆宅,士大夫无不离官府。如此关联良民,皆囚之情也。兵法曰:"十万之师出,日费千金。"今良民十万而联于囹圄,上不能省,臣以为危也。

【译文】

将领,是掌管刑法的官员,是军中一切事务的决策者,不能偏袒任何一个人。如果能做到不偏袒任何一个人,那么复杂事务到他那里都能公平裁决,任何情况出现都能妥善处理。贤德的人必亲赴现场了解案情,秉公处理,防止错误,即令被审判的囚犯与自己有宿怨,也不借机报复,追究前仇。所以,妥善审理犯人的案情,用不着拷打,也可以把案情全弄清楚。如果依靠鞭打犯人脊背,烫烙人家的两胁,绑夹人家的手指等刑罚来审讯犯人,即使众所推崇的勇士,也会因忍受不了酷刑而屈打成招。

现在社会上流传着一种说法:"千金可以让犯了死罪的不被处死,百金可以让犯了一般罪的不受刑。"如果听从我的方法,即使有尧舜的智慧,也不能说上一句情;即使有万金资产,也不能用一铢钱行贿。现在关押的囚犯,小案拘禁不下十人,大案拘禁不下千人。而且往往十人的事牵连百人,百人的事牵连千人,千人的事牵连万人。所牵连的人,首先是父母兄弟,其次是姻亲,再次是旧识好友。这样,被牵连的农民被迫离开土地,商人被迫离开自己的店铺,官吏被迫离开衙门。像这样牵连众多的无辜民众而关进监狱,都是审理案情不当造成的。兵法说:"十万军队出征,每天要耗费千金。"现在十万无辜民众被牵连入狱,将领如不能明察,我认为这是很危险的。

卷第三

原官第十

[说明]本篇主要论述设官立制和治国的关系,强调要实行法治,坚持农战。君主臣下都要明法、守法。

官者,事之所主,为治之本也。制者,职分四治之分也。

贵爵富禄,必称尊卑之体也。好善罚恶,正比法,会计民之具也。均井地,节赋敛,取与之度也。程工人,备器用,匠工之功也。分地塞要,殄怪禁淫之事也。守法稽断,臣下之节也。明法稽验,主上之操也。明主守,等轻重,臣主之权也。明赏赍,严诛责,止奸之术也。审开塞,守一道,为政之要也。下达上通,至聪之听也。

知国有无之数,用其仇也。知彼弱者,强之体也;知彼动者,静之决也。

官分文武,惟王之二术也。俎、豆同制,天子之会也。游说间谍无自入,正议之术也。诸侯有谨天子之礼,君民继世,承王之命也。更号易常,违王明德,故礼得以伐也。

官无事治,上无庆赏,民无狱讼,国无商贾,何王之至! 明举上达,在王垂听也。

【译文】

官吏,是处理各项事务的,是治国的根本保证。设立官制,按其职能分别管理士、农、工、商,这是由治理的需要而划分的。

　　授予官爵和俸禄要和德才相称,符合尊贵卑贱的等级传统。奖励好人,惩罚坏人,整顿登记人口财产与征收赋役的法令,是统计民情的工具。均分土地给民众耕种,有节制地征收赋税,对民众的取予都要适度。分配给工人任务,供应物资器材,这是工匠的作用。划分防区,充实要塞,防止各种怪异无节制的行为。严肃执法,处理果断,这是臣子的职责。颁布法令并检查执行的情况,这是国君的责任。明确下属的岗位职责,区分轻重缓急,这是君主臣子共同的职责。赏赐公正,惩罚严格,这是防止坏人作乱的手段。慎重决定开放与禁止的事物,遵守统一的方针政策,这是治理国家的关键。下情能及时上达,上情能及时下通,这是全面了解情况的方法。

　　了解国家财富的多少,只用其多余的部分。能了解敌方的薄弱环节,是因为我方的强大;能探知敌方的动作,是因为我方以静守之,我方静,才能知彼之动。

　　把官吏分成文臣武将,分管政治与军事,这是君王治国的两种手段。统一俎、豆等礼器的规格,这是天子会合诸侯的仪式需要。让游说之士和间谍无从入内,这是贯彻正确主张的手段。诸侯能够谨守天子规定的礼仪,君臣关系世代相传,这是秉承了先王的旨意。更换称号改变旧制,违背了先王的恩典,按照礼制可以加以讨伐。

　　官吏没有等待治理的事项,朝廷没有庆功赏赐,百姓没有官司可打,国内没有做生意的商人,王道的施行是多么极致! 我明白坦率地陈述这些意见,全在您垂听了。

治本第十一

[说明]本篇论述了治国的根本是发展耕织和"使民无私"。强调治国一在物质上,一在精神上。物质上要反对奢侈浪费,精神上强调思想感召,因势利导。

凡治人者何?曰:非五谷无以充腹,非丝麻无以盖形。故充腹有粒,盖形有缕。夫在芸耨,妻在机杼,民无二事,则有储蓄。夫无雕文刻镂之事,女无绣饰纂组之作。木器液,金器腥。圣人饮于土,食于土,故埏埴以为器,天下无费。

今也,金木之性不寒而衣绣饰,马牛之性食草饮水而给菽粟,是治失其本,而宜设之制也。春夏夫出于南亩,秋冬女练于布帛,则民不困。今短褐不蔽形,糟糠不充腹,失其治也。古者,土无肥硗,人无勤惰,古人何得,而今人何失邪?耕有不终亩,织有日断机,而奈何寒饥。盖古治之行,今治之止也。

夫谓治者,使民无私也。民无私则天下为一家,而无私耕私织,共寒其寒,共饥其饥。故如有子十人,不加一饭;有子一人,不损一饭。焉有喧呼耽酒以败善类乎?民相轻佻,则欲心兴,争夺之患起矣。横生于一夫,则民私饭有储食,私用有储财。民一犯禁,而拘以刑治,乌有以为人上也。

善政执其制,使民无私。为下不敢私,则无为非者矣。反本缘理,出乎一道,则欲心去,争夺止,囹圄空,野充粟多,安民怀远,外无天下之难,内无暴乱之事,治之至也。

苍苍之天,莫知其极。帝王之君,谁为法则?往世不可及,来世不可待,求己者也。

所谓天子者四焉:一曰神明,二曰垂光,三曰洪叙,四曰无敌。此天子之事也。

野物不为牺牲,杂学不为通儒。

今说者曰:"百里之海,不能饮一夫;三尺之泉,足止三军渴。"臣谓欲生于无度,邪生于无禁。太上神化,其次因物,其下在于无夺民时,无损民财。夫禁必以武而成,赏必以文而成。

【译文】

怎样治理民众呢?回答是:没有五谷就不能吃饱肚子,没有丝麻就不能遮盖身体。所以,吃饱肚子要有粮食,遮盖身体要有布帛。如果男子从事耕种,女子从事纺织,老百姓专事耕织不做别的事,那么国家就会有储备了。男子不要做彩绘雕刻,女子不要从事装饰刺绣。木制品容易渗水,金制品有腥味。古时候圣人的饮食器具都是土制的,所以揉和黏土制成陶器,天下就没有什么浪费了。

如今,金属和木质器皿本来是不怕寒冷的,却披上华丽的装饰;牛马本来是吃草喝水的,却要喂它粮食,这种做法使治理国家丧失其根本,应当建立合理的制度加以约束。如果男子春夏都到田里耕种,女子秋冬从事纺织,那么老百姓就不会贫困了。现在老百姓粗布短衫衣不遮体,吃的是酒渣谷皮等粗劣食品,而且还填不饱肚子,这是没有把国家治理好的表现。古时候,土地肥沃贫瘠和现在没有什么区别,人们的勤劳懒惰和今天也没有差别,古人为什么丰衣足食,现在的人为什么缺吃少穿呢?主要是种地的没有耕尽全部田地,织布的经常断织,这怎么能不挨饿受冻呢!总的来说,这是由于古代治国之道能施行,如今却废弃不用了。

治理国家,就是使老百姓不谋取一己私利。老百姓不去谋取私利,天下就成为一个大家了,也就没有为私家耕种、为私家织布的行为,把别人的寒冷当成自己的寒冷,把别人的饥饿当成自己的饥饿。所以如果一家有十个儿子,也不加重他的负担;只有一个儿子,也不减轻他的社会责任。这样人们哪里还会有互相争吵、酗酒闹事等伤风败俗的现象呢？如果老百姓轻薄奸巧，那么私欲就会膨胀，你争我夺的祸患就会产生了。如果君主暴逆，那么百姓就会把粮食储藏起来只供自己吃，把财物储藏起来自己用。老百姓一旦违犯禁令，就抓起来判刑治罪，作为君主怎能这样不作为呢？

所以，良好的政治在于坚持法制，教育老百姓不去谋取私利。老百姓不敢谋私，就没有为非作歹的人了。如果人们恢复纯朴的本性，遵循无私的准则，那么就能克服私欲，停止争夺，监狱里没有犯人，田野上都是开荒耕种的劳动人民，粮食充足，老百姓过着太平日子，边远部族也会受到安抚，国家没有外患，内部没有暴乱，这就是天下大治的最高境界。

苍茫的天空，没有谁知道它的边际。古代帝王之中，谁是效法的典型？过去的时代不可能重现，未来的时代也不能等待，只能靠自己的努力了。

能够称为天子的要具备四个条件：一是智慧超人，二是恩泽布于天下，三是弘扬人伦之序，四是国富兵强无敌于天下。这些就是天子应做到的事情。

野生动物不能作为祭品，有杂凑的学问不能算作学识渊博、学术纯正的学者。

现在有人说："百里宽的海水，不够一个贪得无厌的人喝；三尺深的小泉，却够三军之众解渴。"我认为贪欲产生于没有节制，邪恶产生于禁止不力。所以，最高明的办法是让老百姓潜移默化接受正确的思想，其次是根据事物本性因势利导，再次是不侵占农时，不损耗民财。禁令必须依靠武力才能成功实施，奖赏必须结合教化才能奏效。

战权第十二

[说明]本篇着重论述谋略、权势在战争中的重要作用。指出必须根据不同情况使用不同的战术，掌握主动权。最后从战略高度指出"廊庙之论""受命之论""逾垠之论"对战胜敌人的重要作用。

兵法者，千人而成权，万人而成武。权先加人者，敌不力交；武先加人者，敌无威接。故兵贵先，胜于此则胜彼矣，弗胜于此则弗胜彼矣。凡我往则彼来，彼来则我往，相为胜败，此战之理然也。

夫精诚在乎神明，战权在乎道之所极。有者无之，无者有之，安所信之？

先王之所传闻者，任正去诈，存其慈顺，决无留刑。

故知道者，必先图不知止之败，恶在乎必往有功？轻进而求战，敌复图止，我往而敌制胜也。故兵法曰："求而从之，见而加之，主人不敢当而陵之，必丧其权。"凡夺者无气，恐者不可守，败者无人，兵无道也。意往而不疑则从之，夺敌而无前则加之，明视而高居则威之，兵道极矣。

其言无谨，偷矣；其陵犯无节，破矣。水溃雷击，三军乱矣。必安其危，去其患，以智决之。高之以廊庙之论，重之以受命之论，锐之以逾垠之论，则敌国可不战而服。

【译文】

根据兵法，兵力少的时候就用权谋取胜，兵力多的时候就靠威力取胜。比敌人先使用权谋，敌人有力量也无法使用；用具有威力的队伍向敌人发起进攻,敌人有力量也无法抗拒。所以用兵贵在先机而动,善于运用这一原则,就能战胜敌人;不善于运用这一原则,就不能战胜敌人。我去进攻敌人,敌人必定反击,敌人来进攻我们,我们也必然反击,不是我战胜敌人,就是敌人战胜我,双方互有胜败,这是战争的一般规律。

用兵沉着专注在于头脑清醒眼光敏锐,掌握作战权谋在于对战争规律的深刻理解。有力量却装作没有力量,没有力量却装作有力量,敌人怎么能完全摸清我们的真实情况呢?

古代国君之所以为后世传颂,主要是他能任用正直的人,排除奸诈的人,保护善良恭顺的人,毫不留情处决触犯刑法的人。

所以,懂得战争规律的人一定首先考虑一味冒进带来的风险,怎能幻想一往无前就能成功?如果轻率冒进寻求决战,敌人有计划地阻止我军,这样我军的进攻一定会失败。所以兵法说:"敌人求战就马上应战,见到敌人就马上进攻,或者我军的力量不能阻挡敌人的进攻,而又急于交战,这样就会失去战争的主动权。"丧失了主动权就会士气不振,军心动摇就不能坚守阵地,遭受失败后军队溃散无人,这都是因为不懂得用兵的规律。军队士气旺盛而没有疑虑就毫不犹豫追击敌人,敌人士气动摇不敢前进就可以发动进攻,明察敌情而又占据了有利地形就可以用威势压倒敌人,这就算是精通兵法了。

言语不谨慎,就会泄露军事机密;进攻时没有节制,就会被击败。士兵像河堤崩溃、闪电雷击那样急切无序,队伍就会溃乱。一定要转危为安,消除祸患,便须依靠智谋做出决定。战争中,朝廷的决策要高明,将帅的选用要慎重,出征部队要精锐强大,这样就可以不战而使敌国屈服。

重刑令第十三

[说明]本篇讲述了对战争中战败、投降、逃跑的将吏的惩罚措施。强调要施以重刑,使军民上下畏惧,达到"内畏则外坚"的目的。

将自千人以上,有战而北,守而降,离地逃众,命曰国贼。身戮家残,去其籍,发其坟墓,暴其骨于市,男女公于官。自百人以上,有战而北,守而降,离地逃众,命曰军贼。身死家残,男女公于官。使民内畏重刑,则外轻敌。故先王明制度于前,重威刑于后。刑重则内畏,内畏则外坚矣。

【译文】

率领千人以上的将军,凡在战斗中不拼死作战而失败逃跑,防守中投降敌人,擅离战地弃军逃跑的,就宣布其为"国贼"。对这种人,要杀头抄家,取消他的户籍,挖掘他的祖坟,把尸骨暴露在大街上示众,把全家男女收入官府做奴隶。管带百人以上的军吏,凡在战斗中不拼死作战而失败逃跑,防守中投降敌人,擅离战地弃军逃跑的,就宣布其为"军贼"。对这种人,要杀头抄家,全家男女收入官府做奴隶。这样,百姓对内畏惧重刑,对外就会轻视敌人。所以,前代贤明的君主都明确制定法令,让人人皆知,而后施以严厉的刑罚。这样,将吏们就会对内惧怕重刑,对内畏惧重刑,对付外敌就会坚强了。

伍制令第十四

[说明]本篇讲军队内部以伍为基础的连保制度,强调加强管理的重要性。

军中之制,五人为伍,伍相保也;十人为什,什相保也;五十人为属,属相保也;百人为闾,闾相保也。伍有干令犯禁者,揭之免于罪;知而弗揭,全伍有诛。什有干令犯禁者,揭之免于罪;知而弗揭,全什有诛。属有干令犯禁者,揭之免于罪;知而弗揭,全属有诛。闾有干令犯禁者,揭之免于罪;知而弗揭,全闾有诛。

吏自什长已上,至左右将,上下皆相保也。有干令犯禁者,揭之免于罪;知而弗揭者,皆与同罪。

夫什伍相结,上下相联,无有不得之奸,无有不揭之罪。父不得以私其子,兄不得以私其弟,而况国人聚舍同食,乌能以干令相私者哉?

【译文】

军队的制度规定:五人编为一伍,伍内互相担保;十人编为一什,什内互相担保;五十人编为一属,属内互相担保;一百人编为一闾,闾内互相担保。一伍之中有人触犯法令,伍内其他人揭发他,可以免罪;知情而不揭发,全伍都受惩罚。一什之中有人触犯法令,什内其他人揭发他,可以免罪;知情而不揭发,全什都受惩罚。一属之中有人触犯法令,属内其他人揭发他,可以免罪;知情而不揭发,全属都受惩罚。一闾中有人触犯法令,闾内人揭发他,可以免罪;知情而不揭发,全闾都受惩罚。

　　军吏自什长以上至左右将军,上下都互相担保。如果有触犯法令的,其他人揭发,可以免罪;知情而不揭发的,都与犯法者同罪。

　　什伍互为具结,上下有连坐,就没有捉不到的奸细,就没有不被揭发的罪行。这样,做父亲的就不敢包庇他的儿子,做兄长的不敢包庇他的弟弟,何况没有亲属关系同吃同住的一般人,怎么会冒犯法令而互相包庇呢?

分塞令第十五

　　[说明]本篇主要讲营区划分、警戒和营区通行条令,目的在于维护军队秩序和防止奸细。

　　中军,左、右、前、后军,皆有地分,方之以行垣,而无通其交往。将有分地,帅有分地,伯有分地,皆营其沟洫,而明其塞令,使非百人无得通。非其百人而入者,伯诛之;伯不诛,与之同罪。

　　军中纵横之道,百有二十步而立一府柱,量人与地。柱道相望,禁行清道。非将吏之符节,不得通行。采薪刍牧者,皆成行伍。不成行伍者,不得通行。吏属无节、士无伍者,横门诛之。逾分干地者,诛之。故内无干令犯禁者,则外无不获之奸。

【译文】

　　中军、左军、右军、前军、后军,都有各自的营区,并在四周筑起围墙,不准各营区之间随便往来。将有营地,帅有营地,伯有营地,都在营区四周挖沟为界,并公布通行的规定,不是同间的人不得通行。不是同间的人而进入其营地者,伯长就严惩他;如果伯长不严惩的话,就与犯禁者同罪。

　　在军营纵横的道路上，每一百二十步就树立一个旗杆，以衡量各营区人员多少和地段距离。旗杆同道路相对，禁止随便通行以肃清道路。没有将吏的符节作凭据便不得通行。打柴放牧的人，都要排成队伍。凡是不排成队伍的，不准通行。下级军吏没有符节强行通过、士兵进出不排成队伍的，守门军吏就应惩罚他们。凡是逾越营区进入别人营区的，都要受惩罚。这样，内部就不会有触犯禁令的人，外部就没有抓不到的奸细。

卷第四

束伍令第十六

[说明]束伍，即约束部伍。本篇具体规定了战场上的赏罚制度和各级军吏的惩处权限。特别强调对不尽力救护而造成损失的要严惩。

束伍之令曰：五人为伍，共一符，收于将吏之所。亡伍而得伍，当之；得伍而不亡，有赏；亡伍不得伍，身死家残。亡长得长，当之；得长不亡，有赏；亡长不得长，身死家残。复战，得首长，除之。亡将得将，当之；得将不亡，有赏；亡将不得将，坐离地遁逃之法。

战诛之法曰：什长得诛十人，伯长得诛什长，千人之将得诛百人之长，万人之将得诛千人之将，左右将军得诛万人之将，大将军无不得诛。

【译文】

战场上约束士卒的条令规定：五人组成一伍，共同签具一份连保连坐的证书，交给将吏统一保存。战斗时，自己伤亡一伍而消灭敌人一伍的，生存的士卒可以不奖不罚；消灭了敌人一伍而自己没有伤亡的，给予奖赏；自己伤亡了一伍而没有消灭敌人一伍的，就要杀头抄家。伤亡什伯之长而消灭敌人什伯之长的，不奖不罚；消灭敌人什伯之长而自己没有伤亡，有奖赏；自己伤亡什伯之长而没有消灭敌人什伯之长，要杀头抄家。如果下一次战斗中可以消灭敌人一个为首的将吏，就可以免除前罪。伤亡自己一个将领而消灭敌人一个将领的，不奖不罚；消灭敌将而自己没有伤亡的,有奖赏;自己将领伤亡而没有消灭敌将的,就按惩处临阵脱逃的法令治罪。

战场上的惩罚方法规定:什长有权惩罚所管辖的十名士兵,伯长有权惩罚所管辖的什长,统帅千人的将领有权惩罚所管辖的伯长,统帅万人的将领有权惩罚所辖的千人之将,左右将军有权惩罚所辖的万人之将,大将军具有惩罚任何人的权力。

经卒令第十七

[说明]经卒,即管理士卒。此篇是关于队伍组织、编队的具体规定,以及军旗、徽章的佩戴规定。

经卒者,以经令分之,为三分焉:左军苍旗,卒戴苍羽;右军白旗,卒戴白羽;中军黄旗,卒戴黄羽。

卒有五章:前一行苍章,次二行赤章,次三行黄章,次四行白章,次五行黑章。次以经卒,亡章者有诛。

前一五行置章于首,次二五行置章于项,次三五行置章于胸,次四五行置章于腹,次五五行置章于腰。如此,卒无非其吏,吏无非其卒。见非而不诘,见乱而不禁,其罪如之。

鼓行交斗,则前行进为犯难,后行退为辱众。逾五行而进者有赏,逾五行而后者有诛。所以知进退先后,吏卒之功也。故曰:"鼓之,前如雷霆,动如风雨,莫敢当其前,莫敢蹑其后。"言有经也。

【译文】

管理士卒的方法,是按管理士卒的条令把队伍分为三军:左军用青色旗,士卒戴青色羽毛;右军用白旗,士卒戴白色羽毛;中军用黄旗,士卒戴黄色羽毛。

士卒戴五色徽章:第一行戴青色徽章,第二行戴红色徽章,第三行戴黄色徽章,第四行戴白色徽章,第五行戴黑色徽章。按这种排列顺序管理士卒,丢失徽章的要受处罚。

第一个五行戴徽章于头上,第二个五行戴徽章于颈上,第三个五行戴徽章于胸前,第四个五行戴徽章于腹部,第五个五行戴徽章于腰部。这样,士卒不会认错管理自己的军吏,军吏也不会认错其所辖的士卒。如果见到违反条令的不加盘问,见到扰乱秩序的不加制止,那么他的罪过就和违反法令的人一样。

擂响战鼓,敌我两军厮杀之际,超越本行往前进击就是不怕牺牲,落后本行往后退却就是玷污军誉。冲在队伍前头超过五行的有赏,落在队伍后面五行的有罚。所以能了解队伍进退先后的情况,和官吏士卒的战功。所以说:"战鼓擂响之后,我军队伍前进就如雷霆那样威猛,行动如暴风骤雨那样迅疾,敌人不敢在前面阻挡,也不敢在后面追击。"这说的就是管理良好的队伍。

勒卒令第十八

[说明]勒,义为统率、指挥。本篇讲述用金、鼓、铃、旗统一军令,整训士卒的方法,强调军事训练和正确指挥的重要性。

金、鼓、铃、旗,四者各有法。鼓之则进,重鼓则击;金之则止,重金则退。铃,传令也。旗,麾之左则左,麾之右则右。奇兵则反是。一鼓一击而左,一鼓一击而右。一步一鼓,步鼓也;十步一鼓,趋鼓也;音不绝,骛鼓也。商,将鼓也。角,帅鼓也。小鼓,伯鼓也。三鼓同,则将、帅、伯其心一也。奇兵则反是。鼓失次者有诛,喧哗者有诛,不听金、鼓、铃、旗而动者有诛。

百人而教战,教成合之千人,千人教成合之万人,万人教成会之于三军。三军之众,有分有合,为大战之法。教成试之以阅。方亦胜,圆亦胜,错斜亦胜,临险亦胜。敌在山,缘而从之;敌在渊,没而从之。求敌如求亡子,从之无疑,故能败敌而制其命。

夫蚤决先定,若计不先定,虑不蚤决,则进退不定,疑生必败。故正兵贵先,奇兵贵后,或先或后,制敌者也。世将不知法者,专命而行,先击而勇,无不败者也。

其举有疑而不疑,其往有信而不信,其致有迟疾而不迟疾。是三者,战之累也。

【译文】

金、鼓、铃、旗,这四种东西各有各的用法。击鼓就前进,再击鼓就发起攻击;鸣金就停止战斗,再鸣金就后退。铃,是传达命令的。旗指向左队伍就向左,指向右队伍就向右。使用奇兵则指挥号令与之相反。有时一鼓一击队伍就向左冲击,有时一鼓一击队伍就向右。一步一击鼓,这是慢步前进的信号;走十步一击鼓,就是快步前进的信号;鼓音不断,这是跑步前进的信号。发出商音,这是将使用的鼓。发出角音,这是帅使用的鼓。声音细小的鼓,是伯使用的鼓。这三种鼓音同时响起,表明将、帅、伯的指挥意图是一致的。奇兵则与之相反。击鼓指挥出了差错的要受惩罚,高声吵嚷的要受惩罚,不听金、鼓、铃、旗指挥而随意行动的要受惩罚。

训练时,先以一百人训练,训练完成后,再以一千人为单位进行合练,千人训练完成后,再以万人为单位进行合练,万人训练完成后,就集合全军进行训练。全军士卒都要学会有时集中有时分散这种大军作战的方法。全军训练完成后进行检阅,以检查训练的结果。这样经过训练的军队,方阵能够取胜,圆阵也能取胜,在错综复杂的地形能取胜,面临险境时也能取胜。敌人在山上，就攀登上山进攻；敌人在水下，就下水去擒拿。追歼敌人就像寻找丢失的孩子那样心切，毫不迟疑地去追击，所以能打败敌人，置敌于死地。

作战计划要在事前做好，如果计划不先决定，考虑的问题不早解决，那么部队进退不定，疑虑产生，必然会招致失败。一般而言正兵贵在先行，奇兵贵在后发，或先行或后发，都是为了战胜敌人。现在一般的将领不懂得用兵的方法，独断专行，恃勇轻进，抢先出击，这样没有不失败的。

队伍行动因情况不明有可疑之处却轻信不疑，队伍前进时应当有信心却疑惑不定，发动进攻时该快的不快，该慢的不慢。这三种情况，对作战是不利的。

将令第十九

[说明]本篇通过将领受命和宣布将令时的仪式，来强调军令的威严，以此统一三军行动。

将军受命，君必先谋于庙，行令于廷。君身以斧钺授将，曰："左、右、中军，皆有分职，若逾分而上请者死。军无二令，二令者诛，留令者诛，失令者诛。"将军告曰："出国门之外，期日中，设营表，置辕门，期之，如过时，则坐法。"将军入营，则闭门清道，有敢行者诛，有敢高言者诛，有敢不从令者诛。

【译文】

将领奉命出征，国君一定要先在宗庙里谋划决策，然后在朝廷颁布命令。国君亲自把象征权力的斧钺授予将领，并宣布说："左、右、中三军，都有自己的职责，如果有越级向上请示的就处以死刑。军中不容许两个发令的人，擅自另行发令的人要处死，延缓贻误命令的要处死，遗失命令的要处死。"将军受领任务后,向下级宣布说:"出国都城门以后,限定正午以前树立营表,设置辕门,等待军队报到,如有过时不报到者即按军法惩处。"将军进入军营后,立即关闭营门,禁止通行,有敢擅自行走的处死,有敢高声喧哗的处死,有敢不服从命令的处死。

踵军令第二十

[说明]踵军,作战时负责接应的队伍。本篇阐明了军队内部的分工和行动部署,强调执行军纪和肃清内奸的重要性。

所谓踵军者,去大军百里,期于会地,为三日熟食,前军而行。为战,合之表,合表乃起。踵军飨士,使为之战势,是谓趋战者也。

兴军者,前踵军而行,合表乃起。去大军一倍其道,去踵军百里,期于会地,为六日熟食,使为战备。分卒据要害,战利则追北,按兵而趋之。踵军遇有还者,诛之。所谓诸将之兵,在四奇之内者胜也。

兵有什伍,有分有合,豫为之职,守要塞关梁而分居之。战,合表起,即皆会也。大军为计日之食,起,战具无不及也。令行而起,不如令者有诛。

凡称分塞者,四境之内,当兴军、踵军既行,则四境之民,无得行者。奉王之命,授持符节,名为顺职之吏。非顺职之吏而行者,诛之。战,合表起,顺职之吏乃行,用以相参。故欲战先安内也。

【译文】

所说的踵军,是比大部队先出发,离大部队一百里,带着三天的口粮,按照事先的部署到达集结地区的队伍。作战时,必须与大部队验合表符,表符验合,就开始行动。踵军行动之前,犒赏士卒,以激发他们的斗志,这就是所说的趋战。

兴军,先于踵军行进,表符验合就开始出发。他们离大部队的距离比踵军远一倍,相距踵军一百里,按时到达集结地区,并携带六天的干粮,到达后作好战斗准备。分兵占领有利地形,战斗有利就追击败逃的敌人,后续部队要严整纪律,跟进策应他们。踵军遇上逃回来的兴军就要予以惩处。一般来说,将领要善于指挥这四个部分的军队,只要它们相互配合,首尾相应,就能取得胜利。

部队有什伍的编制,使用有分有合,预先规定各自的任务,战前分别扼守要塞、关卡和桥梁。战时验合表符就开始行动,向规定的地点集结。大部队按预定天数准备干粮,出发时,各种战具都必须带齐。接到命令就行动,不按命令行动的就加以惩罚。

凡是担任分守要塞的部队,在管辖的范围内,在兴军、踵军出发后,就要负责禁止管辖区以内老百姓通行。奉有国君的命令,持有所授符节,执行特别使命的官吏可以通行。不是这种官吏而擅自通行的,要予以惩处。作战时,验合表符就开始行动,执行特别使命的官吏才离开这个地区,以此来相互检验。所以,要进行战争,首先要整顿内部的秩序。

卷第五

兵教上第二十一

[说明]本篇主要讲步兵训练的方法、步骤和训练中的奖惩制度，主张对军队实行严格的训练，以便"开封疆，守社稷"。

兵之教令，分营居陈，有非令而进退者，加犯教之罪。前行者，前行教之；后行者，后行教之；左行者，左行教之；右行者，右行教之。教举五人，其甲首有赏；弗教，如犯教之罪。罗地者，自揭其伍，伍内互揭之，免其罪。

凡伍临阵，若一人有不进死于敌，则教者如犯法者之罪。凡什保什，若亡一人，而九人不尽死于敌，则教者如犯法者之罪。自什以上，至于裨将，有不若法者，则教者如犯法者之罪。凡明刑罚，正劝赏，必在乎兵教之法。

将异其旗，卒异其章。左军章左肩，右军章右肩，中军章胸前。书其章曰：某甲某士。前后军各五行，尊章置首上，其次差降之。伍长教其四人，以板为鼓，以瓦为金，以竿为旗。击鼓而进，低旗则趋，击金而退，麾而左之，麾而右之，金鼓俱击而坐。伍长教成，合之什长。什长教成，合之卒长。卒长教成，合之伯长。伯长教成，合之兵尉。兵尉教成，合之裨将。裨将教成，合之大将。大将教成，陈于中野，置大表三，百步而一。既陈，去表百步而决，百步而趋，百步而骛。习战以成其节，为之赏罚。

自尉吏而下尽有旗，战胜得旗者，各视其所得之爵，以明赏劝之心。战胜在乎立威,立威在乎戮力,戮力在乎正罚,正罚者,所以明赏也。令民背国门之限,决死生之分,教之死而不疑者,有以也。

令守者必固,战者必斗,奸谋不作,奸民不语,令行无变,兵行无猜。轻者若霆,奋敌若惊。举功别德,明如白黑。令民从上令,如四支应心也。

前军绝行乱陈,破坚如溃者,有以也。此之谓兵教,所以开封疆,守社稷,除患害,成武德也。

【译文】

士兵的训练条令,按编制摆阵进行训练,有不听命令而进退的,就以违犯训练条令论罪。教练时,前行士兵,由前行的军吏负责教练;后行士兵,由后行的军吏负责教练;左行士兵,由左行的军吏负责教练;右行士兵,由右行的军吏负责教练。教练好了五个人,其伍长有赏;教练不好,就按违犯训练条令处罚。有犯禁之人,同伍的人要自行揭发,同伍之人互相揭发,可免除罪过。

一伍的士兵上了战场,如有一人不拼死杀敌,那么负责教练的人就和犯法的士兵同罪。一什的人互相连保,如果阵亡一人而其余九人不拼死杀敌,那么负责教练的人就与犯法的九人同罪。自什长以上直到裨将,如有人不依照法令办事,那么负责教练的人就和犯法的人同罪。凡是要做到刑罚严明,奖赏公平,必须在平时贯彻教练方法。

将吏使用不同的旗帜,士卒佩戴不同的徽章。左军的徽章戴在左肩,右军的徽章戴在右肩,中军的徽章戴在胸前。徽章上写明某甲某人。此外,戴徽章的士兵排成前后各五行,最前面的一行徽章戴在头上,后面的依次下降。伍长教练所属的四人时,用木板代鼓,用瓦代金,以竿当旗。击鼓就前进,旗放低就急速前进,鸣金就撤退,指挥向左就向左,指挥向右就向右,金鼓齐鸣就跪坐。伍长教练好之后,合起来由什长教练。什长教练好之后,合起来由卒长教练。卒长教练好之后,合起来由伯长教练。伯长教练好之后,合起来由兵尉教练。兵尉教练好之后,合起来由裨将教练。裨将教练好之后,合起来由大将教练。大将教练时,在旷野摆阵,设置三个大标杆,每隔百步立一个。布阵完毕,距标杆百步之内演习齐步走,第二个标杆百步之内演习快步前进,第三个标杆百步之内演习跑步前进。反复演习使军队符合实战要求,根据操练的效果进行赏罚。

尉吏以下军官都有指挥旗,凡是我军战胜敌人夺得旗子的,按他们所得旗子代表的爵位给以相应的奖赏,以表明有功必赏的决心。战胜敌人在于树立军威,树立军威在于将士同心协力,将士同心协力在于刑罚公正,刑罚公正了,也就突出了奖赏的作用。动员战士背井离乡出国作战,在生死关头毫不犹豫献出生命,靠的就是赏罚严明。

要使防守的固守不动,进攻者拼死杀敌,奸谋诡计无从发作,坏人不敢胡言乱语,执行命令不走样,部队行动没有疑虑。轻装前进袭击敌人像雷霆一样迅猛,奋勇杀敌像惊马驰骋。奖励有功选拔贤能像黑白一样鲜明。令士兵服从上级命令,就像四肢受大脑支配一样。

前锋部队冲垮敌人行伍,打乱敌人的阵势,攻破敌军阵地如洪水决堤一样不可阻挡,这就是平时严格训练赏罚严明的结果。这就叫作兵教,目的是开拓疆土、守卫国家、消除祸患、成就武德。

兵教下第二十二

[说明]本篇主要论述君主在军队治理中能够取胜的十二条法则。其中指出选拔得力将领,衡量敌我得失,严格战场纪律,才能巩固政权,成为一方霸主。

臣闻人君有必胜之道,故能并兼广大,以一其制度,则威加天下,有十二焉。一曰连刑,谓同罪保伍也。二曰地禁,谓禁止行道,以网外奸也。三曰全车,谓甲首相附,三五相同,以结其联也。四曰开塞,谓分地以限,各死其职而坚守也。五曰分限,谓左右相禁,前后相待,垣车为固,以逆以止也。六曰号别,谓前列务进,以别其后者,不得争先登不次也。七曰五章,谓彰明行列,始卒不乱也。八曰全曲,谓曲折相从,皆有分部也。九曰金鼓,谓兴有功,致有德也。十曰陈车,谓接连前矛,马冒其目也。十一曰死士,谓众军之中,有材智者乘于战车,前后纵横,出奇制敌也。十二曰力卒,谓经旗全曲,不麾不动也。此十二者教成,犯令不舍。兵弱能强之,主卑能尊之,令弊能起之,民流能亲之,人众能治之,地大能守之,国车不出于阃,组甲不出于橐,而威服天下矣。

兵有五致:为将忘家,逾垠忘亲,指敌忘身,必死则生,急胜为下。百人被刃,陷行乱陈;千人被刃,擒敌杀将;万人被刃,横行天下。

武王问太公望曰:"吾欲少间而极用人之要。"望对曰:"赏如山,罚如溪。太上无过,其次补过,使人无得私语。诸罚而请不罚者死,诸赏而请不赏者死。"

伐国必因其变。示之财以观其穷,示之弊以观其病,上乖下离,若此之类,是伐之因也。

凡兴师必审内外之权,以计其去。兵有备阙,粮食有余不足,校所出入之路,然后兴师伐乱,必能入之。地大而城小者,必先收其地;城大而地窄者,必先攻其城;地广而人寡者,则绝其厄;地窄而人众者,则筑大堙以临之。无丧其利,无夺其时,宽其政,夷其业,救其弊,则足以施天下。

今战国相攻,大伐有德。自伍而两,自两而师,不一其令,率俾民心不定,徒尚骄侈,谋患辨讼,吏究其事,累且败也。日暮路远,还有挫气,师老将贪,争掠易败。

凡将轻、垒卑、众动,可攻也;将重、垒高、众惧,可围也。凡围必开其小利,使渐夷弱,则节吝有不食者矣。众夜击者,惊也;众避事者,离也。待人之救,期战而蹙,皆心失而伤气也。伤气败军,曲谋败国。

【译文】

我听说国君掌握了必胜的规律,就能兼并海内外广大的领土,实行统一的政治制度,让天下人臣服,其方法有十二条。一是"连刑",即一人犯罪,同伍连坐。二是"地禁",即管制交通,以便捉拿奸细。三是"全车",即战车上的甲士和随车步行的士卒要互相配合,在伍长指挥下形成一个坚固的整体。四是"开塞",即划分防区界限,各自要忠于职责坚守岗位。五是"分限",即营地左右军队加强警戒,前后互相照应,用战车环绕加固,以便迎击敌人和防守。六是"号别",即前列队伍前进时,与后续部队要区别开,前后次序不能混乱。七是"五章",即用五种颜色的徽章标明行列顺序,保持队伍秩序不乱。八是"全曲",即部队行进时保持联系,注意保持队形中的位置。九是"金鼓",即用来激励将士杀敌立功,建立武德。十是"阵车",即宿营时战车前后衔接成阵,战马要掩好双目休息。十一是"死士",即在军中挑选机智有力气的士卒,乘坐战车前后出击,左右拼杀,出奇制胜。十二是"力卒",即选拔才力双全的士卒,掌管军旗指挥队伍,没有命令不得擅自行动。这十二个方面教练完成后,如有违犯者决不饶恕。这样,军队战斗力会由弱变强,国君威望提高,废弛的法令得到贯彻执行,流离失所的老百姓前来归附,人口众多能治理好,国土广大能守卫住,战车不必出境作战,盔甲不用从套子里拿出来,也可以威服天下了。

战争中,军队要做到五条:将领接受出征的命令后要忘掉自己的家庭,行军越过国界后要忘掉自己的亲人,与敌交战要舍生忘死,只有死战才能获生,急于求胜往往是下策。这样,百人拼死作战,就能摧垮敌阵;

千人拼死作战，就能擒敌杀将；万人拼死作战，就能无敌于天下。

周武王曾问姜太公说："我想在短时间内掌握用人的方法。"姜太公回答说："奖赏好人要像高山那样坚定不移，惩罚坏人要像山溪那样通行无阻。赏罚最好不产生偏差，有了偏差就要马上纠正，使人无可非议。犯罪当罚而请求宽容的必须立即处死，有功当赏而请求不予以奖赏的也立即处死。"

讨伐别的诸侯国必须要在它内部发生变故时进行。观察它的财政情况，考察其穷困程度，从它暴露出的弊病考察其危机所在，看它君主是否专横暴戾，老百姓是否离心离德，像这些情况，就是可以讨伐的依据。

凡用兵必须考察敌我双方形势的变化，以谋划军队的行动。看敌我战备的准备情况，兵员充足还是缺乏，粮食富裕还是不足，摸清进出的道路远近险易，然后出兵讨伐暴乱，必能顺利攻入敌国。敌人土地广大而城市小的，必先占领广阔的土地；城大而地窄的，必先攻取它的城池；地方广大而人口寡少的，就占领它的枢纽要害；城市狭小而人口众多的，就构筑土山居高临下攻城。不要伤害敌国老百姓的利益，不要耽误老百姓的耕作，废除苛刻的法令，让他们安居乐业，禁止各种社会流弊，这样就足以统一天下了。

现在各诸侯国互相攻伐，有些国家自恃强大，攻击施行德政的国家。军队从伍到两，从两到师，没有统一号令，往往使军心不安定，将士骄奢成风，图谋不轨，吵闹不休，执法的军吏忙于追究这些事情，徒费精力，必然贻误军机。成功无望，还师罢军，士气低落，疲惫不堪，将领贪功，纵兵劫掠，这怎能不吃败仗。

凡是将领轻率，营垒低矮，军心浮动的，就可以攻打；将领稳重，营垒很高，士兵们畏服将领的，可以暂时包围它。凡是包围必须用小利麻痹敌人，使其斗志逐渐削弱，直到敌人不管怎么节约最后都没有饭吃。敌人夜间互相攻击，那是惊恐不安的表现；士卒遇事逃避，不听指挥，是军心涣散的表现。等待别国救援，临战前局促不安，是军无战心、兵无斗志的表现。士气低落，军队就会失败；谋划错误，国家就要灭亡。

兵令上第二十三

[说明]本篇主要论述战争的本质与目的,此外,还论述了列阵交锋的方法与要求。

兵者,凶器也。争者,逆德也。事必有本,故王者伐暴乱,本仁义焉。战国则以立威、抗敌相图,而不能废兵也。

兵者,以武为植,以文为种;武为表,文为里。能审此二者,知胜败矣。文所以视利害、辨安危,武所以犯强敌、力攻守也。

专一则胜,离散则败。陈以密则固,锋以疏则达。卒畏将甚于敌者胜,卒畏敌甚于将者败。所以知胜败者,称将于敌也。敌与将犹权衡焉。

安静则治,暴疾则乱。出卒陈兵有常令,行伍疏数有常法,先后之次有适宜。常令者,非追北袭邑攸用也。前后不次则失也,乱先后,斩之。

常陈皆向敌,有内向,有外向,有立陈,有坐陈。夫内向所以顾中也,外向所以备外也。立陈所以行也,坐陈所以止也。立坐之陈,相参进止,将在其中。坐之兵剑斧,立之兵戟弩,将亦居中。

善御敌者,正兵先合而后扼之,此必胜之术也。陈之斧钺,饰之旗章,有功必赏,犯令必死。存亡死生,在枹之端。虽天下有善兵者,莫能御此矣。

矢射未交,长刃未接,前噪者谓之虚,后噪者谓之实,不噪者谓之秘。虚、实、秘者,兵之体也。

【译文】

军队,是进攻杀伐的工具。战争,是违背道德的行为。事情的发生必有其根本,所以君王讨伐暴乱,是以仁义为本。现在各交战国为了树立自己的威权而相互攻伐,所以战争无法结束。

用兵,以军事为手段,以政治为目的;军事是表象,政治是本质。能够察明这两个方面的关系,就可以懂得战争胜负的道理。政治是用来观察利害、辨别安危的,军事是用来战胜强敌、保卫国家的。

上下齐心协力,就能取胜;上下离心离德,就会失败。列阵队形紧密才能牢固,行列保持适当的距离才便于使用兵器。士兵畏惧将领超过畏惧敌人的就能胜利,士兵畏惧敌人超过畏惧将领的就会失败。所以预知胜败时,比较士卒畏惧将领与畏惧敌人的程度就知道了。用这个方法来预见胜败,就像用秤称量物品一样准确。

将领沉着镇静则部队秩序井然,将领急躁冒失则部队混乱。行军布阵有常规的号令,队形疏密有一定的法则,先后次序有适当的规定。这里所说的常规的号令,不是用来追歼逃敌、奔袭敌城的。前后次序紊乱就会失败,所以对破坏次序的人要处死。

布阵通常都面向敌人,但根据具体情况也有面向内的,有面向外的,有立阵,也有坐阵。面向内是为了保护中军的安全,面向外是为了防备敌人突袭。立阵是准备进攻的,坐阵是为了驻扎和防守的。采用立阵还是坐阵,要根据军队进止的需要,将领居于阵中指挥。坐阵用的兵器主要是剑和斧,立阵用的兵器主要是戟和弓弩,将领也居于阵中。

善于抗击敌人的将领,以正面部队先与敌人进行战斗,而后用奇兵乘机打击它,这是必胜的战术。战斗时还要陈列斧钺,设置旗帜和徽章,立了功的一定要奖赏,违犯军令的一定要处死。国家的存亡,官兵的生死,全部系于将帅的指挥。即使天下有会用兵的人,也不能违背这些原则。

当两军对阵,弓箭还未交射,兵器还未接触时,前军鼓噪说明兵力虚张,后军鼓噪说明兵力充实,如果一声不响则是暗中有计谋。虚、实、秘三种情况,是军队战斗力的不同表现。

兵令下第二十四

[说明]本篇主要论述战场纪律。主张严刑重罚，防止出现逃兵，迫使士卒服从命令，驱使他们奋勇作战。

诸去大军，为前御之备者，边县列侯，各相去三五里，闻大军为前御之备，战则皆禁行，所以安内也。

内卒出戍，令将吏授旗鼓戈甲。发日，后将吏及出县封界者，以坐后戍法。兵戍边一岁遂亡，不候代者，法比亡军。父母妻子知之，与同罪，弗知，赦之。卒后将吏而至大将所一日，父母妻子尽同罪。卒逃归至家一日，父母妻子弗捕执及不言，亦同罪。

诸战而亡其将吏者，及将吏弃卒独北者，尽斩之。前吏弃其卒而北，后吏能斩之而夺其卒者赏。军无功者，戍三岁。

三军大战，若大将死，而从吏五百人以上不能死敌者斩，大将左右近卒在陈中者皆斩。余士卒有军功者，夺一级，无军功者，戍三岁。战亡伍人，及伍人战死不得其尸，同伍尽夺其功，得其尸，罪皆赦。

军之利害，在国之名实。今名在官，而实在家，官不得其实，家不得其名。聚卒为军，有空名而无实，外不足以御敌，内不足以守国，此军之所以不给，将之所以夺威也。

臣以谓卒逃归者，同舍伍人及吏罚入粮为饶，名为军实，是有一军之名，而有二实之出。国内空虚，自竭民岁，曷以免奔北之祸乎？

今以法止逃归，禁亡军，是兵之一胜也。什伍相连，及战斗则卒吏相救，是兵之二胜也。将能立威，卒能节制，号令明信，攻守皆得，是兵之三胜也。

臣闻古之善用兵者，能杀士卒之半，其次杀其十三，其下杀其十一。能杀其半者，威加海内；杀十三者，力加诸侯；杀十一者，令行士卒。

故曰，百万之众不用命，不如万人之斗也；万人之斗，不如百人之奋也。赏如日月，信如四时，令如斧钺，制如干将，士卒不用命者，未之闻也。

【译文】

凡离开主力部队，在前方担任警戒工作的防守部队，在边境县邑建立军事设施，他们彼此相距三五里，一听到大军前来准备作战，则一律禁止闲人通行，以保障国家内部安全。

对于内地派往边境守卫的士卒，将吏要发给他们旗鼓戈甲。到了出发的日子，如有士兵在将吏之后离开县界的，应以逾期出境论罪。士兵守边一年不等接替的人到来就擅离职守，按照逃兵一样治罪。父母妻子知道情况的，就同样问罪，不知情的，就免罪。士兵比将吏晚一天到大将处所报到的，连同他的父母妻子一起问罪。士兵逃跑回家一天，其父母妻子不把他扭送报官又不揭发的，也与他同样问罪。

凡是在作战中丢下将吏不管的士兵，以及丢下士兵独自败逃的将吏，都应处死。前方的将吏丢下士兵败逃，后面的将吏杀掉他，并把他的部队收容起来的有赏。战斗中没有立功的，罚戍守边疆三年。

三军大战，如果大将战死，跟随他的军吏，凡带领五百人以上没有死战的都处死，大将左右的护卫人员凡当时在阵中的都一律处死。其余士卒有军功的降一级，无军功的罚戍守边疆三年。战斗时一伍中有逃亡的人，以及有人战死，伍内其他人没有夺回战死者尸首的，同伍的人都要剥夺战功，能够收回战死者尸体的，就赦免其罪。

军队的利弊得失,在于国家兵员编制名额与实际人数是否相符。如今有士卒名字列入了军队编制而人却在家中,军队里没有这个人,而家里又没有他的名籍。国家征集士卒组织军队,只有空的名额而无实际兵员,对外不足以抵御强敌,对内不足以守卫国家,这就是军队战斗力不强,将帅丧失威望的原因。

我认为现在士兵逃跑回家的,就对与他同住的同伍士卒和主管将吏都罚以粮食,充实国库,名义上叫军实,是一支军队,而民众却要出两份军粮。国内空虚,民财耗尽,这怎能免除失败的祸患呢?

现在以法令制止士卒逃跑回家、脱离军队,是军队取胜的条件之一。什伍互相连保,战斗时则官兵互相救援,是军队取胜的条件之二。将领树立威信,士兵听从指挥,号令明确可行,进攻退守运用得当,是军队取胜的条件之三。

我听说古时候会用兵的人,能使半数士兵甘愿血洒疆场,其次能使十分之三的士兵甘愿血洒疆场,再次能使十分之一的士兵甘愿血洒疆场。能使半数士兵甘愿战死的威行天下,能使十分之三的士兵甘愿战死的称霸诸侯,能使十分之一的士兵甘愿战死的,号令可以贯彻执行。

所以说,百万大军不拼死效命,不如万人协力战斗;万人协力战斗,不如百人奋勇杀敌。因此,奖赏如日月当空那样昭明,守信如四时交替那样准确,号令像斧钺那样威严,决断如干将宝剑那样利落,而士兵还不拼死奋战的,从来没有过。

司马法

略谈《司马法》

　　《司马法》是我国最古老的兵法之一。相传古《司马法》为西周姜尚所写，到战国时，其书已经散佚。于是，齐威王命诸大夫"追论古者司马兵法，而附穰苴于其中，因号曰《司马穰苴兵法》"（《史记·司马穰苴列传》）。司马穰苴即田穰苴，春秋末期齐人，任齐将，精于兵法，对古《司马法》能"申明"之，以战胜晋、燕名扬后世。可见，约成书于战国初期的《司马穰苴兵法》，不仅保存了古兵法内容，还增加了穰苴对春秋时期战争研究的内容。

　　《司马法》共155篇，汉以后，这部兵书散佚颇多，今本仅存《仁本》《天子之义》《定爵》《严位》《用众》等五篇，共3200余字。

　　《司马法》是古代重要的兵书之一，内容博大精深，司马迁誉之为"闳廓深远，虽三代征伐，未能竟其义，如其文也"（《史记·司马穰苴列传》）。今天我们虽不能观其全貌，但仅从现存五篇的内容，也可以看到"闳廓深远"之一斑。

　　其一，《司马法》论述的范围非常广泛，几乎涉及军事的各个领域。就现存的五篇内容看，仅以三千余字就论述了战争准备、战争指导、作战指挥、兵阵队形、兵器配备、天时地利的选择、间谍的使用、将士作战的心理、军队纪律、教育训练、军队管理等问题。言简意赅，寓意深刻。

　　其二，《司马法》中保存了大量古代用兵、治兵原则，以及夏、商、周三代有关征伐程序、出师礼仪、戎车、兵器、旗鼓、徽章、赏罚、警戒等方面的军事史料。《汉书·艺文志》说："兵家者，盖出古司马之职，王官之武备也。"李靖在《唐太宗李卫公问对》中也说："今世所传兵家者流，又分权谋、形势、阴阳、技巧四种，皆出《司马法》也。"从《司马法》关于古战史资料的记载中，可以窥见三代兵事之一斑及其演化发展的情况。除此以外，该书还保存了不少春秋中期以前的古兵法。如："古者，逐奔不过百步，纵绥（纵马驰车）不过三舍（九十里），是以明其礼也；不穷不能，而哀怜伤病,是以明其仁也;成列而鼓,是以明其信也。"这些古战法,到了春秋后期和战国时代都已弃之不用了。

其三,《司马法》还有不少篇幅反映了春秋后期的战争观、作战思想和战法,即所谓田穰苴的"申明"之说。如"杀人安人,杀之可也;攻其国,爱其民,攻之可也;以战止战,虽战可也""国虽大,好战必亡;天下虽安,忘战必危"。在作战指导思想上,强调用间、行诡道,机宜权变,扬长避短,灵活又有节制。他指出,敌人如果示众示寡,要观察敌之变化。用进攻或后退来观察敌人阵地的巩固程度;用大军压境的手段来观察敌人畏惧的程度;以平静的对峙观察敌人是否疏忽懈怠;挑战敌人阵地,观察敌人是否产生疑惑;用奇袭手段来观察敌人能否制止混乱。在具体作战战法上,强调避实击虚,迂回包围,乘胜追击。如:"凡战,击其微静(兵力微弱,行动平静),避其强静(兵力强大,行动镇静);击其倦劳,避其闲窕(武技娴熟,行动轻捷);击其大惧,避其小惧(谨慎)。"这些作战思想和战法,都反映了春秋末期军事思想的革新,它与此前所谓讲礼义之战、不搞突然袭击、不鼓不成列、不擒二毛、君子不重伤等一套古老的作战模式,已迥然不同了。

其四,《司马法》含有深邃的哲理思想,重视战争中精神与物质力量之间关系的转化和轻与重辩证关系的统一。它认为,战争的胜利,除了天时,人的因素起决定作用。又认为,将士积极的心理因素可迸发出巨大力量,主张用各种教育、鼓励的方法以激励士气。《司马法》能透过战争现象,悟出人的主观因素和有意识的积极活动,以及采用各种方法激励积极的心理因素,消除和抑制消极的心理因素,能激发并保持将士的高昂士气,保证取胜的道理。这一出自两千多年前古人的思想,确属难能可贵。《司马法》的"轻重说"也是十分可取的思想。它主张只有正确认识与处理好轻与重两者之间的关系,才能克敌制胜。其总的要求是"相为轻重"。在作战部署上,要"既固勿重,重进勿尽,凡尽危"。就是说,已是坚强有力的部位,就不必再加强,主力投入作战要留预备队,悉数投入战斗的做法是危险的。在作战指挥上,要求作战的统帅要抓关系全局的重点，不要事无轻重一把抓。在作战节奏上，要根据情况有急有缓、有轻有重，要按照"奏鼓轻，舒鼓重"来交替使用，体现"以重行轻"，做到"战惟节"。在兵器的配置上，要长短棚杂，"兵（指兵器）不杂则不利，长兵以卫，短兵以守"。司马法的"轻重说"在军事史和哲学史上，都具有积极意义。

《司马法》还记载论述上至天子、诸侯、将帅，下至普通士卒，有关出师征伐的礼仪规程、军制规定和作战过程中的行动准则。所以《汉书·艺文志》将《司马法》列为六艺略的礼部，并冠以《军礼司马法》之名。

《司马法》自问世以来，就因其内容闳廓、思想深邃而为历代兵家、学者所重视，并从中吸取养分，启迪思路。汉武帝时"置尚武之官，以《司马法》选位，秩比博士"。唐太宗和李靖论兵时，将《司马法》作为重要课题；宋朝将《司马法》列为《武经七书》之一，此后历代的重视程度不减于唐宋，而且很早即流传国外。这些都充分体现了《司马法》在军事学术史上的重要价值和地位。

卷上

仁本第一

[说明]司马认为,治国治军,均以"仁"为根本。当使用"仁义"的道德感化达不到预期目的时,就必须使用战争。但他强调,战争有正义和非正义的区别。战时和战后,都要遵循"六德",制定"五刑",颁布九种禁令。

古者,以仁为本,以义治之之谓正。正不获意则权。权出于战,不出于中人。是故杀人安人,杀之可也;攻其国,爱其民,攻之可也;以战止战,虽战可也。故仁见亲,义见说,智见恃,勇见方,信见信。内得爱焉,所以守也;外得威焉,所以战也。

战道:不违时,不历民病,所以爱吾民也;不加丧,不因凶,所以爱夫其民也;冬夏不兴师,所以兼爱其民也。故国虽大,好战必亡;天下虽安,忘战必危。

天下既平,天子大恺,春蒐秋狝。诸侯春振旅,秋治兵,所以不忘战也。

古者,逐奔不过百步,纵绥不过三舍,是以明其礼也;不穷不能,而哀怜伤病,是以明其仁也;成列而鼓,是以明其信也;争义不争利,是以明其义也;又能舍服,是以明其勇也;知终知始,是以明其智也。六德以时合教,以为民纪之道也,自古之政也。

先王之治,顺天之道,设地之宜,官民之德,而正名治物,立国辨职,以爵分禄。诸侯说怀,海外来服,狱弭而兵寝,圣德之至也。

其次，贤王制礼乐法度，乃作五刑，兴甲兵以讨不义。巡狩省方，会诸侯，考不同。其有失命、乱常、背德、逆天之时，而危有功之君，遍告于诸侯，彰明有罪。乃告于皇天上帝，日月星辰，祷于后土，四海神祇，山川冢社，乃造于先王。然后冢宰征师于诸侯曰："某国为不道，征之。以某年月日，师至于某国，会天子正刑。"冢宰与百官布令于军，曰："入罪人之地，无暴神祇，无行田猎，无毁土功，无燔墙屋，无伐林木，无取六畜、禾黍、器械。见其老幼，奉归勿伤。虽遇壮者，不校勿敌。敌若伤之，医药归之。"

既诛有罪，王及诸侯修正其国，举贤立明，正复厥职。

王霸之所以治诸侯者六：以土地形诸侯，以政令平诸侯，以礼信亲诸侯，以材力说诸侯，以谋人维诸侯，以兵革服诸侯。同患同利以合诸侯，比小事大以和诸侯。

会之以发禁者九：贫弱犯寡则眚之，贼贤害民则伐之，暴内陵外则坛之，野荒民散则削之，负固不服则侵之，贼杀其亲则正之，放弑其君则残之，犯令陵政则杜之，外内乱、禽兽行则灭之。

【译文】

古时候，治国治军都是以仁爱为根本，以义理来治理天下，这是常法。常法达不到预期目的，就使用变更常法的措施。变更常法不外乎使用战争手段，这不是执中之人能做到的。发动战争时，如果杀了坏人可以使国家安定，那么杀掉他是可以的；如果为了拯救邻国的百姓而去攻打这个国家，那么进攻是可以的；如果发动正义战争去制止非正义战争，那么发动这场战争是可以的。这样，有仁爱之心的人大家都亲近他，有义理的人大家见了都很高兴，有智慧的人大家都仰仗他，有作为的人大家都愿归向他，信实诚笃的人大家都信任他。这样在国内得到人民的爱戴,国家便有人守卫;在国外获得了威势,便可以用来对外作战。

作战的原则是:不误农时耕作,不在疾疫流行时发动战争,这才是爱护自己的人民;不乘敌人举丧时发动战争,不乘敌人遭受自然灾害时进攻,这是爱及敌国百姓的表现;天寒地冻、炎夏酷暑时不发动战争,这是对敌我两国人民的爱护。所以,国家再强大,好战必然灭亡;天下再安定,忘记备战必然危险。

天下已经太平,君王下令高奏成功的凯歌,可是春秋两季还要按时操练,每年初春、秋末天子通过打猎来进行军事演习。诸侯要在春秋两季于封地整顿军队、训练士兵,这都是为了表示不忘备战。

古时领兵作战的人们,追赶敌人的败兵不过一百步,战场追杀敌人不过九十里,由此表示军队有礼节;不穷追失去了战斗能力的敌人,而怜惜受伤和生病的人,由此显示国人的仁爱精神;敌人军队排成行列后再击鼓进攻,给敌方公平作战的机会,这显示国人的诚信;争大义,不急小利,这显示战争的正义性;敌人降服就免追罪过,这显示军队的勇敢;能把握战争何时开始,何时结束,这显示统帅深远的智慧。"礼、仁、信、义、勇、智"六种德行,要因时施教,以之作为治理百姓的准则,从古至今,整军经武都是如此。

前代君王治理国家,上顺应天意,下合乎地利,征聘有才能的人为官,明确百官职位,让他们各司其职,设立诸侯国,设官分职,用公、侯、伯、子、男五等爵位作为区分诸侯俸禄的标准。这样,诸侯心悦诚服,外邦也前来致敬修好,诉讼和战争止息了,这就是天子用仁德治理的结果。

其次,贤王创立礼节、音乐、法令、制度,制定五种刑罚,动用军队去讨伐不义的人。君王还按时去各地巡访,会见各地诸侯,考察他们的政绩大小。其中有不执行命令,违背道德伦常,不顺应时世的,嫉妒并危害有功之臣的,就通令各地诸侯,公布他的罪状。并禀告上帝和天地的一切神灵,然后到祖庙去祷告先王。由冢宰下令征调诸侯的军队,命令说:"某国行为不法,有失道义,该征讨他。在某年某月某日,出兵到达某国某地,会同天子对某国罪犯进行惩罚。"冢宰又与官员向军队宣布命令:

"进入该国国境后，不准亵渎神灵，不准围猎，不准破坏水利设施、土木工程，不准焚烧房屋建筑，不准砍伐树木，不准擅取牲畜、粮食、器具。碰到老人、幼童，要送他们回家，不得伤害他们。即使遇到壮年人，如果不抵抗也不要把他们当成敌人。倘若有负伤的敌人，也要为他们治疗并放他们回家。

在有罪的人得到了惩罚后，国君和从征的诸侯，还要帮助整顿好那个国家，选举贤臣，扶立明君，恢复原先的各级官职。

天子管理诸侯有六种方法：一是用土地的大小体现诸侯国的大小强弱；二是用政令来规定和约束诸侯；三是用礼义诚信亲近诸侯；四是用贤才俊杰悦服诸侯；五是用深谋远虑的人维系诸侯；六是用强大的军队慑服诸侯。总之要通过同患难、共享利联合各诸侯国；大国亲近小国，小国尊敬大国，和睦相处。

天子会合诸侯发布的禁令有九种：凡是有敢以强凌弱的，就减少他的封地；凡是敢杀害贤良迫害人民的，就公布罪状去讨伐他；凡有对内暴虐对外侵略的，就废除他；凡有使田野荒芜人民离散的，就分割他的土地，贬降他的爵位；凡是敢依仗地形险峻防守坚固而不服从天子命令的，就征讨他；凡是敢杀害骨肉至亲的，就依法治罪；凡是敢放逐或杀害其国君的，就坚决消灭他；凡是有敢不执行天子命令破坏法纪的，就四面包围孤立他；凡是有男女关系混乱，违背人伦的，就灭掉这个国家。

天子之义第二

[说明]天子之义，即为君之道。君道无所不备，但独以义言之，足见其重要。本篇主要论述作为君王应努力做的事。

天子之义，必纯取法天地而观于先圣；士庶之义，必奉于父母而正于君长。故虽有明君，士不先教，不可用也。

古之教民，必立贵贱之伦经，使不相陵。德义不相逾，材技不相掩，勇士不相犯，故方同而意和也。

古者国容不入军，军容不入国，故德义不相逾。上贵不伐之士，不伐之士，上之器也。苟不伐则无求，无求则不争。国中之听，必得其情，军旅之听，必得其宜，故技材不相掩。从命为士上赏，犯命为士上戮，故勇力不相犯。既致教其民，然后谨选而使之。事极修，则百官给矣；教极省，则民兴良矣；习惯成，则民体俗矣。教化之至也。

古者逐奔不远，纵绥不及。不远则难诱，不及则难陷。以礼为固，以仁为胜。既胜之后，其教可复，是以君子贵之也。

有虞氏戒于国中，欲民体其命也；夏后氏誓于军中，欲民先成其虑也；殷誓于军门之外，欲民先意以待事也；周将交刃而誓之，以致民志也。

夏后氏正其德也，未用兵之刃，故其兵不杂；殷义也，始用兵之刃矣；周力也，尽用兵之刃矣。

夏赏于朝，贵善也。殷戮于市，威不善也。周赏于朝，戮于市，劝君子，惧小人也。三王彰其德，一也。

兵不杂则不利，长兵以卫，短兵以守。太长则难犯，太短则不及。太轻则锐，锐则易乱；太重则钝，钝则不济。

戎车：夏后氏曰钩车，先正也；殷曰寅车，先疾也；周曰元戎，先良也。

旗：夏后氏玄首，人之执也；殷白，天之义也；周黄，地之道也。

章：夏后氏以日月，尚明也；殷以虎，尚威也；周以龙，尚文也。

师多务威，则民诎；少威，则民不胜。

上使民不得其义,百姓不得其叙,技用不得其利,牛马不得其任。有司陵之,此谓多威,多威则民诎。

上不尊德而任诈慝,不尊道而任勇力,不贵用命而贵犯命,不贵善行而贵暴行。陵之有司,此谓少威,少威则民不胜。

军旅以舒为主,舒则民力足。虽交兵致刃,徒不趋,车不驰,逐奔不逾列,是以不乱。军旅之固,不失行列之政,不绝人马之力,迟速不过诚命。

古者,国容不入军,军容不入国。军容入国,则民德废;国容入军,则民德弱。故在国言文而语温,在朝恭以逊,修己以待人,不召不至,不问不言,难进易退。在军抗而立,在行逐而果。介者不拜,兵车不式,城上不趋,危事不齿。故礼与法,表里也;文与武,左右也。

古者贤王明民之德,尽民之善,故无废德,无简民,赏无所生,罚无所试。有虞氏不赏不罚,而民可用,至德也。夏赏而不罚,至教也。殷罚而不赏,至威也。周以赏罚,德衰也。赏不逾时,欲民速得为善之利也;罚不迁列,欲民速睹为不善之害也。大捷不赏,上下皆不伐善。上苟不伐善,则不骄矣;下苟不伐善,必亡等矣。上下不伐善若此,让之至也。

大败不诛,上下皆以不善在己。上苟以不善在己,必悔其过;下苟以不善在己,必远其罪。上下分恶若此,让之至也。

古者戍兵,三年不典,睹民之劳也。上下相报,若此和之至也。得意则恺歌,示喜也。偃伯灵台,答民之劳,示休也。

【译文】

天子的思想行为要符合道德规范的要求,应完全效法天地,学习古代先圣;士民的思想行为要符合道德规范的要求,应当听从父母教导,遵照国君和师长的要求。所以即使有贤明的君王,如果事先不去教育士民,士民也是不会为国家效劳的。

古代教育民众,必须明确上下尊卑的区别,使贵贱不致混淆。有道德和有信义的人各得其所,有才干的人不被淹没,有勇力的人不敢违抗命令,如果能做到这样,大家就同心协力了。

古代不用朝廷的礼仪法度治军,也不用军队的礼仪法度治国,所以道德和信义就不会互相逾越。君主要重视不自夸的人,不自夸的人是君主所器重的。不自夸便没有贪求,没贪求便和人无争执。这种人处理国中事务一定会考虑民生情状,处理军队中的事一定会合情合理,这样不同的人才就会被发现。奖赏服从命令的,惩罚违背命令的,有勇力的人就不敢违抗命令了。民众接受了这些教育,然后再谨慎地选拔使用他们。所有事都办得齐整妥当,那么百官就不缺供给;教育内容简明具体,百姓容易学习;习惯一经养成,自然形成了风俗。这就是最好的教化结果。

古代作战,战败的敌人不要追得太远,主动撤退的敌人不要追得太近。追击不远就不会被敌人诱骗,不迫近就不会陷入敌人的圈套。军队以礼做制度,就能巩固;以仁为宗旨,就能取得胜利。战胜敌人之后,这些方法仍然可以反复使用,因而才德出众的人都重视这些教化方法。

虞舜在国内发布关于战争的命令,是希望百姓理解;夏后氏在军中发布作战命令,是希望军队有思想准备;商汤在军门外发布作战命令,是为了军队了解他的意图以便配合行动;周武王在两军交战时才下达作战命令,是为了激励士卒的战斗意志。

夏后氏以德取天下,没有使用武力,因此兵器种类不复杂;殷以义取天下,开始使用武力与兵器;周以武力夺取天下,使用了各种各样的兵器。

夏启在朝廷上赏赐有功的人,是为了鼓励好人,劝人向善。商汤在集市上杀有罪的人,是为了警告小人。周武王在朝廷上赏赐有功之人,在集市上杀戮有罪的人,是为了鼓励君子、警告小人。夏、商、周三代天子在扬善惩恶的做法上不同，但精神是一致的。

兵器不配合使用就不能发挥威力，长柄的兵器常以掩护短柄兵器，短柄的兵器便于抵近使用。兵器太长则不方便用，太短就打击不到敌人。兵器太轻就尖锐，尖锐容易折断；兵器太重则不锋利，不锋利就不能发挥作用。

战车：夏代叫作"钩车"，行驶时平稳；商代叫作"寅车"，行动迅速；周代叫"元戎"，结构精致完备。

军中指挥用的旗：夏代时用黑色，象征举着一个人头；商代时用白色，象征如天空一样晶莹洁净；周代用黄色，象征如大地一样厚重。

军人佩戴的徽章：夏代时画以日月，表示崇尚光明；商代画上虎，表示崇尚威猛；周代画上龙，表示崇尚文采。

治军过于威严，士气就会受到压抑；如果缺少威严，就难以指挥士卒取得胜利。

居于上位的人，使用士民不适宜，任用官职不恰当，有技能的人无法施展才干，牛马也得不到合理的使用。官员凭着自己的权势去凌辱百姓，百姓感觉压抑，委曲难伸，这就是过于威严，过于威严士气就会受到压抑。

官员不尊重有道德的人而信任奸诈邪恶的人，不尊重有智慧的人而信任恃勇逞强的人，不奖赏服从命令的人而信任抗命的人，不夸奖善良的人而称赞残暴的人，以致引起民众的反抗。这就是缺少威严，官吏缺少威信就不能指挥军队去取得胜利。

军队行动以从容不迫为主，行动有节制就能保持士卒的体力。即使与敌人发生了战斗，步兵也不要快跑，战车也不要狂奔，追击敌人不超越作战的序列，这样才不会扰乱战斗队形。军队的稳固性，在于行列整齐秩序井然，不使人马用尽最后气力，行动的快慢都不超越命令的规定。

古时候不用治国的方法去治军，也不用治军的方法来治国。如果用治军方法治国，那百姓的礼让风气就废弃了；如果用治国的方法治军，那军队的尚武精神就会被削弱。因为在朝廷上言谈举止要温文尔雅，朝觐君王时要恭敬谦逊,严于律己,宽以待人。做臣子的,君王没有召见不要来,没有询问不要乱发言。朝见时礼节很隆重,退下时行动迅速。在军队中说话声音要洪亮,站立要挺直,行动要迅速,做事要果断。穿着甲胄执行任务时不跪拜,乘战车时也不须行礼,在城墙上不能急走,遇到危险也不按年龄尊卑排序。所以礼与法互为表里,文和武相互依存。

古代的贤明国君,表彰民众的美德,鼓励民众的善行,所以没有败坏道德的行为,没有怠惰的百姓,没有理由去奖赏,也无须惩罚。虞舜为帝王时不行赏不用罚,而民众都乐为其用,这是由于有了高尚的道德。夏代只用行赏不用处罚,这是良好教育的结果。商代只罚而不行赏,是因为具有强大的威势。周代赏罚并用,是因为道德衰败,民众中有优秀品德的人已经很少了。赏赐要及时,好让民众看到行善的好处;处罚要就地执行,好让民众看到作恶的结局。大捷不行赏,上下都不会邀功。上级假设不邀功,就不会骄傲;下级假设不邀功,就不会攀比了。上下都不夸功,那是谦和的表现。

战争失败后没有惩罚有关当事人,这样,上下都认为自己有错。居上位的如果认为自己有错,必定决心改正;在下位的如果认为自己有错,必定决不再犯。上下分担责任到这种地步,谦和的风气就形成了。

古代派遣戍卫边疆的士卒,三年内不再征调,这是看到他们太辛苦的缘故。上下这样相互体谅,就是团结的表现。打了胜仗就高歌庆祝胜利,以示欢喜。国内建起纪念的"灵台",国君登台集会,慰劳民众,表示开始休养生息了。

卷中

定爵第三

[说明]爵位,公卿士大夫官阶之分,以别尊卑上下。本篇以文中头一句名之,文义并不都是讲"定爵位",还讲了军政事务,内容庞杂,估计是有脱简之故。

凡战,定爵位,著功罪,收游士,申教诏,讯厥众,求厥技,方虑极物,变嫌推疑,养力索巧,因心之动。

凡战,固众,相利,治乱,进止,服正,成耻,约法,省罚。小罪乃杀,小罪胜,大罪因。

顺天,阜财,怿众,利地,右兵,是谓五虑。顺天奉时,阜财因敌,怿众勉若,利地守隘险阻,右兵弓矢御,殳矛守,戈戟助。凡五兵五当,长以卫短,短以救长,迭战则久,皆战则强。见物与侔,是谓两之。

主固勉若,视敌而举。将心心也,众心心也,马牛车兵佚饱,力也。教惟豫,战惟节。将军,身也;卒,支也;伍,指拇也。

凡战,权也,斗勇也,陈巧也。用其所欲,行其所能,废其不欲不能。于敌反是。

凡战,有天,有财,有善。时日不迁,龟胜微行,是谓有天。众有,有因生美,是谓有财。人习陈利,极物以豫,是谓有善。人勉及任,是谓乐人。

大军以固,多力以烦,堪物简治,见物应卒,是谓行豫。

轻车轻徒，弓矢固御，是谓大军。

密、静多内力，是谓固陈。因是进退，是谓多力。

上暇人教，是谓烦陈。然有以职，是谓堪物。因是辨物，是谓简治。

称众：因地因敌令陈，攻战守，进退止，前后序，车徒因，是谓战参。

不服、不信、不和、怠疑、厌、慑、枝、柱、诎、烦、肆、崩、缓，是谓战患。骄骄、慑慑、吟旷、虞惧、事悔，是谓毁折。

大小、坚柔、参伍、众寡，凡两，是谓战权。

凡战，间远，观迩，因时，因财，贵信，恶疑。作兵义，作事时，使人惠。

见敌静，见乱暇，见危难无忘其众。居国惠以信，在军广以武，刃上果以敏。居国和，在军法，刃上察。居国见好，在军见方，刃上见信。

凡陈：行惟疏，战惟密，兵惟杂。人教厚，静乃治，威利章，相守义，则人勉；虑多成，则人服。时中服，厥次治。

物既章，目乃明；虑既定，心乃强。进退无疑，见敌无谋，听诛。无诳其名，无变其旗。

凡事善则长，因古则行。誓作章，人乃强，灭厉祥。

灭厉之道：一曰义，被之以信，临之以强，成基一天下之形，人莫不说，是谓兼用其人。一曰权，成其溢，夺其好，我自其外，使自其内。

一曰人，二曰正，三曰辞，四曰巧，五曰火，六曰水，七曰兵，是谓七政。

荣、利、耻、死，是谓四守。容色积威，不过改意，凡此道也。

唯仁有亲，有仁无信，反败厥身。

人人,正正,辞辞,火火。

凡战之道,既作其气,因发其政,假之以色,道之以辞。因惧而戒,因欲而事,蹈敌制地,以职命之,是谓战法。

凡人之形,由众之求。试以名行,必善行之。若行不行,身以将之;若行而行,因使勿忘,三乃成章。人生之宜,谓之法。

凡治乱之道,一曰仁,二曰信,三曰直,四曰一,五曰义,六曰变,七曰专。

立法:一曰受,二曰法,三曰立,四曰疾,五曰御其服,六曰等其色,七曰百官宜无淫服。

凡军,使法在己曰专,与下畏法曰法。军无小听,战无小利,日成行微,曰道。

凡战,正不行则事专,不服则法,不相信则一。若怠则动之,若疑则变之,若人不信上,则行其不复,自古之政也。

【译文】

凡是准备与敌人作战前,要先定好军中的官职爵位,订立奖励惩罚条例,收容游说闲杂等人,公告国君的命令,广泛征求民众的意见,搜罗有技术的人才,反复思考,分辨和研究疑难问题,找准问题的根源,集思广益,聚集各方力量,找到最好的解决办法,与百姓同志,根据民心所向采取行动。

凡是准备与敌人作战前,都要稳定军心,明辨利害,使军队秩序井然,进退有度;要弘扬正气,使军队谨记荣耻;简约法令,慎用刑罚。小罪就要制止,忽视小罪,大罪将会随之而来了。

顺应天时,多储备物资,使民心悦服,要利用险要地形,提倡使用精良武器,这五件事,都是应当尽早考虑的。顺应天时就是要注意气候的变化,根据气象条件行事;广集资财就是要多利用敌人的物资来增强我的实力;悦服众心就是顺应大众的愿望勉励士卒杀敌;利用地形,就是要据守隘路、险阻等地形;重视运用兵器,就是战斗中要用弓矢抵御远处的敌人,用殳矛防守近处的敌人,再用戈戟辅助杀敌。这五种兵器要发挥各自的特长,在战场上要用长兵器掩护短兵器,用短兵器补救长兵器的不足,这样,三军轮番出动交替作战,可以坚持长久,三军全部出动就能形成强大力量打败敌人。如果看见敌人有新的武器,就要迅速仿造,与敌人在武器上保持平衡。

主将还要善于随时勉励士卒,鼓舞士气,观察敌情变化,采取对策。将领要与部下齐心协力,马、牛要喂饱,休息好,车辆、兵器要妥善保养,这样才有战斗力。训练重在平时,作战重在指挥管束。将军就如一个人身上的躯干,士卒是这人身上的四肢,伍好比手指。

凡是作战指挥,都要讲求智谋权变;所有的战斗,都在于勇敢;所有的作战部署,都要灵活。要让士兵做他们愿意做的事,但要根据他们的能力行事,不要让他们做自己力所不能及的事情。对于敌人则相反,要让敌人去做他们不愿意或力所不能的事。

凡是与敌人战斗,都要利用天时、地利和足够的资财,还要有妥善的安排。遇到好时机不要错过,问卜对我有利就要机密行动,这就是“有天”。百姓富裕,国力充沛,这就是“有财”。士卒训练有素,熟悉战阵战法,军用器材准备充足,这就是“有善”。人人都争着去完成自己的任务,这就是“乐人”。

军队要坚固阵地,保持兵力充足,加强部队训练,需要选拔人才去管理各种事物,应对突发事件,这就是预先准备。

战车轻快,步兵敏捷,利于攻占阵地;多备弓矢,加强防御,这些都是增强军力的方法。

兵力集中,军心稳定,士气旺盛,这就是防守坚固的阵地。如果再做到进退合宜,战斗力就更强了。

军队的指挥官,能利用闲暇时间组织士卒反复熟悉战法战术,这才是训练有素。各项事务都有人管理负责,做到条理清楚。人人都能各司其职,分清事务的轻重缓急,这就是用人得当。

衡量兵力多少,要根据地形条件和敌情来确定阵形;掌握攻战守的变化,进退止的时机;还有作战部队的前后次序,战车与步兵的互相配合,这是临战时不能不考虑周详的。

队伍中最忌讳的是:有不服从命令的,有失去信心的,有与别人不和睦的,有怠惰玩忽职守的,有厌倦不振的,有畏惧敌人的,有呆滞不胜任的,有意不相顺从的,有委屈难伸的,有烦躁不安的,有放纵无羁的,有精神崩溃的,有纪律废弛的,这些都是作战的祸患。还有骄傲而又放肆的,有胆小而又畏惧的,有装病呻吟吵闹的,有忧郁惶恐不安的,有临事不审而事后徒自追悔的,这些都是导致军队败北折损的因素。

声势能大能小,战法有刚有柔,编组可参可伍,兵力用多用少,凡事都要从两个方面考虑,反复比较,作相对应的准备,这是作战时灵活变化的手段。

所有的战争,要了解敌情,远处派间谍,近处靠观察,作战要会利用时机,要考虑财力物资,内部要讲究诚信,切忌互相猜疑。要宣扬仁义的道理,来振作士气;做事要不失时机;分配任务时,要给人以恩惠。

担任指挥的军官,看见敌人时要镇静,队伍混乱时要沉着,遇到危险时不要忘记了士卒。任国君的人,平时对吏民要施以恩惠,讲求信用;治军要有气度能容人,有威严但能服众;与敌人交战时,意志要果决,行动要敏捷。这样,平时在国中上下相安,在军中执法公平,战时指挥明察秋毫。在国中为百姓所爱戴,在军中人人都突显勇气,准备作战,等到与敌交战时,就能获得全军的信赖了。

布阵时行列要疏散,以便使用兵器;战斗时又要密集,以便集中力量消灭敌人;兵器要不同种类配合使用。士卒要训练有素,要沉着冷静,阵势才能保持严整,施加威令,则其利得以彰显,上下遵守信义,则人人互相自勉;谋划的事往往能够成功,人人心悦诚服。人心信服,大小事都会依次办好。

旗帜鲜明,士卒才能看清楚;计谋已经确定,战胜敌人的决心就会增强。队伍无论是进是退,都会毫不犹豫地执行命令。如果发现敌人后才想到如何谋划,这样的将领一定要惩罚。对阵的时候,不要随便使用金鼓,也不要轻易改变旗帜,以免引起错觉。

凡是善的事情都能够保持长久,按照古法办事就能顺利推行。誓词鲜明有鼓动性,就能振作士气,杜绝消极观念和疑虑思想,消灭敌人。

消灭敌人的办法有两种:一是道义,让敌人明白自己的处境,用诚信感召敌人,用威力震慑敌人,形成天下统一的大势,使人心悦诚服,这就能争取敌人也为我所用。二是要讲求策略,助长敌人骄傲自满的情绪,然后夺取敌人的要害,我军一方面从外面进攻,一方面运用间谍在内部接应。

第一任用贤人,第二以身作则,第三注重宣传,第四注意技巧,第五慎用火攻,第六习于水战,第七改善兵器,这是治军的七件大事。

荣誉、奖赏、惩罚、杀戮,这是国家掌管的四种手段。和颜悦色或者十分严厉地讲道理,都是奖善惩恶、劝人向善的方法,治理军队就是这些道理。

唯有仁爱的国君,才能得到人们的亲近爱戴,但是空有仁爱的思想,而不切实取信于民,会失去民众的信任和爱戴,反而会导致失败。

用人要知人善任,正人先要正己,批评人时言辞要一针见血,使用火攻一定要慎而又慎。

凡是作战的方法,已经振奋了士气,还得发布纪律,赏罚分明,对部下要和蔼可亲,经常鼓励开导。利用他们畏惧的心理告诫他们,利用他们的欲望而鼓励他们杀敌,进入敌区要控制有利地形,要给将士安排合适的职务,这就是战法。

凡是要求人们执行的规章制度,都应符合大众的要求。要试行检验是否名副其实,如果卓有成效,就要妥善地推行。如果措施可行而没有推行,将帅就要带头去做;如果能够推行,就要求反复牢记避免忘记执行,经过反复使用,就形成了规章制度。这些符合实际要求的制度,就是所谓的"法"。

所谓治理乱世的方法,第一是仁爱,第二是诚信,第三是公正,第四是统一,第五是道义,第六是权变,第七是集中指挥。

关于制定法则,第一是让人们能够接受,第二是法令严明,第三是权威性,第四是雷厉风行,第五是要为将士制作军服,第六是用颜色区别等级,第七是官吏要按规定着装。

关于治军,将军自己制定的法令叫"专",上与下都共同执行的才叫作"法"。军队中不能听信传说,作战时别贪图小利,谋划作战时间和地点后,要秘密行动,这才是治军的方法。

作战时,用正常的方法行不通时,将帅就要专断,如果有人不服从,就要将他法办,如果思想不统一就要统一认识。如果人心倦怠就要加以鼓励,如果下级心存疑虑就要设法改变这种情况,如果下级不相信上级的决定,就要他们坚决执行而不能轻易改变。这些都是从古至今治军的方法。

卷下

严位第四

[说明]严位,指在布阵的队形上,要明确规定士卒的位置。本篇亦因篇首有此二字名之。

凡战之道,位欲严,政欲栗,力欲窕,气欲闲,心欲一。

凡战之道,等道义,立卒伍,定行列,正纵横,察名实。立进俯,坐进跪,畏则密,危则坐。

远者视之则不畏,迩者勿视则不散。位下左右,下甲坐,誓徐行之。位逮徒甲,筹以轻重。振马噪徒甲,畏亦密之。跪坐、坐伏,则膝行而宽誓之。起、噪,鼓而进,则以铎止之。衔枚、誓、糗,坐,膝行而推之。

执戮禁顾,噪以先之。若畏太甚,则勿戮杀,示以颜色,告之以所生,循省其职。

凡三军,人戒分日;人禁不息,不可以分食。方其疑惑,可师可服。

凡战,以力久,以气胜。以固久,以危胜。本心固,新气胜。以甲固,以兵胜。凡车以密固,徒以坐固,甲以重固,兵以轻胜。

人有胜心,惟敌之视;人有畏心,惟畏之视。两心交定,两利若一。两为之职,惟权视之。

凡战,以轻行轻则危,以重行重则无功。以轻行重则败,以重行轻则战。故战相为轻重。

舍谨兵甲,行慎行列,战谨进止。

凡战,敬则慊,率则服。上烦轻,上暇重。奏鼓轻,舒鼓重。服肤轻,服美重。

凡马车坚,甲兵利,轻乃重。

上同无获,上专多死,上生多疑,上死不胜。

凡人,死爱,死怒,死威,死义,死利。凡战之道,教约人轻死,道约人死正。

凡战,若胜若否,若天若人。

凡战,三军之戒,无过三日;一卒之警,无过分日;一人之禁,无过瞬息。

凡大善用本,其次用末。执略守微,本末唯权,战也。

凡胜,三军一人,胜。

凡鼓,鼓旌旗,鼓车,鼓马,鼓徒,鼓兵,鼓首,鼓足,七鼓兼齐。

凡战,既固勿重,重进勿尽,凡尽危。

凡战,非陈之难,使人可陈难。非使可陈难,使人可用难。非知之难,行之难。

人方有性,性州异,教成俗,俗州异,道化俗。

凡众寡,若胜若否。兵不告利,甲不告坚,车不告固,马不告良,众不自多,未获道。

凡战,胜则与众分善,若将复战,则重赏罚。若使不胜,取过在己。复战,则誓己居前,无复先术。胜否勿反,是谓正则。

凡民,以仁救,以义战,以智决,以勇斗,以信专,以利劝,以功胜。故心中仁,行中义,堪物智也,堪大勇也,堪久信也。让以和,人自洽。自予以不循,争贤以为人,说其心,效其力。

凡战,击其微静,避其强静;击其倦劳,避其闲窕;击其大惧，避其小惧。自古之政也。

【译文】

作战的原则是，士卒在队形中的位置，要严格规定；军队中的号令，要严厉得让人生畏；作战时士卒动作要敏捷；军中要镇定才士气高涨；思想统一才上下齐心。

作战的方法是，要根据士卒的德才分成等级，按照等级授予适当的位置，要规定行军、列阵的次序，调整纵横队列，要考察职务与实际能力是否相符。采用立阵时前进要弯腰，采用坐阵时前进要用跪姿，士卒有畏惧心理时队形要密集，情况危险时要蹲坐，以便奋起。

远处的敌人要注意观察，没什么可害怕的；近处的敌人不可观望，要集中精力准备战斗。士卒在队伍中的位置，按左右分列，队伍停止时，要穿戴整齐采取坐阵；誓戒结束，命令下达后，队伍缓缓前进。队伍中无论是步兵、甲士，都要仔细分工，注意轻重缓急，确定攻击防守职责。如果车震马躁，士卒畏惧，就要靠拢队形。跪者令其坐下，坐者令其俯身，将领膝行前去用宽和的言辞安慰、告诫他们。进攻的时候，全体起立，齐声呼喊，击鼓前进，如果要停止，就鸣金铎。如衔枚、受命或吃饭时，应坐下实施，如要前进，则膝行移动。

在战场上进攻时，严禁士卒回顾、犹豫不前，应当大声喝令他们前进。如果有十分惧怕的士卒，不要杀掉他，严厉教训之后，告诉他得以保命的理由，要求他恪尽职守。

三军之中，对小部队下达的命令，半天就要执行；对个别人下达的禁令，要立即执行，甚至饭都不能吃。趁敌人疑惑不定的时候袭击他，就可以将其征服。

战斗中，兵力充实就能持久，士气旺盛就能战胜。军营巩固就能持久，军队处于危险境地反能取胜。士卒充满胜利的信心阵地就坚固，朝气蓬勃就能取胜。士卒能利用甲胄坚固防御，能发挥兵器威力，即可取胜。战车密集就坚固，步兵用坐阵就坚固，披甲厚重就坚固，兵器轻锐易用才能取胜。

人人都有求胜心,这就要看敌人的虚实方可决定胜负;人人都有畏惧心,畏惧将领胜过畏惧敌人的能取胜,相反则失败。将求胜之心和畏惧之心统一起来,把两方面的有利条件都发挥出来。对这两方面的情况,将帅要根据具体情况具体对待。

作战时,使用小部队对付敌人小部队就有危险,使用大部队对付敌人大部队就可能不成功。使用小部队对付敌人大部队就要失败,用大部队对付敌人的小部队就能取胜。所以战争的胜负靠双方兵力的多少来决定。

宿营时要注意兵器须摆放严整,行军时要注意队列的整齐,战斗时要注意进攻和停止的时机。

作战时,谨慎从事就能实现目的,以身作则就能让人信服。将领急躁烦乱士卒就会轻率行事,将领从容不迫士卒就会遇事持重。鼓点轻就急速前进,鼓点重就徐缓前进。服装轻薄行动就敏捷,服装厚重行动就迟缓。

凡是马车坚固,兵器精良,少数部队也可以起到大部队的作用。

主将喜欢随声附和,就不会有什么成就;主将做事专横武断,士卒多被无辜杀戮;主将贪生怕死,必定疑心重重;主将只知拼命,就不会取胜。

将士有为感恩而赴死的,有因愤怒而拼死的,有因威逼而无奈死去的,有为了仗义而送死的,有为了利益而致死的。作战时,靠军令约束人的,只能使人们不怕死;用道义感动人,士卒争先恐后为正义而死。

凡是战争,或者胜利,或者失败;或者顺应天时,或者顺应人心。

凡是战争时,对全军下达的命令,三天内就执行;对一两百人的小部队,下达命令后半天内就要执行;对个别人员下达的命令,要立即开始执行。

凡是战争,最好是使用谋略取胜,其次是用战斗取胜。作战时要把握全局,又要注意具体细节,是用谋略取胜有利还是发动战争好,要根据实际情况来灵活掌握。

凡是作战时全军团结如一人的,就能取得胜利。

指挥部队的鼓点,有指挥旗帜开合的鼓声,有命令战车驰驱的鼓声,有命令骑兵前进的鼓声,有命令步兵前进的鼓声,有命令交战的鼓声,有命令排队列阵的鼓声,有命令停止前进的鼓声,这七种鼓声都要规定清楚齐全。

凡与敌人作战时,车马甲胄已经很坚固了就不要再增加负担,用大部队作战,不要将全部的力量都投放战场,兵力耗尽了就会很危险。

作战时,难的不是布阵,而是让士卒都熟悉阵法。难的不是让士卒都熟悉阵法,而是让他们灵活运用阵法。总之,不是懂得阵法难,而是实际运用难。

一个地方有一个地方人的气质禀赋,九州各不相同,教化可以形成习俗,所以习俗也是每州都不相同,但通过教化可以统一习俗。

不管兵力的多少,只要已战胜敌人,都要像打胜仗那样不骄不躁。不要自夸兵器有多么锐利,甲胄有多么牢固,战车有多么坚固,马匹有多么精良,我的兵力有多么多。反之,就是还没有掌握战争规律的表现。

凡是打了胜仗,主将应当与部下分享功劳,若要继续战斗,更要重视赏罚。假若作战不胜,指挥官应引咎自责。再作战就要身先士卒,不再重复使用上次的战术。无论胜败都不要违反这个原则,这就是正确的方法。

所有士卒,主将要用仁爱的心去解救其于危难;用道义激发他们去作战;用智慧明辨他们的功过;身先士卒率领他们去战斗;用威信让他们团结在周围;用利益去劝导他们努力;用功勋鼓励他们争取胜利。所以,将士心中都要有仁爱,行为要合乎礼义,应对外界事务要有智慧,战胜敌人要靠勇敢,能够长久地赢得人心要靠诚信。谦让并因此和睦,上下因而融洽。自己承担责任,而把荣誉让给别人,这样士卒就会很高兴,愿意效力。

凡是与敌军作战,要攻击兵力弱小但故作镇静的敌人,要避开强大而沉着的敌人;要攻击疲劳困倦的敌人,回避以逸待劳的敌人;攻击非常

惧怕我军的敌人,避开对我军有所戒备的敌人。以上所说的,都是自古
以来治军作战的方法。

用众第五

[说明]本篇主要讲述战场指挥的方法,其中主要论述了如何集中优
势兵力打击敌人的战术,同时还谈到了选择战场、战机,观察敌情,追赶
逃跑的敌人,激励士气等问题。

凡战之道,用寡固,用众治。寡利烦,众利正。用众进止,
用寡进退。众以合寡,则远裹而阙之。若分而迭击,寡以待众,
若众疑之,则自用之。擅利,则释旗迎而反之。敌若众,则相众
而受裹。敌若寡若畏,则避之开之。

凡战,背风背高,右高左险,历沛历圮,兼舍环龟。

凡战,设而观其作,视敌而举,待则循而勿鼓,待众之作。
攻则屯而伺之。

凡战,众寡以观其变,进退以观其固,危而观其惧,静而观
其怠,动而观其疑,袭而观其治。击其疑,加其卒,致其屈,袭其
规。因其不避,阻其图,夺其虑,乘其慑。

凡从奔,勿息,敌人或止于路,则虑之。

凡近敌都,必有进路。退,必有反虑。

凡战,先则弊,后则慑,息则怠,不息亦弊,息久亦反其慑。

书亲绝,是谓绝顾之虑。选良次兵,是谓益人之强。弃任
节食,是谓开人之意。自古之政也。

【译文】

一般战场指挥的方法,使用少数兵力作战宜坚固防守,使用多数兵

力作战要使队伍整齐。我军兵力少要变化阵势出奇制胜,我军兵力强有利于正规作战。兵力强大,作战时要知道何时进何时止;兵力弱小,要能进能退。指挥强大兵力包围弱小敌人时,包围圈不要太小,要给敌人留一条逃跑的通道。如果要分批袭击敌人,那是用少量兵力对付敌人强大兵力,如果敌军对此有疑虑,那么就灵活采用战术制胜。如果敌人占据了有利的地形,就要卷起旗帜,假装撤退引诱敌人出来,然后袭击他。如果敌人兵力很多,应当了解敌情后准备在被包围的情况下反击。如果敌人兵力很少,十分谨慎,就要避开他,等待时机再消灭他。

凡是与敌人作战,应把战场选在背风的地方,背后或右翼有高地依托,左翼有险阻,经过沼泽地或危险道路时,不能停留,宿营时要选择四面有险可守、中间较高的地形。

凡是与敌人作战,要先于敌人做好战斗准备,观察敌人行动,再决定自己的举措。假如敌人设计好了圈套,等待我军中计,我方要排好阵势,等待时机,不要首先击鼓发动进攻。如果敌人进攻,就集中兵力,伺机打击敌人。

凡是与敌人作战,无论兵力多或少,都要认真观察敌情变化;用忽进忽退的办法,观察敌人阵地是否稳固;逼近敌人阵地,观察对方是否畏惧;我们按兵不动,观察敌人是否麻痹懈怠;佯装骚动,观察敌人是否疑惑;突然袭击,观察敌人军队的应对能力。要乘敌人犹豫不决时发动攻击,乘敌人仓促不备时进攻,要摧毁敌人的战斗力,打乱敌人的战斗部署。利用敌人不及躲避的时机,阻止他的图谋,粉碎他的计划,乘敌人畏惧时,一鼓作气歼灭他。

凡是追赶败退的敌人,要穷追不舍不要停息,逃奔的敌人如果停止不走,这时就该考虑敌人是否有埋伏。

凡是军队接近敌人都市的时候,必须事先选好进军路线。退却时要考虑好返回的路线,防备被敌人偷袭。

凡是与敌人作战,过早地先敌而动,士卒就容易疲惫;行动迟缓,敌人已经出动,士卒就会心中畏惧;如果休息时间过长就容易养成怠惰情绪,不重视休息军队就会疲惫不堪,休息久了,军队反而畏惧作战。

　　严禁士卒与亲人通信,断绝他们的思家念头。挑选勇敢善战的士兵,授予精锐武器,提高军队战斗力。抛弃笨重的物品和不必要的行李,限制所携带粮食重量,以激发全军死战的决心。以上这些,都是自古以来治军的方法。

六韬

略谈《六韬》

　　《六韬》是我国古代一部著名的兵书,分为文、武、龙、虎、豹、犬等六个部分。最早著录此书的是《隋书·经籍志》,题为"周文王师姜望撰"。姜望即姜太公吕望,但是自宋代以来,不断有人质疑。从此书的内容、文风及近年出土文物资料等分析,可大致断定《六韬》是战国末期某人托姜望之名而撰。它吸收了先秦兵家及诸子论兵的精华,是一部集先秦军事思想之大成,具有独立体系和特色的兵家典籍。

　　《六韬》之"韬",与"弢"字相通,按字义为弓套,含有深藏不露之意,引申为谋略。"六韬",就是六种秘密谋略,也可说是论述战争问题的六种韬略。全书有六卷,共六十篇。第一卷《文韬》,着重讲战前如何从物资、精神上做好准备工作。第二卷《武韬》,是说取得政权的韬略。这两卷就其性质说,是阐述战略问题,就时空概念来说,是讲战前的各项准备。以下四卷,则侧重阐述战争指导的一些重要原则,讲作战过程中所遇到的战术上的一些问题。第三卷《龙韬》,是讲军事指挥和兵力部署的艺术。第四卷《虎韬》,讲在开阔地区作战的战略战术。第五卷《豹韬》,着重讲在各种特殊地形作战的战略战术。第六卷《犬韬》,是讲各兵种协同作战的谋略以及如何发挥军队的效能的问题。

　　总之,《六韬》内容十分广泛,对有关战争的各方面问题,诸如战争观、军队建设、战略战术等,几乎都有所涉及。其中最精彩的部分,是它的战略观和战术论。战略观,可分为广义和狭义两个概念。从广义上说,就是通过战争以外的政治、经济、外交等手段达到战胜敌国的目的。对此问题,大军事家孙武在其《孙子·谋攻篇》中曾说:"不战而屈人之兵,善之善者也。"但限于当时战争实践,孙武没有对如何实施这一总体战略进行深入论述。《六韬》继承了这一观点,认为:"故善战者,不待张军;善除患者,理于未生;胜敌者,胜于无形。上战无与战。"(《龙韬·军势》)同时,它又强调要实现这种"全胜"战略,必须以强大的政治、经济实力为后盾。一个国家的经济实力,是取得战争胜利的物质基础。《六韬》提出要大力发展"三宝",即"大农""大工""大商"。这样,在战争到来之时,才能立于不败之地。在政治上,一定要争取人心,取得举国上下乃至友军的支持,这是进行战争必要的精神准备。他说:"天下非一人之天下,乃天下之天下也。同天下之利者则得天下,擅天下之利者则失天下。天有时,地有财,能与人共之者,仁也。仁之所在,天下归之。"(《文韬·文师》)这一观点继承了先秦诸子的民本思想,从军事角度看,则说的是战争的正义性问题,指出只有在政治上顺应人心,才能取得战争的胜利。对具体如何实行"全胜战略",《六韬》也作了详细的阐述。如《武韬》中的《文伐》,就列举了十二种贿赂、麻痹、离间敌人的办法,以达到扩大敌人内部裂痕,使其自行崩溃的目的。它又指出:"十二节备,乃成武事。所谓上察天,下察地,征已见,乃伐之。"就是说,"文伐"是"武伐"的准备和前提,把政治手段和军事进攻紧密联系起来论述,这无疑丰富和发展了《孙子兵法》的战略思想。

《六韬》还广泛论述了多种作战形式的战术问题,其篇幅之大,范围之广,分析之细,在先秦的兵书中可谓绝无仅有。其战斗论,既讲进攻战斗,又讲防御战斗。以进攻战斗而言,既讲阵地战,又讲运动战。尤其是有关运动战战术的阐述,堪称我国军事史上的一个光辉的创造。如《犬韬·战骑》云:"敌人行陈不固,士卒不斗,薄其前后,猎其左右,翼而击之,敌人必惧。"讲的是攻击孤立薄弱之敌的方法。同篇又云:"敌人无险阻保固,深入长驱,绝其粮路,敌人必饥。"讲的是进攻运动之敌的战术,等等。《六韬》还对车、步、骑各军种协同作战,及林区、山地、河川等各种特殊地形作战的战斗问题,作了具体详明的阐述,这在我国古代战争史上也有首创意义。

《六韬》的问世,标志着我国先秦军事思想的进一步发展和成熟,充实了我国古代军事理论宝库,对后世产生了深远的影响。司马迁曾说:"后世之言兵及周之阴权,皆宗太公为本谋。"(《史记·齐太公世家》)所谓"太公",即指托名姜望的《六韬》。三国时的刘备、孙权,均把《六韬》作为向臣下和子侄推荐的书目之一。《六韬》在国外也产生了很大影响。十六世纪时就开始被译成外文,日本对此书的译、注、解、评、点的著作,有近四十种之多。另外,还有韩文、越南文的译本多种。

卷第一文韬

文师第一

[说明]本篇讲述文王初会姜太公的情景。太公以钓鱼比喻用人的道理,并提出了"天下非一人之天下,乃天下之天下"的民本思想。

文王将田,史编布卜曰:"田于渭阳,将大得焉。非龙非彲,非虎非罴。兆得公侯,天遗汝师,以之佐昌,施及三王。"

文王曰:"兆致是乎?"

史编曰:"编之太祖史畴,为禹占,得皋陶。兆比于此。"

文王乃斋三日,乘田车,驾田马,田于渭阳,卒见太公坐茅以渔。

文王劳而问之,曰:"子乐渔也?"

太公曰:"君子乐得其志,小人乐得其事。今吾渔,甚有似也。"

文王曰:"何谓其有似也?"

太公曰:"钓有三权,禄等以权,死等以权,官等以权。夫钓以求得也,其情深可以观大矣。"

文王曰:"愿闻其情。"

太公曰:"源深而水流,水流而鱼生之,情也。根深而木长,木长而实生之,情也。君子情同而亲合,亲合而事生之,情也。言语应对者,情之饰也;言至情者,事之极也。今臣言至恭不讳,君其恶之乎?"

文王曰："唯仁人能受正谏，不恶至情，何为其然？"

太公曰："缗微饵明，小鱼食之；缗稠饵香，中鱼食之；缗隆饵丰，大鱼食之。夫鱼食其饵，乃牵于缗；人食其禄，乃服于君。故以饵取鱼，鱼可杀；以禄取人，人可竭；以家取国，国可拔；以国取天下，天下可毕。呜呼！曼曼绵绵，其聚必散；嘿嘿昧昧，其光必远。微哉！圣人之德，诱乎独见。乐哉！圣人之虑，各归其次，而立敛焉。"

文王曰："立敛若何，而天下归之？"

太公曰："天下非一人之天下，乃天下之天下也。同天下之利者则得天下，擅天下之利者则失天下。天有时，地有财，能与人共之者，仁也。仁之所在，天下归之。免人之死，解人之难，救人之患，济人之急者，德也。德之所在，天下归之。与人同忧同乐，同好同恶，义也。义之所在，天下赴之。凡人恶死而乐生，好德而归利。能生利者，道也。道之所在，天下归之。"

文王再拜曰："允哉！敢不受天之诏命乎？"乃载与俱归，立为师。

【译文】

周文王将要外出狩猎，史编占得卜兆说："此次在渭河北岸狩猎，将有很大的收获。所得的不是龙，不是螭，不是虎，也不是罴。根据卜兆，您将得到一位公侯之才，是天馈赠给您的老师，辅佐您成就功业，并且还将对您今后三代继承人都有益。"

文王问："兆词是如此吉祥吗？"

史编答道："我的远祖史畴，过去曾为夏禹王占卜，也曾得到过这种兆词，然后禹就得了皋陶这位贤臣。今天所得的兆词和那次非常相似。"

文王于是斋戒三日，然后乘狩猎用的马车，到渭河北岸狩猎，终于遇见了太公姜尚，他正坐在河边的茅草上钓鱼。

文王上前慰劳，说："您十分喜欢钓鱼？"

太公回答说："君子乐于实现他的志向，常人乐于做他愿做的事。现在我钓鱼，道理是和这十分相似的。"

文王说："怎么见得和钓鱼的道理相似呢？"

太公回答说："钓鱼体现了用人的三种权谋：用优厚的俸禄去招纳人才，好像用饵钓鱼一样；用重赏去收买死士，好像用香饵钓鱼一样；用不同的官位授予不同的人才，好像用不同的钓饵钓不同的鱼一样。钓鱼和求贤都是为了有所收获，所以钓鱼的意义十分深奥，从中可以看出大的道理。"

文王说："我愿听您说一下其中的详情。"

太公说："水源深便水流不息，水流不息鱼类才能生存，这是自然的道理。树木的根扎得深就枝繁叶茂，枝叶茂盛就果实累累，这也是自然的道理。君子相处和这个情形相同，君子情投意合就会亲密合作，亲密合作事业就能成功，这也是自然的道理。一般的言语应对，只是表达情感的一种方式；如果能说出真情实话，说明感情已极为深厚了。现在我所说的，都是肺腑之言，没有丝毫忌讳，您听了不会反感吧？"

文王说："凡是有仁德的人都能接受直率的规劝，不会厌恶肺腑之言，您怎么会产生这种想法呢？"

太公说："细小的钓丝和小鱼饵可以钓小鱼；钓丝适中，鱼饵味香可以钓中等的鱼；粗的钓丝和大的鱼饵可以钓大鱼。鱼吃了香饵，就被钓丝牵制；人领了国家的俸禄，就为君主服务。所以用饵钓鱼，鱼可供烹煮食用；用爵禄聘用人，人会竭尽全力为我所用；以家庭为基础去谋取国家，这个国家必定会为你所有；以国家为基础去夺取天下，天下就会被征服。唉！天下的事物，往往表面上长久兴旺，但虚有其表，虽聚集在一起，但终归烟消云散；那默默的不表露于言语，暗暗的不显露于外形，他们的光华却能长久照耀。这个道理是多么精妙啊！圣人的仁德，常是以独特的见解诱导人。多么值得高兴啊！圣人考虑事物，总是希望天下人有合适的归宿，所以制定收揽人心的方法。"

文王又问："怎样收揽人心而使天下归顺呢？"

太公回答说："天下并不是一个人的天下，而是天下人共有的天下。您若能与天下人共同享受利益，就能取得天下；如果独自垄断天下的所有利益，就将失去天下。天有四季推移，地有财富积藏，能和天下人共同分享的，就称为'仁'。'仁'存在的地方，天下人自然前去归顺。免除人们的灾难，解决人们的困难，消除人们的祸患，接济人们的急需，就是最大的恩德。恩德存在的地方，天下人自然归附。和人们共同享受欢乐，共同分担忧愁，好恶相同，就是道义。道义存在的地方，天下人自然归顺。人们都是憎恶死亡而乐于活在这个世界的，喜好仁德并追求利益。能使人民获得一定利益的是王道。王道存在的地方，天下人自然归附。"

文王拜了两次后说："说得对呀！我怎敢不接受上天的旨意呢？"于是，文王就请太公上车一同回到都城，并拜他为师。

盈虚第二

[说明]本篇主要讲述君主治理天下时，要"削心约志"，顺应自然，无为而治，要俭朴、爱民、公平正直，才能赢得民众的支持。所以文章指出："祸福在君，不在天时。"

文王问太公曰："天下熙熙，一盈一虚，一治一乱，所以然者，何也？其君贤不肖不等乎？其天时变化自然乎？"

太公曰："君不肖，则国危而民乱；君贤圣，则国安而民治。祸福在君，不在天时。"

王曰："古之圣贤，可得闻乎？"

太公曰："昔者，帝尧之王天下，上世所谓贤君也。"

文王曰："其治如何？"

太公曰:"帝尧王天下之时,金银珠玉不饰,锦绣文绮不衣,奇怪珍异不视,玩好之器不宝,淫佚之乐不听,宫垣屋室不垩,甍桷椽楹不斫,茅茨遍庭不剪。鹿裘御寒,布衣掩形,粝粱之饭,藜藿之羹。不以役作之故,害民耕织之时,削心约志,从事乎无为。吏忠正奉法者尊其位,廉洁爱人者厚其禄。民有孝慈者爱敬之,尽力农桑者慰勉之。旌别淑慝,表其门闾,平心正节,以法度禁邪伪。所憎者,有功必赏;所爱者,有罪必罚。存养天下鳏寡孤独,振赡祸亡之家。其自奉也甚薄,其赋役也甚寡,故万民富乐而无饥寒之色。百姓戴其君如日月,亲其君如父母。"

文王曰:"大哉! 贤德之君也。"

【译文】

文王问太公:"天下纷杂,有时强盛,有时衰弱,有时安定,有时混乱,为什么会形成这种局面呢? 是因为国君贤与不贤造成的差别,还是因为天时变化自然形成的呢?"

太公回答说:"君主不贤明,则国家危难,民众动乱;君主贤明,则国家安宁,民众各守本分。国家的祸福,在于君主贤明或不贤明,与天时变化无关。"

文王说:"古时候圣贤君主的所作所为,可以讲给我听听吗?"

太公回答说:"从前帝尧治理天下,他就是远古时代所谓的贤明君主。"

文王又问:"他是如何治理国家的呢?"

太公回答说:"帝尧做君王时,不用金银珠宝做装饰品,不穿锦绣绮罗做的衣服,不观赏稀奇珍贵的物品,不珍藏古玩宝器,不听淫靡逸乐的音乐,不粉饰宫廷的墙壁,不去雕饰宫殿的建筑,不修剪庭院的草木。用鹿皮制衣御寒,用布衣遮蔽身体,吃粗糙的米饭,喝藜藿做成的菜羹。不为公家的劳役去耽误农民耕种的季节，抑制自己的欲望，做到无为而治。对于忠诚正直奉公守法的官吏，就提升他的职位；对廉洁爱民的官吏，就增加他的俸禄。对尊老爱幼的，就敬重他；对尽力从事农桑的，就勉励慰问他。区别善恶良莠之人，表彰那些善良的，提倡公正无私有节操，用法律和制度约束邪恶奸伪的人。即使是平时厌恶的人，有了功劳也一定要给以奖赏；平时喜欢的人，如果犯了罪也一定要给予处罚。赡养鳏寡孤独的人，救济遭受天灾人祸的人家。帝尧他自己的生活也很俭朴，向百姓征用的赋税劳役也很少，所以天下富足快乐没有忍饥挨饿的情况。百姓像景仰天上的日月一样爱戴他，像亲近父母一样亲近他。"

文王听了说："伟大呀！帝尧真是一个贤德的君主啊！"

国务第三

[说明]本篇主要论述了治理国家时，一定要明白爱护民众才是"为国之务"。要喜民之所喜，爱民之所爱，与民众同甘共苦，坚决制止危害民众利益的行为，这样，方可"主尊人安"。

文王问太公曰："愿闻为国之务。欲使主尊人安，为之奈何？"

太公曰："爱民而已。"

文王曰："爱民奈何？"

太公曰："利而勿害，成而勿败，生而勿杀，与而勿夺，乐而勿苦，喜而无怒。"

文王曰："敢请释其故。"

太公曰："民不失务则利之，农不失时则成之，省刑罚则生之，薄赋敛则与之，俭宫室台榭则乐之，吏清不苛扰则喜之。民失其务则害之,农失其时则败之,无罪而罚则杀之,重赋敛则夺之,多营宫室台榭以疲民力则苦之,吏浊苛扰则怒之。故善为国者,驭民如父母之爱子,如兄之爱弟,见其饥寒则为之忧,见其劳苦则为之悲。赏罚如加于身,赋敛如取于己。此爱民之道也。”

【译文】

文王问太公说:“我希望听一听治理国家的方略。如果想使君主受到臣民爱戴,百姓安居乐业,应该怎么办?”

太公回答说:“唯有爱护百姓罢了。”

文王又问道:“怎样去爱护百姓呢?”

太公回答说:“要帮助民众发展事业而不损害他们的利益,要让百姓有所成就而不去破坏,要传授给百姓生存的方法而不要随意伤害他们,要多给百姓实惠而不要随意侵夺他们的财物,要让百姓安居乐业不要使他们痛苦,要让百姓高高兴兴而不要让他们心生怨怒。”

文王说:“我冒昧请您解释一下其中的缘由。”

太公回答说:“百姓不失去其事业,就有利可图;农民不误耕种收获的时节,就有收成;减免刑罚,就是保护了他们的生命;减轻赋税,就等于给予了百姓实惠;少建宫室台榭,节省民力,百姓就高兴;官吏清廉,不用苛捐杂税骚扰百姓,百姓就欢喜。相反,百姓失去赖以生存的事业,就等于损害了他们的利益;农民耽误了耕种收获的农时,就等于破坏了他们的事业;民众无罪而惩罚,就等于伤害了他们;加重民众的赋税,就等于夺取了他们的财物;多营建宫室台榭,使民力疲惫,就等于增加他们的困苦;官吏昏庸苛刻,骚扰民众,就等于增加他们的怨怒。所以善于治理国家的君主,管理民众像父母怜爱子女,像兄长爱护弟妹,见其饥寒就为他们忧虑,见其劳苦就为他们伤心。赏罚百姓像赏罚自己一样,征收赋税像取走自己的财物一样。这些都是爱护民众的重要道理。”

大礼第四

[说明]本篇主要讲述君臣之间的礼节,但也谈到作为人君,应当怎样去倾听别人的意见和建议,如何保持帝王威仪,如何洞幽察微。

文王问太公曰:"君臣之礼如何?"

太公曰:"为上唯临,为下唯沉。临而无远,沉而无隐。为上唯周,为下唯定。周则天也,定则地也。或天或地,大礼乃成。"

文王曰:"主位如何?"

太公曰:"安徐而静,柔节先定。善与而不争,虚心平志,待物以正。"

文王曰:"主听如何?"

太公曰:"勿妄而许,勿逆而拒。许之则失守,拒之则闭塞。高山仰止,不可极也;深渊度之,不可测也。神明之德,正静其极。"

文王曰:"主明如何?"

太公曰:"目贵明,耳贵聪,心贵智。以天下之目视,则无不见也;以天下之耳听,则无不闻也;以天下之心虑,则无不知也。辐凑并进,则明不蔽矣。"

【译文】

文王问太公说:"君臣之间的礼节,应当怎样确立才合适?"

太公回答说:"作为君主,应当居高临下统治;作为臣下,应当谦恭驯服。君主居高临下而不疏远臣民,臣民谦恭驯服而不隐瞒下情。作为君主,要普施恩惠;作为臣下,要安分尽职。普施恩惠,要像天空那样覆盖万物;安分尽职,要像大地那样沉稳厚实。君主效法天,臣下效法地,这就构成了君臣间的礼制了。"

文王问:"作为君主,应当怎样居于君位处理政务?"

太公回答说:"君主要安详稳健,待人温和而保持必要的尺度。要善于与臣下协商问题而不固执己见,对人要谦虚不能怀有私念,处理事情要公正而不偏颇。"

文王问:"作为君主,应当怎样听取别人的意见呢?"

太公回答说:"君主不能轻率地接受,也不能立即加以拒绝。轻易地接受容易丧失主见,迎面拒绝就堵塞了臣下进言的途径。君主的气质风度,要像高山一样,使人仰望不能窥见其峰顶;要像深渊一样,使人俯视无法测度其深浅。要养成英明正确的君德,保持公正镇静的准则。"

文王问:"作为君主,如何才能洞察全局呢?"

太公回答说:"眼睛,贵在看清事物;耳朵,贵在能听到消息;心,贵在充满睿智。如果用天下人的眼睛看,就没有看不见的事;用天下人的耳朵去听,就没有听不到的消息;用天下人的心去思考,就没有不知道的事。天下的情况,像辐条集中于车轴一样,从四面八方汇集到君主那儿,君主自然洞察一切而不受蒙蔽了。"

明传第五

[说明]本篇记叙了文王病重之际,召太子发到床前,听太公讲述古代圣贤治理国家的谋略。强调君王要"柔而静,恭而敬,强而弱,忍而刚"。

文王寝疾,召太公望,太子发在侧。"呜呼! 天将弃予。周之社稷,将以属汝。今予欲师至道之言,以明传之子孙。"

太公曰:"王何所问?"

文王曰:"先圣之道,其所止,其所起,可得闻乎?"

太公曰:"见善而怠,时至而疑,知非而处,此三者道之所止也。柔而静,恭而敬,强而弱,忍而刚,此四者,道之所起也。故义胜欲则昌,欲胜义则亡;敬胜怠则吉,怠胜敬则灭。"

【译文】

文王卧病在床,召太公望觐见,太子发正在床边。文王叹息说:"唉!我的病没有好转的迹象,恐怕天将要遗弃我了。周朝的社稷,就托付给您了。现在我想请您讲些安邦济世的至理名言,以便明确地传给子孙。"

太公问:"您想问些什么?"

文王说:"古代圣贤治国理政,从什么时间废止,又从什么时候开始复兴,可以讲给我听听吗?"

太公回答说:"看见了善事不去办反而滋生怠惰的念头,时机到了又犹豫不决,明知不善的事情却泰然处之,这三种情况出现,是先圣治国之道废止的开始。能柔能静严以律己,恭敬谨慎宽以待人,能强能弱处事得当,能忍能刚灵活机动,这四种就是先圣治国之道推行的原因。所以义理胜过私欲,国家必然昌盛;私欲胜过义理,国家必然衰亡;敬慎胜过怠惰,国家就吉祥;怠惰胜过敬慎,国家必定失败。"

六守第六

[说明]本篇论述作为统治者的国君,必须有具备"仁、义、忠、信、勇、谋"六种品德的人才,有农、工、商作为经济支柱,才能"君昌""国安"。

文王问太公曰:"君国主民者,其所以失之者,何也?"

太公曰:"不谨所与也。人君有'六守''三宝'。"

文王曰:"'六守'何也?"

太公曰:"一曰仁,二曰义,三曰忠,四曰信,五曰勇,六曰谋,是谓'六守'。"

文王曰:"谨择六守者何?"

太公曰:"富之而观其无犯,贵之而观其无骄,付之而观其无转,使之而观其无隐,危之而观其无恐,事之而观其无穷。富之而不犯者,仁也;贵之而不骄者,义也;付之而不转者,忠也;使之而不隐者,信也;危之而不恐者,勇也;事之而不穷者,谋也。人君无以三宝借人,借人则君失其威。"

文王曰:"敢问'三宝'。"

太公曰:"大农、大工、大商,谓之'三宝'。农一其乡则谷足,工一其乡则器足,商一其乡则货足。'三宝'各安其处,民乃不虑。无乱其乡,无乱其族。臣无富于君,都无大于国。'六守'长,则君昌;'三宝'全,则国安。"

【译文】

文王问太公:"统治国家和民众的君主,为什么会失掉他的国家和人民的支持呢?"

太公回答说:"这是他挑选帮助处理国事的人才时不谨慎的缘故。凡是作为君主的,必须谨慎地选拔具备'六守'标准的人才,做好'三宝'等重要的工作。"

文王问:"什么是'六守'?"

太公说:"一是仁,二是义,三是忠,四是信,五是勇,六是谋,这就是所谓的'六守'。"

文王又问:"怎样才能谨慎地挑选到具有这六种品德的人呢?"

太公说:"给他以财物,看他是否不逾越礼法;给他以显贵的爵位,观察他是否不骄不傲;委托他以重任,观察他是否坚定不移去完成;命令他去处理事务，观察他是否不隐瞒欺骗；把他送到危险的地方，观察他是否临危不惧；派他去处理事务，观察他是否有应变的才能。富而不逾越礼法的，是仁爱的人；尊贵而不骄傲的，是正派的人；能坚定不移地去完成任务的，是忠实于君主的人；诚诚恳恳办事，丝毫也不隐瞒的，是诚信的人；能够临危不惧的，是勇敢的人；对事务应付裕如的，是有智谋的人。君主不能把处理‘三宝’的权力交给别人，给了别人，君主就会丧失权威。”

文王问道：“请问什么是‘三宝’？”

太公说：“‘三宝’就是大农、大工、大商。把农民组织起来，聚居在一处，互助耕耘，粮食自然充足；让工匠聚居在一处，工具交流使用，器用自然充足；让商人聚居在一处，互通有无，货物自然充足。三种行业的人安居乐业，民众便不会有忧虑了。不要打乱这种经济分工，不要破坏民众的家族组织。臣下不能比国君富有，都邑不能比国都范围大。具有‘六守’品德的贤才多，国君的事业就昌盛；‘三宝’这种经济制度完备，国力就充足，国家便可以长治久安了。”

守土第七

[说明]本篇论述守卫国家疆土的策略。但本文不是从军事角度，而是从国君治理国家的角度来看其与长治久安的关系。文章强调了睦邻友好、富国富民、广施仁惠的重要性。

文王问太公曰：“守土奈何？”

太公曰：“无疏其亲，无怠其众，抚其左右，御其四旁。无借人国柄，借人国柄，则失其权。无掘壑而附丘，无舍本而治末。日中必彗，操刀必割，执斧必伐。日中不彗，是谓失时；操刀不割，失利之期；执斧不伐，贼人将来。涓涓不塞，将为江河；荧荧不救，炎炎奈何；两叶不去，将用斧柯。是故人君必从事于富，不富无以为仁,不施无以合亲。疏其亲则害,失其众则败。无借人利器,借人利器则为人所害,而不终于世。"

文王曰:"何谓仁义?"

太公曰:"敬其众,合其亲。敬其众则和,合其亲则喜,是谓仁义之纪。无使人夺汝威,因其明,顺其常。顺者,任之以德;逆者,绝之以力。敬之勿疑,天下和服。"

【译文】

文王问太公说:"怎样守卫国土呢?"

太公回答说:"不要疏远宗亲,不要怠慢了天下的民众,要安抚左右近臣,要控制驾驭四方的人才。不要把治理国家的权力交到别人手中,把治理国家的权力交给别人,国君就会失去权威。不要损下益上,让权贵拥有更大的权力,这正如掘壑附丘;不要舍本求末,放弃农桑,从事技巧,忘记本国的根本。太阳在正午时,正是晒东西的良机;手中握有利刀,正是分割物品的良机;手中持斧时,正是攻伐的良机。所以,太阳当顶时不晒东西,就是丧失时机;操刀不割,就是失去了有利的时机;执斧不去攻伐,就会反被敌人所害。细小的水流不堵塞,将会汇成江河;小小的火星不扑灭,将会燃成冲天大火;两片细弱的芽胞不摘除,长大后就要用斧头去砍伐。所以君主一定要让国家富裕,国家不富裕也就谈不上行仁政,没有仁政就无法团结宗亲。疏远宗亲,就会遭受损害;人心背离,国家就会败亡。不要将统御国家的权力交给别人,大权旁落,将会反受其害,导致身死国亡。"

文王问:"怎样才能称得上是'仁义'呢?"

太公回答说:"所谓仁义就是尊重民意,团结宗亲。尊重民意就能得到人民拥护,团结宗亲就能得到他们爱戴,这就是施行仁义的准则。不要让人削弱了你的权威,要依据自己的明察顺着常理行事。对于顺从的人,要信任他并给以恩惠;对于抗拒不从的人,要用武力消灭他。如能没有疑虑地遵循上述原则,天下人就会拥护顺从了。"

守国第八

[说明]本篇讲叙稳定国家政权的方法。太公认为,人君应将遵循自然规律作为治理国家的普遍准则。

文王问太公曰:"守国奈何?"

太公曰:"斋,将语君天地之经,四时所生,仁圣之道,民机之情。"

王斋七日,北面再拜而问之。

太公曰:"天生四时,地生万物,天下有民,圣人牧之。故春道生,万物荣;夏道长,万物成;秋道敛,万物盈;冬道藏,万物静。盈则藏,藏则复起,莫知所终,莫知所始。圣人配之,以为天地经纪。故天下治,仁圣藏;天下乱,仁圣昌。至道其然也。

"圣人之在天地间也,其宝固大矣。因其常而视之,则民安。夫民动而为机,机动而得失争矣。故发之以其阴,会之以其阳。为之先唱,而天下和之。极反其常,莫进而争,莫退而逊。守国如此,与天地同光。"

【译文】

文王问太公说:"怎样保卫国家呢?"

太公回答说:"请先去斋戒,然后我将告诉您天地变化的常法,四季化生万物的规律,圣人治国的道理,民心转变的原因。"

文王沐浴斋戒了七天,恭敬地朝着北面拜了两次,才去向太公请教。

太公说:"天生四季,地生万物,普天下的民众,都由圣人做君主来治理。所以春天主要是种植,万物欣欣向荣;夏天主要是成长,万物繁荣茂盛;秋天主要是收获,万物都饱满成熟;冬天主要是储藏,万物都潜伏不动。万物成熟就要储藏,储藏到了春天,就又开始播种生长,四时变化循环往复,是没有起点也没有终点的。圣人参照这个自然规律,作为治理天下的原则。所以,天下太平时,仁人圣主的功劳就显露不出来;天下动乱时,仁人圣主纷纷出来恢复秩序,拯救百姓。这就是天地运行必然的规律。

"所以圣人在天地之间,作用至关重要。圣人按照常理教育百姓,使百姓安居乐业。如果民心不安,动乱就会发生,动乱一旦发生,天下就会产生得失之争了。所以,圣人会秘密地发展力量,公开地以其德政凝聚人心。只要举起除暴安民的旗帜,就能得到天下人的响应。等到形势恢复到正常状态时,既不要争夺功劳,也不要退让逊位。这样守卫国家,威望与功绩就会与天地长在。"

上贤第九

[说明]本篇论述了如何选拔和使用人才的问题。分析了损害国家和国君利益的"六贼""七害"两种情形。指出了国君如何针对不利情况采取对策。

文王问太公曰:"王人者何上何下? 何取何去? 何禁何止?"

太公曰:"上贤下不肖,取诚信,去诈伪,禁暴乱,止奢侈。故王人者有'六贼''七害'。"

文王曰:"愿闻其道。"

太公曰:"夫'六贼'者:一曰臣有大作宫室池榭,游观倡乐者,伤王之德;二曰民有不事农桑,任气游侠,犯历法禁,不从吏教者,伤王之化;三曰臣有结朋党,蔽贤智,障主明者,伤王之权;四曰士有抗志高节,以为气势,外交诸侯,不重其主者,伤王之威;五曰臣有轻爵位,贱有司,羞为上犯难者,伤功臣之劳;六曰强宗侵夺,陵侮贫弱,伤庶人之业。

"七害者:一曰无智略权谋,而重赏尊爵之故,强勇轻战,侥幸于外,王者谨勿使为将;二曰有名无实,出入异言,掩善扬恶,进退为巧,王者谨勿与谋;三曰朴其身躬,恶其衣服,语无为以求名,言无欲以求利,此伪人也,王者谨勿近;四曰奇其冠带,伟其衣服,博闻辩辞,虚论高议,以为容美,穷居静处,而诽时俗,此奸人也,王者谨勿宠;五曰谗佞苟得,以求官爵,果敢轻死,以贪禄秩,不图大事,贪利而动,以高谈虚论说于人主,王者谨勿使;六曰为雕文刻镂,技巧华饰,而伤农事,王者必禁之;七曰伪方异技,巫蛊左道,不祥之言,幻惑良民,王者必止之。

"故民不尽力,非吾民也;士不诚信,非吾士也;臣不忠谏,非吾臣也;吏不平洁爱人,非吾吏也;相不能富国强兵,调和阴阳,以安万乘之主,正群臣,定名实,明赏罚,乐万民,非吾相也。

"夫王者之道,如龙首,高居而远望,深视而审听,示其形,隐其情。若天之高,不可极也;若渊之深,不可测也。故可怒而不怒,奸臣乃作;可杀而不杀,大贼乃发;兵势不行,敌国乃强。"

文王曰:"善哉。"

【译文】

文王问太公说:"作为君主,应当提拔何种人? 贬抑何种人? 任用何种人? 除去何种人? 应严禁何种行为? 制止何种举动呢?"

太公回答说:"应当推崇德才兼备的人,抑制无德无才的人,使用诚恳守信的人,除去奸诈虚伪的人,严禁暴乱的行为,制止奢侈的风气。所以君主用人的时候,应当警惕'六贼''七害'两种不利的情况。"

文王回答说："我希望听听有关'六贼''七害'的情况。"

太公说："我所说的'六贼'，一是臣下有大规模营建宫室亭池台榭，专供游玩观赏、歌舞行乐的，就会损害君主的德政；二是百姓中有不从事农桑，任性使气、游手好闲，多次违法，不服从官吏管教的，就会损害君主的教化；三是臣下有交结朋党，排挤贤智人才，蒙蔽君主耳目的，就会损害君主的权威；四是士人中有自负清高，气焰嚣张，里通外国，不尊重君主的，就会损害君主的威严；五是群臣中有轻视爵位，藐视官吏，不愿意为君主排忧解难的，就会打击功臣的积极性；六是强宗大族有互相侵夺，并且欺凌贫弱的，就会损害民众的生计。

"所谓'七害'，一是无智略权谋的人，为了获得很高的爵位和重赏，因此恃勇逞强，轻视战略战术的运用，企图侥幸取胜立功，君主切勿用这种人做将领；二是徒有虚名而无实际才能，当面一套背后一套，掩盖他人的善事，宣扬他人的恶处，专门投机取巧的人，君主一定要慎重和这种人共谋大事；三是外表朴素，衣服简单，开口说'无为''无欲'，实际上追名逐利的，这是虚伪的人，君主不要与这种人亲近；四是穿戴奇装异服，能言善辩，夸夸其谈显示自己博学多才，但居于僻静之地时诽谤现实的，这是奸诈的人，君主不要轻易宠信这种人；五是谄媚逢迎，不择手段求得官爵，鲁莽急躁，冒死行事，贪求更多俸禄，不顾全大局，为小利盲目行动，高谈阔论取悦人主的人，君主不能轻易委任职务给这种人；六是专门从事雕文刻镂，制造豪华奢侈的工艺品，而妨害农业生产的人，君主必须禁止这种人的行为；七是用虚假的丹方，诡异的邪术，以及用巫蛊左道、符咒妖言去迷惑善良的民众的人，君主必须对他们的活动加以禁止。

"所以民众不能尽力去务农的，就不是好民众；士人不能诚恳守信的，就不是好的士人；臣僚不能如实地提意见的，就不是好的臣属；官吏不能公正廉洁爱护民众的，就不是好官吏；宰辅不能富国强兵，妥善处理各方利益，确保君主权力稳固，群臣纲纪严明，名实相符，赏罚得当，使万民安居乐业的，就不是好的宰辅。

"做君主的应像神龙的头一样，居于高处，看得很远，又能看得很深，做到高瞻远瞩、洞幽察微,审慎地听取各方意见,仪表威严,表情隐而不露。让人觉得他像高高的天空,无法达到顶点;像无底的深渊,无法测度。所以作为君主,应该斥责的不加以斥责,奸臣就会兴风作浪;当杀的而不杀,大贼就会作乱;应当讨伐的不去讨伐,敌国就会强盛到难以抗衡。"

文王说:"说得很好啊!"

举贤第十

[说明]本篇谈的是如何选拔贤才的问题。太公指出,造成真才实学者不得用的原因有两点,一是叶公好龙式地对待贤才,二是所谓的贤才是结党营私、拉帮结派的结果。

文王问太公曰:"君务举贤,而不能获其功。世乱愈甚,以致危亡者,何也?"

太公曰:"举贤而不用,是有举贤之名,而无用贤之实也。"

文王曰:"其失安在?"

太公曰:"其失在君好用世俗之所誉,而不得其贤也。"

文王曰:"何如?"

太公曰:"君以世俗之所誉者为贤,以世俗之所毁者为不肖,则多党者进,少党者退。若是,则群邪比周而蔽贤,忠臣死于无罪,奸臣以虚誉取爵位,是以世乱愈甚,则国不免于危亡。"

文王曰:"举贤奈何?"

太公曰:"将相分职,而各以官名举人。按名督实,选才考能,令实当其名,名当其实,则得举贤之道也。"

【译文】

文王问太公说："君主希望招揽天下贤才,但往往又收不到实效。世局越来越混乱,甚至要陷于危亡的境地,这是什么原因呢?"

太会回答说："选拔出来贤才却不加以任用,是空有举贤的虚名而没有用贤的实际行动。"

文王说："究竟错在什么地方?"

太公回答说："错在君主喜欢任用世俗所称誉的人,却得不到真正的贤才。"

文王又问："为什么呢?"

太公说："君主把世俗所称誉的人当作贤才,把世俗所诋毁的人当作不肖,那么拉帮结派的人被选用,缺少朋党的人就被排挤。这样,那些奸邪小人就会结党营私,导致贤臣被埋没,忠臣本没有什么罪过却因诬陷被置于死地,奸臣用虚假的荣誉骗取爵位,因此时势愈加混乱,国家就难以避免陷于危亡的境地。"

文王问："那怎样举荐贤人呢?"

太公说："将领和宰辅分别举荐,根据所需要的官职选拔贤能。按照各种职位所需要的条件考核在职人员,甄别才智的高低,考查其能力的大小,使其名副其实,这就掌握了举用贤人的原则与方法了。"

赏罚第十一

[说明]本篇谈赏罚的原则以及赏罚的重大影响。

文王问太公曰："赏所以存劝,罚所以示惩。吾欲赏一以劝百,罚一以惩众,为之奈何?"

太公曰："凡用赏者贵信,用罚者贵必。赏信罚必于耳目之所闻见,则所不闻见者,莫不阴化矣。夫诚,畅于天地,通于神明,而况于人乎?"

【译文】

文王问太公说:"奖赏是用来鼓励好人好事的,惩罚是用来警戒坏人坏事的。我现在想奖赏一人达到鼓励百人的效果,惩罚一人达到警戒众人的效果,你看怎么办好?"

太公回答说:"凡是奖赏贵在守信,惩罚贵在有令必行。在看得见听得到的范围内实行赏必信、罚必行,那么在看不见听不到的地方,人们的行为也受到潜移默化的影响。诚信在天地间充溢流动,上达于神明,何况对一般人呢?"

兵道第十二

[说明]本篇谈用兵的方法。文章强调了军队指挥权的集中与统一问题,还谈到了敌我双方在势均力敌的情况下如何克敌制胜。

武王问太公曰:"兵道如何?"

太公曰:"凡兵之道,莫过乎一。一者能独往独来。黄帝曰:'一者阶于道,几于神。'用之在于机,显之在于势,成之在于君。故圣王号兵为凶器,不得已而用之。今商王知存而不知亡,知乐而不知殃。夫存者非存,在于虑亡;乐者非乐,在于虑殃。今王已虑其源,岂忧其流乎?"

武王曰:"两军相遇,彼不可来,此不可往,各设固备,未敢先发,我欲袭之,不得其利,为之奈何?"

太公曰:"外乱而内整,示饥而实饱,内精而外钝。一合一离,一聚一散。阴其谋,密其机,高其垒,伏其锐士,寂若无声,敌不知我所备。欲其西，袭其东。"

武王曰："敌知我情，通我谋，为之奈何？"

太公曰："兵胜之术，密察敌人之机，而速乘其利，复疾击其不意。"

【译文】

武王问太公说："用兵有什么规律吗？"

太公说："用兵的原则，没有比集中统一更重要的。集中统一才能所向无敌，自由而不受牵制。黄帝说：'集中统一，基本符合用兵的规律，几乎能用兵如神。'用兵在于掌握战机，集中显示兵力在于形成优势，成功在于君主信任而不加以牵制。所以古代圣王把战争称为凶器，万不得已才发动战争。现在商纣王只知道国家还存在，不知道它将要灭亡；只知道寻欢作乐，不知道面临祸殃。国家能否长久存在，在于能否居安思危；乐者能否长久安乐，在于能否乐不忘忧。现在您已经考虑到国家长治久安的根本问题，又何必担忧细枝末节的问题呢！"

武王说："如果敌我两军相遇，敌人不能向我这边进攻，我也不能向敌人进攻，双方都有坚固的守备工事，没有一方敢率先发动进攻，现在我想袭击敌人，但是并不具备有利的条件，这时该怎么办呢？"

太公回答说："要示敌以假象，做到我军表面混乱而实际上内部整齐严谨；表面忍饥挨饿而实际上储备充足；表面看武器装备粗钝而实际上十分精良。让队伍故意忽合忽离，士卒忽聚忽散。隐瞒我的作战计划，保守行动秘密，加高壁垒，埋伏精锐将士，静肃无声，使敌人不知我所做的准备。计划攻打敌人西边，但要佯装袭击它的东边。"

武王说："敌人如已掌握我军的情况，了解我军的作战计划，那该怎么办？"

太公说："军队战胜敌人的关键，在于周密地掌握敌情，迅速抓住有利时机，出其不意地快速发动攻击。"

卷第二武韬

发启第十三

[说明] 发启，开发启迪的意思。本篇讲述文王向太公请教如何吊民伐罪、取得天下的策略。太公指出：首先是君王要"修德"，要讲究策略，贵在"大智不智"；其次要爱民，"无取于民"；最后是等到商朝国内发生内乱时再行动。本篇强调了"天下者，非一人之天下，乃天下之天下"的重要观点。

文王在酆，召太公曰："呜呼！商王虐极，罪杀不辜。公尚助予忧民，如何？"

太公曰："王其修德，以下贤惠民，以观天道。天道无殃，不可先倡；人道无灾，不可先谋。必见天殃，又见人灾，乃可以谋。必见其阳，又见其阴，乃知其心；必见其外，又见其内，乃知其意；必见其疏，又见其亲，乃知其情。

"行其道，道可致也；从其门，门可入也；立其礼，礼可成也；争其强，强可胜也。全胜不斗，大兵无创，与鬼神通。微哉微哉！与人同病相救，同情相成，同恶相助，同好相趋。故无甲兵而胜，无冲机而攻，无沟堑而守。

"大智不智，大谋不谋，大勇不勇，大利不利。利天下者，天下启之；害天下者，天下闭之。天下者，非一人之天下，乃天下之天下也。取天下者，若逐野兽，而天下皆有分肉之心。若同舟而济，济则皆同其利，败则皆同其害。然则皆有以启之，无有闭之也。

"无取于民者,取民者也。无取民者,民利之。无取国者,国利之。无取天下者,天下利之。故道在不可见,事在不可闻,胜在不可知。微哉微哉！鸷鸟将击,卑飞敛翼;猛兽将搏,弭耳俯伏;圣人将动,必有愚色。

"今彼有商,众口相惑,纷纷渺渺,好色无极,此亡国之征也。吾观其野,草菅胜谷;吾观其众,邪曲胜直;吾观其吏,暴虐残疾。败法乱刑,上下不觉。此亡国之时也。

"大明发而万物皆照,大义发而万物皆利,大兵发而万物皆服。大哉！圣人之德,独闻独见,乐哉。"

【译文】

文王在国都酆邑召见太公望,他说:"唉,商纣王现在残暴到了极点,杀害了许多无辜的百姓。您帮助我考虑如何救助天下的百姓,应该怎么办好?"

太公回答说:"君王首先要修德,礼贤下士,施惠百姓,观察天道与人事的向背。如果天道没有降下灾害的征兆,不能先去倡导诛伐暴行;人事没有祸乱的时候,不能先谋划出动军队。一定要看见上天降下了祸殃,又看见发生了人祸时,才能进一步谋划攻伐。一定既要看到他们公开的言行,又看到他们背地里的秘密活动,方可知道他们的心思;一定既要看到他们外在的行动,又看到他们的内心世界,才能知道他们的的意图;一定既要看到他们疏远什么人,又看到他们在亲近什么人,才能知道他们的真实情况。

"坚守正道,执行吊民伐罪的政治主张就可取得成功;按照统一天下的政治路线前进,统一的目的就可达到;顺应民意以建立军队和国家的制度,新的制度就能建立起来;决心与敌人争强,就能战胜强大的敌人。战争取得全胜不一定非要经过战斗,强大的军队使敌人屈服而自身没有伤亡,其境界与鬼神相通。微妙啊微妙!人与人之间如果同病就能互相救援,同心情就能互相成全,同憎恶就能互相帮助,同爱好就能互相靠近。所以就算没有军队也能取胜,没有冲车、机弩也能进攻,没有沟垒也能坚固防守。

"有大智慧的人不夸耀他的智慧,有远谋的人不暴露他的谋划,有大勇的人不只凭血气之勇,图大利的人不只顾眼前的利益。为天下谋利益的人,天下的人都欢迎他;危害天下的人,天下人都反对他。天下并不是某一个人的天下,乃是天下人共有的天下。想要获得天下的人,就像猎取野兽一样,天下人都有分肉而食的心理。就好像同船渡河一样,能渡过去大家就能达到共同的目的,渡不过去大家都会受害。与天下同利害,这样天下人都只有欢迎他的理由而不会拒绝了。

"人君不从民众那儿夺取什么,其实从民众那儿获取了最大的利益。没有从民众那儿夺取利益,但得到了民众的拥护。不掠夺别国的利益,可以获得别国的拥护。不掠夺天下的利益的,可以取得天下人的拥护。这些取胜方法的神妙之处,是在于众人无法察觉,事情秘密得让众人视而不见,胜利巧妙得众人全不知情。微妙呀微妙!凶猛的鸟儿将要攻击猎物之前,必先收敛双翼低低地飞行;凶猛的野兽将要捕捉猎物之前,必定先垂耳伏地;圣人将要行动之前,必定先显示出愚笨的样子。

"现在商纣王听信奸佞的言论,朝政紊乱,贪得无厌,荒淫无度,这是国家要灭亡的征兆。我观察他们的田野,野草盖过了禾苗;我观察他们的群臣,奸邪的多于忠直的;我观察他们的官吏,暴虐无端,残杀百姓。破坏法治,乱施酷刑,而上下却没有人认识到这种危害。这是亡国的时候到了。

"太阳的光辉普照着万物,正义的行动对万民有利,大军出动,就能使天下降服。伟大呀,圣人的仁德,有独到的见解,先知先觉,这是圣人享受的欢乐。"

文启第十四

[说明]文启，用文德启迪民众的意思。本篇中，强调君王要顺应自然规律，采取无为而治的施政策略，让民众休养生息，然后"天无为而成事，民无与而自富"。

文王问太公曰："圣人何守？"

太公曰："何忧何啬，万物皆得；何啬何忧，万物皆遒。政之所施，莫知其化；时之所在，莫知其移。圣人守此而万物化，何穷之有，终而复始。优而游之，展转求之；求而得之，不可不藏；既以藏之，不可不行；既以行之，勿复明之。夫天地不自明，故能长生；圣人不自明，故能名彰。

"古之圣人，聚人而为家，聚家而为国，聚国而为天下。分封贤人，以为万国，命之曰'大纪'。陈其政教，顺其民俗，群曲化直，变于形容。万国不通，各乐其所，人爱其上，命之曰'大定'。呜呼！圣人务静之，贤人务正之，愚人不能正，故与人争。上劳则刑繁，刑繁则民忧，民忧则流亡。上下不安其生，累世不休，命之曰'大失'。

"天下之人如流水，障之则止，启之则行，静之则清。呜呼，神哉！圣人见其始，则知其终。"

文王曰："静之奈何？"

太公曰："天有常形，民有常生，与天下共其生，而天下静矣。太上因之，其次化之。夫民化而从政，是以天无为而成事，民无与而自富，此圣人之德也。"

文王曰：“公言乃协予怀，夙夜念之不忘，以用为常。”

【译文】

文王问太公说：“圣人治理天下，应当遵循何种原则？”

太公回答说：“圣人不需去忧虑什么，也不必去吝惜什么，万物自然各得其所；不需吝惜，也不必忧虑，万物自然生长繁荣。实行政令，要让人不知不觉受到教化，就像时间不知不觉在推移。圣人遵循无为而治的原则，万物潜移默化受到影响，也像四季推移一样，周而复始，永无穷尽。从容优游、无为而治的治国思想，君主必须反复探索；既然已经探索到了，那就要深藏在心中；既然已经存于心中，那就不能不在政治上去实行；既已实行了，就一定不要四处宣扬。天地不自我宣扬造化的功劳，所以万物自然生长；圣人不自我宣扬无为而治，所以名誉四处传扬。

“古时候的圣人，将人聚集到一起组成家庭，将家庭聚集到一起组成国家，将国家聚集到一起组成天下。分封贤人为各国的诸侯，把这种制度叫作‘大纪’。然后实行政治教化，顺应原有的风俗，改变原来落后的习惯，使百姓神色举止有所改变，形成健康的风气。虽然各个国家的风俗不一致，但民众乐得其所，爱戴君上，这可以叫作‘大定’。唉！圣人务求无为而治治理天下，贤人务求以身作则用正确的方法引导民众，愚君既不能正己又不能正人，只好与民相争。君主政令繁多，役使百姓便使用多种刑罚，刑罚多百姓便忧惧，百姓忧惧便流散逃亡。上下不能安生，长期动乱不休，这叫作‘大失’。

“天下百姓的向背如同流水一样，阻塞它就停滞不前，打开闸门便汩汩而流，不搅动它就保持清澈。唉，人心的向背，真是神妙莫测！唯有圣人见到这种局面的开始，就能知道这种局面的结局。”

文王又问：“圣人寻求天下太平无事，有什么良策吗？”

太公回答说：“天有亘古不变的运行轨道，百姓有四季轮回的生活规律，人君能和百姓共同遵守休养生息的规律，天下自然平安无事了。最好的政治是顺应人心来治理国家，其次用教化使百姓受到感化。民众潜移默化而服从政令,所以上天没有什么作为却能使万物生长,没有给予百姓什么,百姓却都自然富足,这就是圣人的德政啊!"

文王说:"您的话正和我想的一样,我当早晚铭记在心,作为治国的原则。"

文伐第十五

[说明]文伐,指不用武力而用谋略战胜敌国的意思。本篇中,作者指出了文伐的十二种具体方法。其中强调了要"上察天,下察地""苟能因之,必能去之"。

文王问太公曰:"文伐之法奈何?"

太公曰:"凡文伐有十二节。一曰因其所喜,以顺其志,彼将生骄,必有奸事。苟能因之,必能去之。二曰亲其所爱,以分其威。一人两心,其中必衰。廷无忠臣,社稷必危。三曰阴赂左右,得情甚深。身内情外,国将生害。四曰辅其淫乐,以广其志,厚赂珠玉,娱以美人。卑辞委听,顺命而合。彼将不争,奸节乃定。五曰严其忠臣,而薄其赂。稽留其使,勿听其事。亟为置代,遗以诚事,亲而信之,其君将复合之。苟能严之,国乃可谋。六曰收其内,间其外,才臣外相,敌国内侵,国鲜不亡。七曰欲锢其心,必厚赂之,收其左右忠爱,阴示以利,令之轻业,而蓄积空虚。八曰赂以重宝,因与之谋,谋而利之,利之必信,是谓重亲。重亲之积,必为我用。有国而外,其地必败。九曰尊之以名,无难其身,示以大势,从之必信。致其大尊,先为之荣,微饰圣人,国乃大偷。十曰下之必信,以得其情,承意应事,如与同生。既以得之,乃微收之,时及将至,若天丧之。十一曰塞之以道。人臣无不重贵与富,恶危与咎,阴示大尊,而微输重宝,收其豪杰。内积甚厚,而外为之。阴内智士,使图其计。纳勇士,使高其气。富贵甚足,而常有繁滋。徒党已具,是谓塞之。有国而塞,安能有国? 十二曰养其乱臣以迷之,进美女淫声以惑之,遗良犬马以劳之,时与大势以诱之,上察而与天下图之。十二节备,乃成武事。所谓上察天,下察地,征已见,乃伐之。”

【译文】

文王问太公说:“凭借文事打击敌人的方法该怎样运用?”

太公回答说:“用文事打击敌人的方法有十二种。一是根据敌国君主的喜好,顺从他的愿望,他将会产生骄傲自满的思想,必定任意为非作歹。如果我能因势利导,就一定可以除掉他。二是亲近敌国君主宠爱的近臣,借此消除敌国对我的戒备与敌意。敌国近臣怀有二心,其忠诚度必然降低。敌国朝中没有了忠臣,这个国家必将陷于危亡的境地。三是贿赂敌国君主左右近臣,与他们建立深厚情谊。那些人虽然身在国内但心向着国外,这个国家必将遭受祸殃。四是用淫靡的音乐,助长他享乐的欲望,送给他贵重的珠宝玉器,赠送美女讨好他。用谦卑动听的语言奉承,听从他的安排,顺从他的命令,满足他的要求。这样,敌人会丧失斗志,在罪恶的道路上越走越远。五是尊敬敌国的忠臣,少送礼物贿赂他们。留下敌派来的使臣,有意拖延时间不急于交涉。极力促使敌国改派别的使者,向他表示诚意,让后来的使者亲近我相信我,敌国君主将再次派他出使。如能这样用不同的方法对待敌国的忠臣和奸臣,就可以谋划如何战胜它了。六是收买敌国君主左右的人,离间他在外的大臣,使有才干的大臣帮助外国,这时,如果再有别国去攻打这个国家,这样的国家很少有不灭亡的。七是用厚重的礼物贿赂敌国君主,让他对我深信不疑,收买他左右最信任的大臣,私下给他们好处,让他们忽视生产,使国家的储藏空虚。八是赠送敌国君主贵重的宝物,并与他共同谋取别的国家,让他相信这样做对他有利,这样,他必定相信我们,成为关系最密切的同盟。有了这样密切的关系,敌国一定可以为我所用。这种被别的国家利用的国家,一定会灭亡。九是用无比崇高的称呼颂扬敌国的君主,不要让他感到有什么不妥之处,给他势倾天下的错觉,恭恭敬敬地顺从他。以崇高的名位尊崇他,夸耀他无上的功绩、与圣人一样的德行,让他自尊自大,这样,这个国家一定会因他的懈怠而废弛。十是放低身段对敌国君主表示恭顺,取得他的信任和友情,顺从他的意图去办事,友好得如同亲生兄弟。既然已经取得他的信任,就进一步巧妙地控制他,等到时机到来,这个国家就会像天要灭掉他一样自然灭亡。十一是用合适的方法阻塞敌国君主耳目。凡是大臣没有不重视富贵而厌恶危难与灾祸的,那么就私下许诺给他尊贵的待遇,秘密送给他大量贵重的宝物,贿赂并收买敌国的豪杰。国内积蓄很多,但表面上要装着穷困。秘密地延聘有才智的人策划战胜敌国的谋略。招纳勇士,使他们士气高昂。要满足他们希望荣华富贵的愿望,让他们结成帮派,壮大队伍,聚集力量。这样做就会遮蔽敌国君主的视听。敌国君主的耳目闭塞,还怎能保住他的国家呢!十二是豢养搅乱敌国的佞臣,用来迷惑敌君的心智;赠送美女淫声,惑乱其君主的意志;赠送良犬骏马,让他沉迷在游猎中身心疲劳;经常用虚假的形势让他感到高枕无忧,然后寻找有利时机,和天下人共同谋划夺取他的国家。以上十二种文伐方法如果配合运用,就能进一步采取军事行动了。所谓上察天时,下察地利,等到各种有利的征候已经很明显了,就可以兴兵讨伐它了。"

顺启第十六

[说明]本篇论述如何顺应民意,及夺取天下和治理天下的根本原则。

文王问太公曰:"何如而可为天下?"

太公曰："大盖天下,然后能容天下;信盖天下,然后能约天下;仁盖天下,然后能怀天下;恩盖天下,然后能保天下;权盖天下,然后能不失天下。事而不疑,则天运不能移,时变不能迁。此六者备,然后可以为天下政。

"故利天下者,天下启之;害天下者,天下闭之;生天下者,天下德之;杀天下者,天下贼之;彻天下者,天下通之;穷天下者,天下仇之;安天下者,天下恃之;危天下者,天下灾之。天下者非一人之天下,唯有道者处之。"

【译文】

文王问太公说:"怎样做才可以治理好天下呢?"

太公回答说:"度量盖过天下,然后才能包容天下;诚信盖过天下,然后才能约束天下;仁德盖过天下,然后才能怀服天下;恩惠盖过天下,然后才能保有天下;权力盖过天下,然后才能不失掉天下。遇事能当机立断而不犹疑,那么天命的变化、时势的变迁都不能有所改变。这六个方面条件都具备了,然后就可以治理天下了。

"为天下人谋利益的,天下人就会拥护他;祸害天下人的,天下人就反对他;能使天下人生存下去的,天下人将称颂他的恩德;使天下陷入杀戮之中的,天下人将灭掉他;能理解天下人意愿的,天下人就归顺他;造成天下人穷困的,天下人就仇视他;能使天下人安居乐业的,天下人就依靠他;使天下人遭受危难的,天下人就逃离他。天下不是一个人的天下,只有有道德的人才能久处君位。"

三疑第十七

[说明]本篇主要论述攻击强敌、离间敌人、瓦解敌人的策略。

武王问太公曰:"予欲立功,有三疑:恐力不能攻强、离亲、散众,为之奈何?"

太公曰:"因之,慎谋,用财。夫攻强,必养之使强,益之使张。太强必折,太张必缺。攻强以强,离亲以亲,散众以众。

"凡谋之道,周密为宝。设之以事,玩之以利,争心必起。欲离其亲,因其所爱,与其宠人。与之所欲,示之所利,因以疏之,无使得志。彼贪利甚喜,遗疑乃止。

"凡攻之道,必先塞其明,而后攻其强,毁其大,除民之害。淫之以色,啖之以利,养之以味,娱之以乐。既离其亲,必使远民。勿使知谋,扶而纳之,莫觉其意,然后可成。

"惠施于民,必无爱财。民如牛马,数喂食之,从而爱之。心以启智,智以启财,财以启众,众以启贤,贤之有启,以王天下。"

【译文】

武王问太公说:"我想建功立业,但我有以下三方面疑问:担心我的兵力不足不能进攻强大的敌国、不能离间敌人的亲信、不能瓦解敌人的军队,对此您看该怎么办好?"

太公说:"一是要因势利导,二是要周密计划,三是要适当地使用财力。攻取强大敌人,一定要助长他使他恃强使横,怂恿他使他更加狂妄自大。气势太强盛的必定遭受挫折,太张狂的必致失误。所以,要进攻强大的敌人，一定要助长他的狂妄；要离间敌人的亲信，一定要先收买他的亲信；要瓦解敌人军队，一定要先收揽敌国的民心。

"凡是谋划计策，以周密最为重要。许给敌人一些好处，给予敌人一些利益，让他们互相争夺。要想离间敌国君主的亲信，要从他所宠信的大臣开始。赠送他们喜爱的物品，许诺他们丰厚的利益，利用他们散播流言，播弄是非，使敌国君主疏远忠臣，让他们不能得志。那些宠臣则因为得到我们给予的厚利喜不自禁，心中留存的对我的怀疑也就消失了。

"凡是攻击强大的敌人时，必须先遮蔽敌国君主的耳目，然后才能伺机进攻他强大的军队，摧毁他庞大的国家，达到为民除害的目的。具体的方法是，用女色腐蚀他，用厚利引诱他，用美味滋养他，用淫乐迷乱他。既离间了他的亲信，又使他远离了民众。不能让他知道这是我们的计谋，这样诱导敌人不知不觉堕入我们的圈套，然后攻击强敌的愿望就可实现了。

"施恩惠于天下百姓，一定不能吝惜财物。老百姓像牛马一样，经常喂养它们，它就会跟随并亲近主人。只要细心思考认真研究就可以启迪思路，产生智慧，智慧可以开启财富，财富可以招致民众，民众中就会涌现贤人，大批贤才涌现，就可以辅佐君主一统天下。"

卷第三龙韬

王翼第十八

[说明]王翼,君王羽翼的意思。本篇强调了战争中参谋人员、后勤管理人员的作用。

武王问太公曰:"王者帅师,必有股肱羽翼,以成威神,为之奈何?"

太公曰:"凡举兵师,以将为命。命在通达,不守一术。因能授职,各取所长,随时变化,以为纲纪。故将有股肱羽翼七十二人,以应天道。备数如法,审知命理,殊能异技,万事毕矣。"

武王曰:"请问其目?"

太公曰:"腹心一人:主潜谋应卒,揆天消变,总揽计谋,保全民命。谋士五人:主图安危,虑未萌,论行能,明赏罚,授官位,决嫌疑,定可否。天文三人:主司星历,候风气,推时日,考符验,校灾异,知天心去就之机。地利三人:主军行止形势,利害消息,远近险易,水涸山阻,不失地利。兵法九人:主讲论异同,行事成败,简练兵器,刺举非法。通粮四人:主度饮食,备蓄积,通粮道,致五谷,命三军不困乏。奋威四人:主择才力,论兵革,风驰电掣,不知所由。伏旗鼓三人:主伏旗鼓,明耳目,诡符印,谬号令,暗忽往来,出入若神。股肱四人:主任重持难,修沟堑,治壁垒,以备守御。通才二人:主拾遗补过,应偶宾客,论议谈语,消患解结。权士三人:主行奇谲,设殊异,非人所识,行无穷之变。耳目七人：主往来，听言视变，览四方之士，军中之情。爪牙五人：主扬威武，激励三军，使冒难攻锐，无所疑虑。羽翼四人：主扬名誉，震远方，动四境，以弱敌心。游士八人：主伺奸候变，开阖人情，观敌之意，以为间谍。术士二人：主为谲诈，依托鬼神，以惑众心。方士三人：主百药，以治金疮，以痊万病。法算二人：主计会三军营垒、粮食、财用出入。"

【译文】

武王问太公说："君王率领军队出征，必须有起股肱羽翼作用的人辅助，然后才能成就威武神奇的军队，您认为该怎么办好？"

太公回答说："凡是出动军队准备战争，都要任命将领为军队指挥。指挥在于掌握全面情况，随机应变，而不在于专精某项技术。要根据下属的才能安排职务，战争时能各取他们所长，并根据需要随时变化，把这作为一种根本制度。所以做将领的必须有左右辅助的股肱羽翼七十二人，以便对应上天的七十二候。只要这样去设置助手，掌握情况，就能正确决策，正确处理各项事务，有特殊技能的人能发挥自己的专长，万事也就齐备了。"

武王又说："请您再逐条详细地说给我听听。"

太公说："要有心腹一人：主要负责出谋划策，应付突然的事变，观测天象，消除祸患，负责实施战略计划，保护民众的生命安全。谋士五人：主要负责谋划军队行动的安危，消除隐患，鉴定将士的品德才能，制定奖罚条例，任命官职，决断疑难问题，裁定事情可否办理。管天文气象的三人：主要负责观察星象，判断风向，推算时间，考查时日的吉凶，核对符兆，查验灾害和意外事件，掌握上天的变化规律。懂得地理的三人：主要负责安排军队行军、宿营，察明地形地貌的利弊，距离远近，地形险易，江河水情，山势险阻等，使军队掌握有利地形。通晓兵法的九人：主要负责分析讲解敌我双方战争态势的异同，分析作战胜负的条件，选择练习使用各种兵器，刺探举报军中不守军令的人。管理粮草的四人：主要管理军队粮草,储备物资,保障运输,筹备五谷,使军队物资供应不出现困难。奋威四人:主要负责选拔管理有军事才能的勇士,配发适用的兵器装备,组织突击部队以便风驰电掣、出其不意地打击敌人。执掌旗鼓的三人:主要负责用旗鼓传达号令,让三军明白无误地了解将领意图,或者用假的凭证和图章,错误的号令欺骗敌人,使敌人无法猜测我军行动,做到忽来忽往,神出鬼没。得力干将四人:规划并主管保卫重地,守护要害工程,修筑沟堑壁垒,准备防御坚守的器具。学识渊博多能多才的二人:主要负责指出将帅工作考虑不周的地方,弥补缺失,应对外来的使者,讨论问题,消除隐患,解除纠纷。懂得权谋的三人:主要负责策划、实施出人意料的奇谋妙略,安排能产生重大影响的特殊行动,并且让敌人难以识破,做到变化无穷。侦探七人:主要负责来往于敌我之间,探听敌方消息,观察敌人动静,观察天下形势和军中的情况。爪牙五人:主要负责宣扬我军的军威,鼓舞斗志,激励三军,使将士甘冒艰难,冲锋陷阵毫不迟疑。羽翼四人:主要负责对外宣传我军将帅的威名声誉,威振远方,惊动四境,动摇敌人军心,削弱敌军士气。游士八人:主要负责反间谍,刺探敌国变化,掌握敌国动态,操纵敌国人心,观察敌国意图,进行间谍活动。术士二人:主要负责用诡谲欺诈的手段,假托鬼神,迷惑敌军人心。方士三人:主要负责管理各种药品,治疗战场负伤的将士,医治一切疾病。管财务的二人:主要负责分配管理三军营垒、粮食和财用收支的数量及情况。”

论将第十九

[说明]本篇主要讨论评价将帅的品德与缺点的原则、挑选将帅的标准,提出了论将的条件,指出并肯定“国之大事,存亡之道,命在于将”。

武王问太公曰:“论将之道,奈何?”

太公曰:“将有‘五材’‘十过’。”

武王曰：“敢问其目。”

太公曰：“所谓‘五材’者，勇、智、仁、信、忠也。勇则不可犯，智则不可乱，仁则爱人，信则不欺，忠则无二心。

“所谓‘十过’者，有勇而轻死者，有急而心速者，有贪而好利者，有仁而不忍人者，有智而心怯者，有信而喜信人者，有廉洁而不爱人者，有智而心缓者，有刚毅而自用者，有懦而喜任人者。

“勇而轻死者，可暴也；急而心速者，可久也；贪而好利者，可贵也；仁而不忍人者，可劳也；智而心怯者，可窘也；信而喜信人者，可诳也；廉洁而不爱人者，可侮也；智而心缓者，可袭也；刚毅而自用者，可事也；懦而喜任人者，可欺也。

“故兵者，国之大事，存亡之道，命在于将。将者，国之辅，先王之所重也，故置将不可不察也。故曰：兵不两胜，亦不两败。兵出逾境，不出十日，不有亡国，必有破军杀将。”

武王曰：“善哉！”

【译文】

武王问太公说：“评价将帅的原则是什么？”

太公回答说：“作为将领，有‘五材’，有‘十过’。”

武王又问：“能再具体给我讲讲吗？”

太公说：“所说的‘五材’，指勇、智、仁、信、忠五种美德。勇敢则敌人不敢侵犯，智慧则不会淆乱，仁慈则富有同情心，诚信则忠实不欺，忠诚则不怀二心。

“所说的‘十过’，指虽然勇敢但轻易去送死的，性情急躁急于求取立功的，秉性贪婪喜好贪图小利的，性情仁慈而流于姑息的，虽然机智但胆小怯懦的，虽然诚信但容易轻信别人的，廉洁但近于刻薄的，多智谋却犹豫不决的，虽然性格刚强但十分自负的，天性懦弱将责任都推给他人的。

　　"对于勇敢但轻易送死的,可以激怒他然后杀掉;对于性情急躁盼望立功的,可以持久作战拖垮他;对于贪婪喜好占便宜的,可以用财物贿赂他;对于性情仁慈而流于姑息的,可以袭扰疲惫他;对于聪明但胆小怕事的,可以胁迫他;对于诚信但容易轻信别人的,可以欺骗他;对于廉洁近于刻薄的,可以侮辱怠慢他;对于虽然有才智但遇事犹豫不决的,可以突然袭击他;对于性格刚强但刚愎自用的,可以用卑微的言辞奉承他;对于天性懦弱将责任推给他人的,可以愚弄他。

　　"所以说,出动军队发动战争是国家的大事,关系着国家的生死存亡,国家的命运就掌握在将帅手中。将帅,是国家的股肱,历代君主都十分重视,所以任命将帅不能不认真审查。所以说,大凡战争,不能敌我双方都获胜,也不可能两方都失败。只要军队跨出了国境,十天之内,不是对方国家灭亡,就是我军被打败,将领被杀害。"

　　武王说:"说得很好!"

选将第二十

　　[说明]本篇主要讲述选拔和考验将领的方法。

　　武王问太公曰:"王者举兵,简练英权,知士之高下,为之奈何?"

　　太公曰:"夫士外貌不与中情相应者十五:有贤而不肖者,有温良而为盗者,有貌恭敬而心慢者,有外廉谨而内无恭敬者,有精精而无情者,有湛湛而无诚者,有好谋而无决者,有如果敢而不能者,有悾悾而不信者,有恍恍惚惚而反忠实者,有诡激而有功效者,有外勇而内怯者,有肃肃而反易人者,有嗃嗃而反静悫者,有势虚形劣而出外无所不至、无使不遂者。天下所贱,圣人所贵。凡人不知，非有大明，不见其际。此士之外貌不与中情相应者也。"

武王曰："何以知之？"

太公曰："知之有八征：一曰问之以言，以观其详；二曰穷之以辞，以观其变；三曰与之间谍，以观其诚；四曰明白显问，以观其德；五曰使之以财，以观其廉；六曰试之以色，以观其贞；七曰告之以难，以观其勇；八曰醉之以酒，以观其态。八征皆备，则贤不肖别矣。"

【译文】

武王问太公说："君王出动军队准备打仗，要选拔英明而有权谋的人才担任将领，要想知道他的才能高低，应当怎样挑选呢？"

太公回答说："军士的外貌和心中的内情不相符的情况有十五种：有貌似贤良但内心不正的，有性情温和良善但反而为盗贼的，有貌似恭敬但内心不逊的，有貌似谨谦但内心并不至诚的，有貌似精干但内无才学的，有貌似浑厚但实际上并不诚实的，有喜好谋划但缺少决断的，有貌似果敢但实际上无所作为的，有貌似诚恳但实际上不守信用的，有貌似动摇而内心忠实可靠的，有言语过激但做事却有功效的，有貌似勇敢但实际上怯懦无能的，有外表严肃但平易近人的，有貌似严厉但内心温和厚道的，有貌似孱弱形象不佳但奉命出使没有到不了的地方、完不成的使命。那些天下众人看不起的人，圣人却独自器重。常人之所以发现不了，是因为他们没有判断人的能力，看不到这些人内外的分际。这就是军士的外表与内在不相一致的情况。"

武王问："用什么办法能够真正了解他们呢？"

太公回答说："有八种方法可以检验：一是提出问题，看他掌握得是否详尽清楚；二是追问到底，来看他应变的能力；三是派人私下探听，来看他是否忠诚；四是明知故问，看他有没有隐瞒的情况，借以考查他的品德；五是让他管理财物，看他是否廉洁；六是用女色试探，看他的操守如何;七是将他置于危险境地,看他是否勇敢;八是用美酒将他灌醉,看他酒后的状态。用以上八种方法全部加以检验,那么军士贤与不贤,就能区别清楚了。"

立将第二十一

[说明]本篇主要论述任命将帅的方式,强调军队指挥统一集中的重要性。

武王问太公曰:"立将之道奈何?"

太公曰:"凡国有难,君避正殿,召将而诏之曰:'社稷安危,一在将军。今某国不臣,愿将军帅师应之。'将既受命,乃命太吏卜。斋三日,之太庙钻灵龟,卜吉日以授斧钺。

"君入庙门,西面而立。将入庙门,北面而立。君亲操钺持首,授将其柄,曰:'从此上至天者,将军制之。'复操斧持柄,授将其刃,曰:'从此下至渊者,将军制之。见其虚则进,见其实则止。勿以三军为众而轻敌,勿以受命为重而必死,勿以身贵而贱人,勿以独见而违众,勿以辩说为必然。士未坐勿坐,士未食勿食,寒暑必同。如此,士众必尽死力。'

"将已受命,拜而报君曰:'臣闻国不可从外治,军不可从中御。二心不可以事君,疑志不可以应敌。臣既受命,专斧钺之威,臣不敢生还。愿君亦垂一言之命于臣。君不许臣,臣不敢将。'

"君许之,乃辞而行。军中之事,不闻君命,皆由将出。临敌决战,无有二心。若此,则无天于上,无地于下,无敌于前,无君于后。是故智者为之谋,勇者为之斗,气厉青云,疾若驰骛,兵不接刃,而敌降服。战胜于外,功立于内,吏迁上赏,百姓欢悦,将无咎殃。是故风雨时节,五谷丰登,社稷安宁。"

武王曰:"善哉!"

【译文】

武王问太公说:"任命大将以什么方式为好?"

太公回答说:"国家有危难时,国君避开正殿,在偏殿召见主将,命令他说:'国家的安危全在于将军,现在某国不遵守臣属的职分,望将军率军征讨。'主将已经接受任命,国君就命令太史占卜。太史斋戒三日,到太庙钻龟甲,卜问吉日,以便举行向主将颁授斧钺的典礼。

"到了吉日,国君先入太庙正殿的大门,面向西站着。主将进太庙后,面朝北站立。这时,国君亲自握着钺的头部,将钺柄交给主将,说:'从此上至于天,军中的一切事务都由将军全权管理。'国君又拿起斧柄,将斧刃授予大将,说:'从此下至于深渊,军中的一切事务都由将军全权管理。将军用兵,看见敌人虚弱便进攻,看见敌人兵力充实便要停止。不要认为我军人多就轻视敌人,不要认为自己的责任重大就以死相拼,不要认为自己身份尊贵就轻视别人,不要固执己见违背众意,不要偏听偏信诡辩游说。士众没有坐下将军不能先坐,士众没有吃饭将军不能先吃,无论严寒酷暑,都一定要和士卒同甘共苦。这样,士卒一定能奋死效力,听从你的指挥。'

"大将接受任命后,跪拜并回答说:'臣听说国家的大事,不能受外面的干预,军队中的事不能由君主在国内遥控指挥。如果臣下不是忠心耿耿,便不能报答君上;如果臣下犹豫不决,便不能迎敌应战。臣既然已经接受命令,负责指挥战争,不获胜就不敢活着回来。愿君上授予臣全权指挥的权力。君上如果不答应臣这个要求,臣不敢接受担任大将的任命。'

"君王答应了主将的要求,主将便辞别君王,率领军队出征。从此,军队中的事,不听命君王而只听从主将的命令。迎敌决战,没有任何顾虑。这样,主将就上不受天时的限制,下不受地形的阻隔,前边没有敌人敢阻挡,后边没有君王的牵制。所以,有智谋的人愿尽力出谋献策,勇敢的人愿意奋不顾身参加战斗,士气高昂直冲云霄,行动迅速如快马奔腾,战斗还没有开始,声势已迫使敌人降服。战争取胜于国外,功名显扬于国内,官吏都得到晋升,士卒都得到奖赏,百姓欢欣鼓舞,将领没有受到任何责备。于是风调雨顺,五谷丰登,国泰民安。”

武王说:“您说得很好!”

将威第二十二

[说明]本篇论述主将如何树立威信,做到令行禁止。

武王问曰:“将何以为威？何以为明？何以禁止而令行?”

太公曰:“将以诛大为威,以赏小为明,以罚审为禁止而令行。故杀一人而三军震者,杀之;赏一人而万人说者,赏之。杀贵大,赏贵小。杀其当路贵重之人,是刑上极也;赏及牛竖、马洗、厩养之徒,是赏下通也。刑上极,赏下通,是将威之所行也。”

【译文】

武王问太公说:“将领如何树立威严？如何做到明察秋毫？如何做到所禁必止,所令必行?”

太公回答说:“主将通过诛杀地位高的人而树立威严,通过奖赏地位低的人体现自己明察秋毫,通过惩罚审慎得当做到令行禁止。因此杀一人足以使三军震惧的,就杀掉他;奖赏一个足以使万人欢喜的,就奖赏他。诛杀重在敢杀地位高的人,奖赏重在赏赐地位低的人。能诛杀那些身居要职的人,说明刑罚能够达到最上层;能奖赏牧牛、洗马、养马的士卒,说明奖赏能到达最底层。刑罚能达到最上层,奖赏能达到最下层,那么主将的威信自然而然能够贯彻上下了。"

励军第二十三

[说明]本篇论述鼓励军队士气在于将领能以身作则,与士卒同甘共苦。

武王问太公曰:"吾欲三军之众,攻城争先登,野战争先赴,闻金声而怒,闻鼓声而喜,为之奈何?"

太公曰:"将有三胜。"

武王曰:"敢问其目。"

太公曰:"将冬不服裘,夏不操扇,雨不张盖,名曰礼将。将不身服礼,无以知士卒之寒暑。出隘塞,犯泥涂,将必先下步,名曰力将。将不身服力,无以知士卒之劳苦。军皆定次,将乃就舍。炊者皆熟,将乃就食。军不举火,将亦不举,名曰止欲将。将不身服止欲,无以知士卒之饥饱。

"将与士卒共寒暑、劳苦、饥饱,故三军之众,闻鼓声则喜,闻金声则怒。高城深池,矢石繁下,士争先登。白刃始合,士争先赴。士非好死而乐伤也,为其将知寒暑饥饱之审,而见劳苦之明也。"

【译文】

武王问太公说:"我想让三军的士卒,攻城时能争先恐后攀登,野战时能奋不顾身冲锋,听见退军的号令就怒不可遏,听见前进的鼓声就喜不自禁,您看应当怎么办好?"

太公回答说:"将领有三个克敌制胜的要领。"

武王又说:"请讲讲它的具体内容。"

太公说:"做将领的,隆冬不穿皮裘,夏天不挥扇子,雨天不撑雨伞,这是有礼仪的将领。如果将领不能以身作则,就无从体会士卒的冷暖。行军时,经过艰险的关隘,跋涉于泥泞道路时,将领一定要放弃骑马,与士卒步行,这叫作效力的将领。将领不身体力行,就无从体会士卒的劳苦。军队宿营时,全军都已驻扎完毕,将领才能就寝。士卒饭菜都做好了,将领才能就餐。军中还未生火做饭,将领也不能生火做饭,这就是节制欲望的将领。将领不能克制自己,怎么能知道士卒的饥饱。

"做将领的,能与士卒共寒暑、共劳苦、共饥饱,所以全军官兵听到前进的号令就欢喜,听到停止的号令就愤怒。即使面临高大的城墙,深峻的护城河,箭石如雨,士卒仍然争先恐后登城。如果遇上野外作战,两军刚一接触,士卒便争先恐后奋勇杀敌,以死相拼。士卒并不是喜欢送死、乐意负伤,而是做将领的能够深深地关怀他们的冷暖、饥饱,体贴到他们的辛苦,士卒才甘愿尽力报效啊。"

阴符第二十四

[说明]本篇论述战争中主帅与将领联系时使用通信工具的具体规定。

武王问太公曰:"引兵深入诸侯之地,三军卒有缓急,或利或害。吾将以近通远,从中应外,以给三军之用,为之奈何?"

太公曰:"主与将有阴符,凡八等:有大胜克敌之符,长一尺;破军杀将之符,长九寸;降城得邑之符,长八寸;却敌报远之符,长七寸;警众坚守之符,长六寸;请粮益兵之符,长五寸;败军亡将之符,长四寸;失利亡士之符,长三寸。诸奉使行符,稽留者,若符事泄,闻者、告者皆诛之。八符者,主将秘闻,所以阴通言语,不泄中外相知之术。敌虽圣智,莫之能识。"

武王曰:"善哉!"

【译文】

武王问太公说:"率领军队深入到敌国的境内去作战,如果三军突然遇到急迫的情况,或者有利,或者有害。我想从近处通知远处,以便内外接应,以供三军需要,您看应该怎么办?"

太公回答说:"国君与将帅间联系的秘密通信工具叫阴符,共分为八类:有大获全胜歼灭敌人的兵符,长一尺;有攻破敌军斩杀敌将的兵符,长九寸;有攻克敌人城池占领敌人城邑的兵符,长八寸;有击退敌人报知敌人远逃的兵符,长七寸;有警告士卒加强防守的兵符,长六寸;有请求粮草增益兵力的兵符,长五寸;有报告军队失败,将领伤亡的兵符,长四寸;有报告我军战斗失利士兵伤亡的兵符,长三寸。凡是奉命传递阴符的人,如延误兵符传递,将兵符秘密泄露给别人的,传播和听到秘密的人都一律处死。上述八类阴符是君主与将帅私下掌握,用来暗通信息,不泄露朝廷与军中秘密通信的手段。即使敌方有绝顶聪明的人,也不能识破其中的秘密。"

武王说:"您说得很好!"

阴书第二十五

[说明]本篇讲述在兵符不能充分说明意图的情况下,如何使用秘密书信保持国君与将领间的联系。

武王问太公曰:"引兵深入诸侯之地,主将欲合兵,行无穷之变,图不测之利。其事繁多,符不能明,相去辽远,言语不通,为之奈何?"

太公曰:"诸有阴事大虑,当用书不用符。主以书遗将,将以书问主。书皆一合而再离,三发而一知。再离者,分书为三部;三发而一知者,言三人,人操一分,相参而不知情也,此谓阴书。敌虽圣智,莫之能识。"

武王曰:"善哉!"

【译文】

武王问太公说:"率领军队深入敌国境内作战,君主与将领想集合队伍,变化战术,打击敌人,达到出其不意、克敌制胜的效果。但事情复杂繁多,阴符不能详细说明,相互间距离又很遥远,不能当面交代,您认为该怎么办?"

太公说:"所有重大的秘密事情,应当用阴书,不用阴符。君主用阴书指示将领,将领用阴书向君主请示。每封阴书都把完整的一封拆分两次,分三次发出,最后合成一封。'再离'就是把阳书分成三部分;'三发而一知'就是把阴书发给三个人分别递送,每个人只送其中的一部分,每部分的内容相互掺杂,叫人看不懂,这叫作阴书。敌人无论怎样聪明,也不能识破我的秘密。"

武王说:"您说得很好!"

军势第二十六

[说明]军势,行军破敌之势。本篇论述进攻作战的原则。

武王问太公曰:"攻伐之道奈何?"

太公曰:"势因敌家之动,变生于两陈之间,奇正发于无穷之源。故至事不语,用兵不言。且事之至者,其言不足听也;兵之用者,其状不定见也。倏而往,忽而来,能独专而不制者,兵也。

"闻则议,见则图,知则困,辨则危。故善战者,不待张军;善除患者,理于未生;胜敌者,胜于无形。上战无与战。故争胜于白刃之前者,非良将也;设备于已失之后者,非上圣也;智与众同,非国师也;技与众同,非国工也。事莫大于必克,用莫大于玄默,动莫大于不意,谋莫大于不识。

"夫先胜者,先见弱于敌,而后战者也,故士半而功倍焉。圣人征于天地之动,孰知其纪。循阴阳之道,而从其候。当天地盈缩,因以为常。物有死生,因天地之形。故曰:未见形而战,虽众必败。善战者,居之不挠,见胜则起,不胜则止。故曰:无恐惧,无犹豫。用兵之害,犹豫最大。三军之灾,莫过狐疑。

"善者,见利不失,遇时不疑。失利后时,反受其殃。故智者从之而不失,巧者一决而不犹豫。是以疾雷不及掩耳,迅电不及瞑目。赴之若惊,用之若狂;当之者破,近之者亡。孰能御之?

"夫将有所不言而守者,神也;有所不见而视者,明也。故知神明之道,野无横敌,对无立国。"

武王曰:"善哉!"

【译文】

武王问太公说:"进攻敌国的原则是什么?"

太公说:"作战形势是根据敌人的行动而变化的,敌我两方对阵的时候要临机应变,奇与正的运用变化无穷。所以,重大的事情不能泄露,军队调动不能外传。况且重大的事情,传出的消息不能完全相信;调动军队是秘密进行的,表面的行动不能说明问题。军队的调动忽来忽往,独断专行而不受制于人,这是用兵制胜的关键原则。

　　"一般的情况下,敌人探听到我军出动的消息,一定会研究应对的策略;敌人发现了我军的行动,就一定会打听我的虚实;敌人发现了我军的企图,一定会重兵前来围困;敌人摸清了我军的规律,就会陷我军于危险境地。所以善于用兵的,不等敌人摆开阵势就发动进攻;善于排除祸患的,隐患还未产生就已采取措施;善于战胜敌人的,能取胜于无形之中。最好的作战是不战而能屈人之兵。所以与敌人死拼硬斗取胜的,不能称为良将;失败之后再来设防的,不能算是聪明的人;智谋与一般人相同的,不能称为国师;技艺与一般人相同的,不能称为国工。用兵最重要的是所攻必克,作战最重要的是暗中筹划、内藏玄机,行动最重要的是出其不意,计谋最重要的是不让敌人识破。

　　"凡是未战而先胜的,都是先示弱于敌,引诱敌人暴露虚实再进攻,这样能收到士半而功倍的效果。圣人观察天地的运行,反复探索其来龙去脉,根据日月循环变化,推知季节的变移。比照昼夜长短等自然现象,以此为常规。知道了万物的生死枯荣是因天地运行而成为规律。所以说,没有摸清敌人的真实情况而与之交战,虽然军队众多,也一定失败。善于作战的人,静静等待,不受外界干扰,见敌人有可乘之机就发动攻击,如果不能获胜就停止行动。所以说,不要恐惧,不要犹豫。军队的灾祸,犹豫危害最大。三军的灾难,没有比狐疑不定更严重的。

　　"善于用兵的人,遇见有利的时机决不放过,遇到有利的战机决不犹疑。因为失去有利时机,反而会使自己受害。所以有智慧的人抓住战机决不错过,机智的人毅然决断而不犹豫。所以他的行动之迅速才能像迅雷一样使人不及掩耳,像闪电一样使人不及闭眼。前进时如受惊的马匹,战斗时如狂风骤雨;阻挡他的一定会被击破,靠近他的都被消灭。谁能抵抗得了这种军队呢?

　　"作为将领,能不声不响并胸有成竹的叫作神,情况尚不明朗而能看出端倪的叫作明。所以掌握神明微妙的将领,作战就没有势均力敌的对手,面前就没有敢于抵抗的敌国了。"

　　武王说:"您说得很好!"

奇兵第二十七

[说明]本篇讲述了运用奇兵的二十六种战术行动。指出造成兵势在于用兵能神秘莫测,强调能否掌握这些战术行动关系到国家的生死存亡,最后高度评价将领的重要作用。

武王问太公曰:"凡用兵之法,大要何如?"

太公曰:"古之善战者,非能战于天上,非能战于地下,其成与败,皆由神势。得之者昌,失之者亡。夫两陈之间,出甲陈兵,纵卒乱行者,所以为变也;深草蓊翳者,所以遁逃也;溪谷险阻者,所以止车御骑也;隘塞山林者,所以少击众也;坳泽窈冥者,所以匿其形也;清明无隐者,所以战勇力也;疾如流矢,击如发机者,所以破精微也;诡伏设奇,远张诳诱者,所以破军擒将也;四分五裂者,所以击圆破方也;因其惊骇者,所以一击十也;因其劳倦暮舍者,所以十击百也;奇技者,所以越深水渡江河也;强弩长兵者,所以逾水战也;长关远候,暴疾缪遁者,所以降城服邑也;鼓行欢嚣者,所以行奇谋也;大风甚雨者,所以搏前擒后也;伪称敌使者,所以绝粮道也;谬号令与敌同服者,所以备走北也;战必以义者,所以励众胜敌也;尊爵重赏者,所以劝用命也;严刑重罚者,所以进罢怠也;一喜一怒,一与一夺,一文一武,一徐一疾者,所以调和三军,制一臣下也;处高敌者,所以警守也;保险阻者,所以为固也;山林茂秽者,所以默往来也;深沟高垒,积粮多者,所以持久也。

"故曰:不知战攻之策,不可以语敌;不能分移,不可以语奇；不通治乱，不可以语变。故曰：将不仁，则三军不亲；将不勇，则三军不锐；将不智，则三军大疑；将不明，则三军大倾；将不精微，则三军失其机；将不常戒，则三军失其备；将不强力，则三军失其职。故将者，人之司命，三军与之俱治，与之俱乱。得贤将者，兵强国昌；不得贤将者，兵弱国亡。"

武王曰："善哉！"

【译文】

武王问太公说："用兵作战的法则，最关键的问题是什么？"

太公说："古时候善于作战的人，并不是能在天上战斗，也不是能在地下战斗，他们的成功与失败，全在于用兵能否形成神妙莫测的态势。能掌握兵势奥秘的就能胜利，不能掌握兵势奥秘的就会失败。两军对峙交战的时候，放纵士卒喧哗，任由队伍混乱，是故意在使用欺诈手段引诱敌人；占领草木茂盛的地区，是为了便于隐蔽逃跑；占据溪谷险阻的地形，是为了阻挡敌人战车，防御敌人骑兵；占领险隘关塞山林地区的，是为了便于以少量兵力打击敌人的大部队；占领低洼幽暗隐蔽地形的，是为了隐蔽自己的行动；占领开阔平坦的地区的，是准备与敌人展开武力比拼；军队行动快如飞箭，猛如发机，是为了打破敌人的精妙计划；巧妙埋伏，设置奇兵，虚张声势，诱骗敌人，是为了歼敌擒将；从多个方面进攻，是为了打破敌人的圆阵或方阵；趁敌人惊骇时进攻，是为了达到以一击十的目的；趁敌人困倦，天黑宿营时进攻，是为了达到以十击百的效果；利用奇特的技艺，是为了越过深水、横渡江河；利用强弩和长兵器的，是为了隔水与敌人作战；在远距离设置关卡，派出侦探，行动迅疾，突然假装退兵的，是为了袭取敌人的城邑；故意击鼓喧器前进，队伍混乱，是为了迷惑敌人，准备实行奇计妙策；顶风冒雨前进，是为了攻击敌人前锋捉拿敌人后卫；假冒敌人的使者潜入敌后的，是为了切断敌人的运粮道路；假传敌人的号令，穿戴敌人的衣服，是为了便于撤退；作战前用义理晓谕士卒，是为了激励士气奋勇杀敌；加封官爵，加以重赏，是为了勉励将士执行命令;实行严刑重罚,是为了督促疲惫的官兵坚持战斗;有喜有怒,有赏有罚,有礼有威,有慢有快,是为了协调三军,统一其行动与意志;占领高且开阔的地形,是为了便于警戒与防御;占据险阻地形的,是为了固守;占领茂密山林地带的,是为了隐蔽军队行动;挖掘壕沟,高筑壁垒,多储粮食的,是为了持久作战。

"所以说,将帅如果不知道战争中攻守的策略,就谈不上对敌作战;如果不知道机动使用兵力,就谈不上出奇制胜;如果不精通整治军队纪律的方法,就谈不上应变。所以说,将帅不仁义宽厚,那么军队就不团结;将帅不勇敢,军队就没有战斗力;将帅不机智,军队就会迟疑;将帅不能高瞻远瞩,军队就会大败;将帅考虑问题不精细,军队就会失去战机;将帅不常常心存警惕,军队就会疏于戒备;将帅领导不强硬,那么军队就会懈怠松散玩忽职守。所以将帅是掌握三军命运的人,将帅精明军队就严整,将帅无能军队就散乱。有了精明强干的将帅,军队就会强大,国家就会昌盛;没有精明强干的将帅,军队就会弱小,国家就会灭亡。"

武王说:"说得很好哇!"

五音第二十八

[说明]本篇讲述用五音对应五行来判断敌情,作为用兵的根据。

武王问太公曰:"律音之声,可以知三军之消息,胜负之决乎?"

太公曰:"深哉! 王之问也。夫律管十二,其要有五音:宫、商、角、徵、羽,此其正声也,万代不易。五行之神,道之常也。金、木、水、火、土,各以其胜攻也。古者三皇之世,虚无之情,以制刚强。无有文字,皆由五行。五行之道,天地自然。六甲之分,微妙之神。

"其法:以天清净,无阴云风雨,夜半,遣轻骑,往至敌人之垒,去九百步外,遍持律管当耳,大呼惊之。有声应管,其来甚微。角声应管,当以白虎;徵声应管,当以玄武;商声应管,当以朱雀;羽声应管,当以勾陈;五管声尽不应者,宫也,当以青龙。此五行之符,佐胜之征,成败之机。"

武王曰:"善哉!"

太公曰:"微妙之音,皆有外候。"

武王曰:"何以知之?"

太公曰:"敌人惊动则听之。闻枹鼓之音者,角也;见火光者,徵也;闻金铁矛戟之音者,商也;闻人啸呼之音者,羽也;寂寞无闻者,宫也。此五者,声色之符也。"

【译文】

武王问太公说:"听乐器的音律声,就能知道三军的情况,胜败的征兆吗?"

太公说:"君上问的这个问题很深奥呵!律管有十二音阶,其中主要有五音阶,即宫、商、角、徵、羽,这是乐之正声,万代不改。五行的微妙神机,是自然的常法。金、木、水、火、土,各以其优势,以其胜攻不胜。上古三皇时代,用'虚无'以制刚强。由于没有文字,一切都用五行生克行事。五行生克的道理是天地间的自然规律。六甲的区分,其道理非常深奥。

"运用五音五行的方法是,当天空晴朗,没有阴云风雨之时,夜半派骑兵前往敌营,在距敌营九百步外,拿着律管对着耳朵,大声呼喊以惊动敌人。这时,有回声呼应律管,但声音十分微弱。律管中如有角声反应,应当从西边去攻击敌人;律管中如有徵声反应,应当从北边去攻击敌人;律管中如有商声反应,应当从南边去攻击敌人;律管中如有羽声反应,应当从敌人中央去进攻;如果五管律声都不对应,便是宫声,应当从东边去攻击敌人。这五行之符,是辅佐取胜的象征、胜败的关键。"

武王说:"很好!"

太公说:"深奥玄妙的音律,都有其外露的征候。"

武王问:"怎样才能知道呢?"

太公说:"当敌人惊动时要凝神细听。听到鼓槌击鼓的声音,是角声的反应;看见火光,是徵声的反应;听到铁器矛戟相击之声,是商声的反应;听到敌人呼啸的声音,是羽声的反应;敌营寂静什么也听不到,是宫声的反应。这五种音律和声色是相符合的。"

兵征第二十九

[说明]本篇论述如何通过观察判断敌方的情况。观察中,一是观察敌之精神,二是观察敌之行动,三是观察敌城上空气象。通过观察,便知胜败的征兆、可攻与不可攻。

武王问太公曰:"吾欲未战,先知敌人之强弱,豫见胜负之征,为之奈何?"

太公曰:"胜负之征,精神先见,明将察之,其效在人。谨候敌人出入进退,察其动静,言语妖祥,士卒所告。凡三军说怿,士卒畏法,敬其将命,相喜以破敌,相陈以勇猛,相贤以威武,此强征也。三军数惊,士卒不齐,相恐以敌强,相语以不利,耳目相属,妖言不止,众口相惑,不畏法令,不重其将,此弱征也。

"三军齐整,陈势以固,深沟高垒,又有大风甚雨之利。三军无故,旌旗前指,金铎之声扬以清,鼙鼓之声宛以鸣。此得神明之助,大胜之征也。行陈不固,旌旗乱而相绕,逆大风甚雨之利,士卒恐惧,气绝而不属,戎马惊奔,兵车折轴,金铎之声下以浊，鼙鼓之声湿以沐。此大败之征也。

　　“凡攻城围邑，城之气色如死灰，城可屠。城之气出而北，城可克。城之气出而西，城可降。城之气出而南，城不可拔。城之气出而东，城不可攻。城之气出而复入，城主逃北。城之气出而覆我军之上，军必病。城之气出高而无所止，用兵长久。凡攻城围邑，过旬不雷不雨，必亟去之，城必有大辅。此所以知可攻而攻，不可攻而止。”

　　武王曰：“善哉！”

【译文】

　　武王问太公说：“我想在作战之前，就知道敌人强弱之势，预见敌我胜败的征兆，有什么办法吗？”

　　太公说：“胜败的征兆，精神上总是先显现于外，明智的将帅是能够察觉的，观察效果的好坏在于将帅本人的识别能力。周密地侦察敌人出入进退的情况，观察他的动静，言语中透露出的吉凶征兆，士卒间传播的信息。凡是全军喜悦，士卒畏惧法令，尊重将帅，服从命令，乐于破阵杀敌，相互以勇猛为荣，相互以威武为傲，这是军队坚强的象征。如果敌人全军频繁惊动，士卒思想不统一，纷纷恐惧敌人的强悍，互相谈论的都是不利的言论，到处打听消息，谣言不断，相互欺蒙，不畏惧法令，不尊重将帅，这是军队虚弱的象征。

　　“三军出入进退，队伍整齐，阵势坚固，凭借深沟高垒，又凭着暴风骤雨的有利条件。三军平静无事，旌旗在前方排列，金铎声高扬而清晰，鼙鼓的声音宛转而响亮。这是得到神明的帮助，取得胜利的征兆。相反，如果三军队伍阵势都不稳固，旌旗纷乱方向不明，又受暴风骤雨的不利影响，士卒惊恐畏惧，士气衰竭而涣散，军马惊骇乱奔，兵车车轴断折毁坏，金铎声低沉而混浊，鼙鼓声沉闷而不响。这是军队大败的征兆。

　　“凡是攻城围邑，需要观察城市上空的‘气’，如果城市上空呈死灰色，那么这座城可以被我军屠灭。城市上空‘气’向北流动，那么这座城可以被攻克。城市上空'气'向西流动,那么可以迫使这座城投降。城市上空'气'向南流动,那么这座城难以攻取。城市上空'气'向东流动,那么这座城不能进攻。城市上空的'气'出城之后又返回,那么守卫这座城市的将领一定逃跑了。城市上空'气'流出覆盖我军上方,对我军必定不利。城内的气高升而又不停止,那么战事一定会长久持续。凡是攻城围邑,超过十天不打雷不下雨,一定要迅速撤退,因为城中必定有得力的辅佐之人。以上就是说明能攻则攻,不能攻就停止,不能勉强从事的道理。"

武王说:"您说得很好!"

农器第三十

[说明]本篇论述平时如何为战时着想,体现以农器当兵器,兵事与农事统一筹划的战略思想。

武王问太公曰:"天下安定,国家无争,战攻之具,可无修乎? 守御之备,可无设乎?"

太公曰:"战攻守御之具,尽在于人事。耒耜者,其行马蒺藜也。马牛车舆者,其营垒、蔽橹也。锄耰之具,其矛戟也。蓑薜、簦笠,其甲胄干楯也。镬锸、斧锯、杵臼,其攻城器也。牛马所以转输粮用也。鸡犬,其伺候也。妇人织纴,其旌旗也。丈夫平壤,其攻城也。春铍草棘,其战车骑也。夏耨田畴,其战步兵也。秋刈禾薪,其粮食储备也。冬实仓廪,其坚守也。田里相伍,其约束符信也。里有吏,官有长,其将帅也。里有周垣,不得相过,其队分也。输粟取刍,其廪库也。春秋治城郭、修沟渠,其堑垒也。

"故用兵之具,尽于人事也。善为国者,取于人事,故必使遂其六畜,辟其田野,究其处所。丈夫治田有亩数,妇人织纴有尺度,其富国强兵之道也。"

武王曰:"善哉!"

【译文】

武王问太公说:"天下安定,国家没有战争的时候,野战、攻城的器具,可以不维修吗? 守卫防御的设备,可以不再装备了吗?"

太公回答说:"战时进攻、防御的设备,完全可以在平时民众的生产生活用品中筹集。农民耕作用的耒耜,可以作为军用的行马蒺藜。农民耕作用的马车、牛车,车身可当作作战时的营垒和屏障器材。农民耕作用的锄耰,可用为作战时的矛戟。农民用的蓑衣、雨伞和笠帽,可用作军用的盔甲和大小盾牌。农民掘土用的镢和锸,伐木用的斧和锯,舂米用的杵和臼,都可以当作攻城的器材。农民耕作用的牛和马,可以用来运输粮食。公鸡可用来报时,犬用来警戒。妇女纺织的布帛,可制作指挥的旗帜。男子平整土地的技术,可以用于攻城作业。春天农民割草斩棘的方法,可以用作对付敌人车兵骑兵的作战技术。夏天农民耘田锄草地的技术,可以用于同步兵作战。秋天农民收割庄稼柴草,可以作为战时粮秣。冬天粮食装满仓库,就是为战时长期坚守使用。同村同里的百姓,平时相编为伍,可作为军队预备人员的组织凭据。里有吏,吏之上有长管理,如同军队有将帅。每里四周修筑围墙分隔开,不能互相越过,如同军队驻地的划分。平时运输粮食柴草,等同充实战时仓库储备。春秋两季修筑城廓、疏浚沟渠,如同建筑战时的堑壕堡垒。

"所以作战时需要的装备,全在于平时的农事中。善于治理国家的君主,取法于平时的农事,必须使百姓尽力繁殖六畜,开垦田地,安定处所。男子耕田有一定的亩数,妇女纺织有一定的尺数,这就是富国强兵的方法。"

武王说:"您说得很好!"

卷第四虎韬

军用第三十一

[说明]本篇论述军需的种类和数量,强调平时有备,战时无患。

武王问太公曰:"王者举兵,三军器用,攻守之具,科品众寡,岂有法乎?"

太公曰:"大哉! 王之问也。夫攻守之具,各有科品,此兵之大威也。"

武王曰:"愿闻之。"

太公曰:"凡用兵之大数,将甲士万人,法用武卫大扶胥三十六乘,材士强弩矛戟为翼,一车二十四人推之。以八尺车轮,车上立旗鼓。兵法谓之震骇。陷坚陈,败强敌。

"武翼大橹矛戟扶胥七十二具,材士强弩矛戟为翼。以五尺车轮,绞车连弩自副。陷坚陈,败强敌。

"提翼小橹扶胥一百四十具,绞车连弩自副。以鹿车轮。陷坚陈,败强敌。

"大黄参连弩大扶胥三十六乘,材士强弩矛戟为翼,飞凫电影自副。飞凫赤茎白羽,以铜为首。电影青茎赤羽,以铁为首。昼则以绛缟,长六尺,广六寸,为光耀;夜则以白缟,长六尺,宽六寸,为流星。陷坚陈,败步骑。

"大扶胥冲车三十六乘,螳螂武士共载,可以击纵横、败强敌。

"辒车骑寇,一名电车,兵法谓之电击。陷坚陈,败步骑。

"寇夜来前,矛戟扶胥轻车一百六十乘,螳螂武士三人共载,兵法谓之霆击。陷坚陈,败步骑。

"方首铁棓维盼,重十二斤,柄长五尺以上,千二百枚,一名天棓。太柯斧,刃长八寸,重八斤,柄长五尺以上,千二百枚,一名天钺。方首铁槌,重八斤,柄长五尺以上,千二百枚,一名天槌。败步骑群寇。飞钩长八寸,钩芒长四寸,柄长六尺以上,千二百枚,以投其众。

"三军拒守,木螳螂剑刃扶胥,广二丈,百二十具,一名行马。平易地,以步兵败车骑。

"木蒺藜去地二尺五寸,百二十具。败步骑,要穷寇,遮走北。

"轴旋短冲矛戟扶胥百二十具,黄帝所以败蚩尤氏。败步骑,要穷寇,遮走北。

"狭路、微径,张铁蒺藜。芒高四寸,广八寸,长六尺以上,千二百具。败走骑。

"突暝来前促战,白刃接,张地罗,铺两镞蒺藜,参连织女,芒间相去二尺,万二千具。

"旷野草中,方胸铤矛,千二百具,张铤矛法,高一尺五寸。败步骑,要穷寇,遮走北。

"狭路、微径,地陷铁械锁参连,百二十具。败步骑,要穷寇,遮走北。

"垒门拒守,矛戟小橹十二具,绞车连弩自副。三军拒守,天罗虎落锁连一部,广一丈五尺,高八尺,百二十具。虎落剑刃扶胥,广一丈五尺,高八尺,五百一十具。

"渡沟堑,飞桥一间,广一丈五尺,长二丈以上,着转关辘轳,八具,以环利通索张之。渡大水,飞江,广一丈五尺,长二丈以上,八具,以环利通索张之。天浮铁螳螂,矩内圆外,径四尺以上,环络自副,三十二具。以天浮张飞江,济大海,谓之天潢,一名天船。

"山林野居,结虎落柴营。环利铁锁,长二丈以上,千二百枚。环利大通索,大四寸,长四丈以上,六百枚。环利中通索,大二寸,长四丈以上,二百枚。环利小微缧,长二丈以上,万二千枚。天雨盖,重车上板,结枲钮锯,广四尺,长四丈以上,车一具,以铁杙张之。

"伐木天斧,重八斤,柄长三尺以上,三百枚。棨镢,刃广六寸,柄长五尺以上,三百枚。铜筑固为垂,长五尺以上,三百枚。

"鹰爪方胸铁杷,柄长七尺以上,三百枚。方胸铁叉,柄长七尺以上,三百枚。方胸两枝铁叉,柄长七尺以上,三百枚。芟草木大镰,柄长七尺以上,三百枚。大橹刀,重八斤,柄长六尺,三百枚。委环铁杙,长三尺以上,三百枚。椓杙大槌,重五斤,柄长二尺以上,百二十具。

"甲士万人,强弩六千,戟橹二千,矛楯二千。修治攻具,砥砺兵器巧手三百人。此举兵之大数也。"

武王曰:"允哉!"

【译文】

武王问太公说:"君主要调动军队征伐敌人,三军的器用,攻守的战具,它们的数量和种类,有没有一定的标准?"

太公说:"王提的这个问题很重大呵!攻守用的战备器材,有不同的种类、数量、规格,这是关系到军队威力强弱的大问题。"

武王说:"我想知道得详细些。"

太公说:"凡是将领率领甲士万人,其所使用的武器和军需物资的大概标准是,需要用武卫大战车三十六辆,勇健的士卒拿着强弩、矛、戟在两旁护卫,每车用二十四人推行。其车轮高八尺,车上放置旗鼓。兵法上把这种车叫作'震骇'。可用它攻克敌人坚固的阵地,打败强敌。

"武翼大橹矛戟战车七十二辆,用勇健士卒持强弩、矛、戟在两旁护卫。其车轮五尺高,附有绞车连弩。可用来攻占敌人坚固的阵地,打败强敌。

"提翼小橹战车一百四十辆,附有绞车连弩。其车轮较小,与鹿车相同。可用来攻占敌人坚固的阵地,打败强敌。

"大黄参连弩大战车三十六辆,用勇健的士卒持强弩、矛、戟在两旁护卫,并配有飞凫、电影两种箭。飞凫用红色的竿,白色的羽,用铜做箭头。电影用青色的竿,红色的羽,用铁做箭头。白天用大红色的绢做旗帜,长六尺,宽六寸,名为光耀;夜里用白色的绢做旗帜,长六尺,宽六寸,名为流星。这种战车可用来攻克敌人坚固的阵地,打败步兵骑兵。

"大扶胥冲车三十六辆,以螳螂武士乘坐在上面,可以用它攻击敌人的队列,打败强敌。

"轻快的车骑又叫作电车,兵法上称作电击。用来攻克敌人坚固的阵地,击败敌人的步兵和骑兵。

"敌人夜间前来进攻,用矛戟扶胥轻车一百六十辆,每辆车坐螳螂武士三人,兵法上叫作霆击。可用它攻克敌人坚固的阵地,打败敌人的步兵和骑兵。

"大方头铁棒也叫天棓,重十二斤,柄长五尺以上,需一千二百把。长柄斧也叫天钺,刃长八寸,重八斤,柄长五尺以上,需一千二百把。方头铁槌也叫天槌,重八斤,柄长五尺以上,需一千二百把。主要用来打败敌人的步兵、骑兵。飞钩,长八寸,钩尖长四寸,柄长六尺以上,需一千二百把,主要用来投向敌方钩取敌人。

"军队防守时,应当用木螳螂剑刃战车,宽二丈,需一百二十辆,又叫作行马。在平坦地带,步兵可用它阻止敌人的兵车和骑兵。

"设置木蒺藜,要高于地面二尺五寸,共用一百二十具。主要用来打败敌人的步兵骑兵,拦阻陷于困境准备逃跑的敌人。

"轴旋短冲矛戟战车一百二十辆,黄帝曾用它打败蚩尤。主要用来击败敌人的步兵骑兵,阻拦陷于困境准备逃跑的敌人。

"在狭窄的小路上,需要布设铁蒺藜拦截敌人。铁蒺藜尖高四寸,宽八寸,每具长六尺以上,需一千二百具。主要用来拦阻敌人的步兵和骑兵。

"天将黑时敌人突然来袭,我方没有准备,仓促应战,短兵相接,这时,需准备地罗,铺两镞铁蒺藜,排成织女星形状,每镞铁蒺藜间相距二尺,共需一万二千具。

"旷野荒草中,用方胸铤矛一千二百具,铺设铤矛的办法是使其距地面一尺五寸。用来打败敌人的步兵骑兵,截击陷于困境准备逃跑的敌人。

"狭窄的小路上,在地上挖陷阱,放置铁械锁一百二十具。用来打败敌人的步兵和骑兵,截击陷于困境准备逃跑的敌人。

"堵塞门户,准备死守,用矛戟小橹车十二辆,附有绞车连弩。三军死守,用天罗虎落锁链一部,宽一丈五尺,高八尺,一百二十具。虎落剑刃战车,宽一丈五尺,高八尺,五百一十具。以上是防御用的器具。

"跨越障碍的用具,有渡沟堑用的飞桥一架,宽一丈五尺,长二丈以上,配备转关辘轳八具,用环利通索固定。渡大江大河,用飞江,宽一丈五尺,长二丈以上,共八具,用环利通索固定。天浮铁螳螂,内方外圆,直径四尺以上,用环络连接,共三十二具。用天浮铁螳螂连接飞江渡过大海,又叫作天潢,或天船。

"在山林野外驻扎,需搭结虎落柴营。需用不同型号的铁链:如环利铁锁,长二丈以上,需一千二百把。环利大通索,大四寸,长四丈以上,共六百把。环利中通索,大二寸,长四丈以上,共二百把。环利小微缧,长二丈以上,共一万二千把。天雨盖,即辎重车上的盖板,用麻绳连接,呈齿状排列,宽四尺,长四丈以上,每车一具,用铁镢固定。

"伐木天斧,重八斤,柄长三尺以上,三百把。棨镢,刃宽六寸,柄长五尺以上,共三百把。铜筑固为垂,长五尺以上,共三百把。

　　"鹰爪方胸铁杷,柄长七尺以上,共三百把。方胸铁叉,柄长七尺以上,共三百把。方胸两枝铁叉,柄长七尺以上,共三百把。割草木用的大镰刀,柄长七尺以上,三百把。大橹刀,重八斤,柄长六尺,三百把。连环铁樶,长三尺以上,三百把。击樶大槌,重五斤,柄长二尺以上,共一百二十把。

　　"甲士万人,需要强弩六千,戟橹二千,矛楯二千。修理制造攻城器具,加工维修的技术人员三百人。这是发动战争所需用具的大概数字。"

　　武王说:"您说得很对。"

三陈第三十二

　　[说明]三陈,指"天、地、人"三者,因之命名。强调了战争中天时、地利、人和是获胜的重要因素。

　　武王问太公曰:"凡用兵为天陈、地陈、人陈,奈何?"

　　太公曰:"日、月、星辰、斗柄,一左一右,一向一背,此谓天陈。丘陵水泉,亦有前后左右之利,此谓地陈。用车用马,用文用武,此谓人陈。"

　　武王曰:"善哉。"

【译文】

　　武王问太公说:"凡是调动军队排列阵势,有叫作天阵、地阵、人阵的,其中有什么含义吗?"

　　太公说:"依据日、月、星辰、斗柄在天象上一左一右、一向一背的位置,来决定列阵的位置,这叫作天阵。利用丘陵、水泽等地形在军队前后左右的位置来布阵,这叫作地阵。根据所使用的是车兵还是骑兵,是靠招抚还是以兵威来战胜敌人,这种布阵方法就叫人阵。"

武王说:"讲得很好!"

疾战第三十三

[说明]本篇强调在军队被敌人包围的情况下,如何突围,突围后如何与敌人作战。

武王问太公曰:"敌人围我,断我前后,绝我粮道,为之奈何?"

太公曰:"此天下之困兵也。暴用之则胜,徐用之则败。如此者,为'四武冲陈',以武车骁骑惊乱其军而疾击之,可以横行。"

武王曰:"若已出围地,欲因以为胜,为之奈何?"

太公曰:"左军疾左,右军疾右,无与敌人争道,中军迭前迭后。敌人虽众,其将可走。"

【译文】

武王问太公说:"如果敌人四面包围我军,断绝我前后的联络,阻断我的运粮道路,您看怎么对付才好?"

太公回答说:"这是处境最困难的军队。在这种恶劣的情况下,如果能鼓足勇气,集中兵力猛烈冲击,便可突出重围,取得胜利;如果行动迟缓,必然导致失败。突围的办法是把队伍和车队结合起来,形成'四武冲阵',戎车在四周护卫,主力居中,用强大的战车和骁勇的骑兵打击和震骇敌军,迅速突击,这样就可以横行无阻地突围了。"

武王又问道:"如果我军已冲出敌人的包围圈,还想乘势击败敌人,对此应当怎么办?"

太公回答说:"这时命令左边军队猛烈打击敌人的左翼,右边军队猛烈打击敌人的右翼,不要和敌人争夺道路,免得分散兵力,同时用中军轮番攻击敌军,或者攻击敌人的前部,或者包抄敌人的后路。敌人虽然很多,但也能打败他们,迫使其将领败逃。"

必出第三十四

[说明]本篇论述部队突破重围的方法。

武王问太公曰:"引兵深入诸侯之地,敌人四合而围我,断我归道,绝我粮食。敌人既众,粮食甚多,险阻又固。我欲出之,为之奈何?"

太公曰:"必出之道,器械为宝,勇斗为首。审知敌人空虚之地,无人之处,可以必出。将士持玄旗,操器械,设衔枚,夜出。勇力、飞足、冒将之士居前,平垒为军开道,材士强弩为伏兵居后,弱卒车骑居中。陈毕徐行,慎无惊骇。以武冲扶胥前后拒守,武翼大橹以蔽左右。敌人若惊,勇力、冒将之士疾击而前,弱卒车骑以属其后,材士强弩隐伏而处。审候敌人追我,伏兵疾击其后。多其火鼓,若从地出,若从天下。三军勇斗,莫我能御。"

武王曰:"前有大水、广堑、深坑,我欲逾渡,无舟楫之备。敌人屯垒,限我军前,塞我归道,斥候常戒,险塞尽守,车骑要我前,勇士击我后,为之奈何?"

太公曰:"大水、广堑、深坑,敌人所不守;或能守之,其卒必寡。若此者,以飞江、转关与天潢以济吾军。勇力材士从我所指,冲敌绝陈,皆致其死。先燔吾辎重,烧吾粮食,明告吏士,勇斗则生,不勇则死。已出,令我踵军设云火远候,必依草木、丘墓、险阻。敌人车骑必不敢远追长驱。因以火为记,先出者令至火而止,为四武冲阵。如此,则吾三军皆精锐勇斗,莫我能止。”

武王曰:“善哉!”

【译文】

武王问太公说:“带领军队深入诸侯国的境内,敌人从四面八方包围我,断绝了我的退路,阻绝了我运输粮食的通道。敌人军队很多,粮食充足,而且占领了防守牢固的险要地形。我想突围出去,采取什么办法为好呢?”

太公回答说:“突围的方法,兵器器械很重要,但士卒奋勇杀敌与否是首要问题。要寻找敌人兵力薄弱的地方,无人防守的地带,乘虚而击,就可以突出包围。突围时,命令将士举着黑色的小旗,拿着武器,口中衔枚,选择夜间行动。派勇敢有力气并且行动敏捷、敢于冒险犯难的将士在前,平治营垒,为我军开辟道路,让本领高强的士卒持强弩隐伏在后面掩护,病弱的士卒和车骑兵居中行进。部署完毕后徐徐前进,要沉着行动,切勿自相惊扰。另外用武冲大战车在前后护卫,武翼大橹车在左右掩护。如果敌人发觉我军的突围行动,精锐的先头部队迅速向前突击,病弱士卒和车骑紧随其后,武艺高强的士卒拿着强弩埋伏在暗处。当敌人追击前来时,我军伏兵便猛烈袭击其后方。多用火光和战鼓乱敌耳目,让敌人摸不清我的情况,让敌人感到我好像从地下钻出来,从天上降下来的。全军奋勇战斗,敌人便无法阻截我军的突围了。”

武王又问道:“假如突围的路上,前有浩荡的大河、宽阔的壕沟、深深的土坑,我军要想跨越,但又没有准备船只。敌人屯兵筑垒,阻止我军前进,堵塞我军道路,侦探戒备很严,险要之处都在敌人手中,敌人的战车骑兵在前面拦阻,勇士又在后边袭击我军,您看该如何处置?”

太公说:“浩荡的河水、宽阔的壕沟、深深的土坑,敌人一般不加以防守;即使防守,敌人士卒也必定很少。如果是这种情况,我军就可以用浮桥、折叠桥和船只渡过。派遣勇猛有才干的士卒,按照指定的方向,冲锋陷阵,拼死战斗。先烧掉我军的辎重和粮食,明确告诉将吏士卒,能奋勇杀敌就有生还的希望,不奋勇杀敌只有死路一条。已经突出重围后,命令后卫部队设置烟火信号,一定要紧靠草木、丘陵、墓地、险阻等有利地形。这样,敌人的战车骑兵一定不敢长驱追赶。用火作为信号,率先冲出重围的队伍,命令他们到有火光的位置停下,组成‘四武冲阵’,严阵以待来犯的敌人。这样,我军将士皆为精锐,勇于战斗,敌人便无法阻挠我的行动。”

武王说:“您说得很好!”

军略第三十五

[说明]本篇论述在江河湖沼地带作战时必须准备的各种装备和器材。

武王问太公曰:“引兵深入诸侯之地,遇深溪大谷险阻之水。吾三军未得毕济,而天暴雨,流水大至,后不得属于前。无舟梁之备,又无水草之资。吾欲毕济,使三军不稽留,为之奈何?”

太公曰:“凡帅师将众,虑不先设,器械不备,教不精信,士卒不习,若此,不可以为王者之兵也。凡三军有大事,莫不习用器械。若攻城围邑,则有轒辒临冲。视城中,则有云梯飞楼。三军行止,则有武冲大橹,前后拒守。绝道遮街,则有材士强弩,卫其两旁。设营垒,则有天罗武落,行马蒺藜。昼则登云梯远望,立五色旌旗;夜则火云万炬,击雷鼓,振鼙铎,吹鸣笳。越沟堑,则有飞桥、转关辘轳、钮锯。济大水,则有天潢、飞江。逆波上流,则有浮海、绝江。三军用备,主将何忧!"

【译文】

武王问太公说:"如果引兵深入诸侯国的境内,突然遇到了深山大谷中险峻的河流。这时,我三军正在渡河,忽然天降暴雨,洪水猛涨,后边的军队被隔断。既没有准备船只,也没有水草、粮食的供给。在这种情况下,要想让队伍全部渡过河去,让三军不能停留时间过长,您看怎么办好?"

太公回答说:"凡是统率军队,率领士众,如果将领谋划不严密,器械不提前准备好,平时训练不到位,士卒动作不熟练,那么这支军队就不能称作王者之师。凡是军队有重大行动,没有不先练习使用各种器械的。如攻打敌人城池,围困敌人邑都,就用轒辒、临车、冲车攻城。观察城中敌人动静,就用云梯与飞楼升空瞭望。三军出发或宿营,便有武冲、大橹车前后守卫。控制街道、道路,就用材士拿着强弩守卫两旁。设置营垒,就用天罗、武落、行马蒺藜屏障。白天登云梯远望,挂五色旌旗;夜晚就设置烟火,敲击雷鼓和小鼓,摇动金铎,吹响胡笳,作为指挥信号。跨越沟堑,就用飞桥、转关辘轳、钮锯等工具。渡过江河,就用天潢、飞江。逆水上行,便有浮海、绝江等渡水器具。三军器用全备,做主将的还忧虑什么呢!"

临境第三十六

[说明]本篇论述敌我两军在对阵中,如何克敌制胜。指出势均力敌之时,须用奇兵,才能取胜。

武王问太公曰:"吾与敌人临境相拒,彼可以来,我可以往,阵皆坚固,莫敢先举。我欲往而袭之,彼亦可以来,为之奈何?"

太公曰:"分兵三处。令我前军,深沟增垒而无出,列旌旗,击礨鼓,完为守备。令我后军,多积粮食,无使敌人知我意。发我锐士,潜袭其中,击其不意,攻其无备。敌人不知我情,则止不来矣。"

武王曰:"敌人知我之情,通我之机,动则得我事,其锐士伏于深草,要我隘路,击我便处,为之奈何?"

太公曰:"令我前军,日出挑战,以劳其意。令我老弱,曳柴扬尘,鼓呼而往来。或出其左,或出其右,去敌无过百步。其将必劳,其卒必骇。如此,则敌人不敢来。吾往者不止,或袭其内,或击其外,三军疾战,敌人必败。"

【译文】

武王问太公说:"我与敌人在国境上相互对峙,敌军可以来进攻我,我军也可以进攻敌人,彼此的阵地都十分坚固,谁也不敢先动手。我想前去袭击敌人,又担心敌人也来袭击我,此时应该怎么办呢?"

太公说:"在这种情况下,可分兵为前军、中军、后军三部分。命令前军占领阵地,深沟高垒,排列旌旗,敲击礨鼓,加强防御守备而不出击。命令我后军多积蓄粮食,使敌人不知我的作战意图。然后命令我军精锐部队,潜入敌方袭击敌人,出其不意,攻其不备地袭扰敌人。敌人不了解我军的情况,自然不敢贸然向我进攻了。"

武王又问:"如果敌人已经知道我军的意图,也清楚我军的计谋,我一有行动敌人就知道了我军情况,因而派他的精锐部队埋伏于深草中,占据我必经的要道,或乘我防备不周时袭击我,此时应该怎么办呢?"

太公回答说:"可命令我的前军每天向敌人挑战,以使其疲劳,松懈敌人的斗志。命令我军的老弱士卒,拖曳着柴禾来往奔跑,扬起尘土,同时击鼓呐喊,往来不停,虚张声势。部队一会儿出现在敌人左边,一会儿出现在敌人右边,距离敌人不过一百步远。这样反复骚扰敌军,敌方将帅必因此而疲劳,敌方士卒必因此心里产生恐慌。这样,敌人就不敢前来侵犯我。我军不断派人前去袭击敌军,或者袭击他的内部,或者攻击他的外部,然后,我军集中力量迅速发动进攻,则敌人必败无疑。"

动静第三十七

[说明]本篇主要论述在敌我两军相持不下之时,如何运用迂回和伏击等战术击败敌人。

武王问太公曰:"引兵深入诸侯之地,与敌之军相当。两阵相望,众寡强弱相等,不敢先举。吾欲令敌人将帅恐惧,士卒心伤,行阵不固,后阵欲走,前阵数顾,鼓噪而乘之,敌人遂走,为之奈何?"

太公曰:"如此者,发我兵,去寇十里而伏其两旁,车骑百里而越其前后。多其旌旗,益其金鼓,战合,鼓噪而俱起,敌将必恐,其军惊骇,众寡不相救,贵贱不相待,敌人必败。"

武王曰:"敌之地势,不可以伏其两旁,车骑又无以越其前后。敌知我虑,先施其备,吾士卒心伤,将帅恐惧,战则不胜,为之奈何?"

太公曰:"诚哉!王之问也。如此者,先战五日,发我远候,往视其动静,审候其来,设伏而待之。必于死地与敌相避,远我旌旗,疏我行陈,必奔其前,与敌相当,战合而走,击金而止,三里而还,伏兵乃起,或陷其两旁,或击其先后。三军疾战,敌人必走。"

武王曰:"善哉!"

【译文】

武王问太公："率军深入敌国境内,我军与敌人的兵力势均力敌。两方的军队隔阵对峙,双方众寡强弱之势相等,谁都不敢轻举妄动。在这种情况下,我想让敌人将帅恐惧,士卒悲观,行阵不稳固,后阵想逃走,前阵动摇,然后,我军擂鼓呐喊乘势追击,从而迫使敌人仓皇逃走,您看怎么能做到这一步?"

太公回答说："这种情况下,我军应先派遣部分士卒秘密地去到距离敌军十里远的地方,在道路两旁埋伏;另派遣战车和骑兵到距离敌人上百里远的大后方去,忽而在前,忽而在后。多准备旌旗,多增加金鼓,战斗开始后,擂鼓呐喊,各军同时进攻,这样敌军必然恐惧,士卒惊惶错乱,以致大小部队不能互相救援,官兵无论贵贱不能互相照顾,这样,敌军一定会失败。"

武王又问："假如敌方地势不利于我军在两旁埋伏,车骑又无法迂回行进,在敌人前后方移动。敌人已知道我军的计谋而先有戒备,我军士卒悲观,将帅恐惧,与敌人作战,恐怕不能取胜,这时应该怎么办呢?"

太公回答说："君王问得确实很复杂微妙。这种情况下,我军可在交战前五日,先派遣侦探去远方,观察敌人的动静,了解敌人向我前进的时间与道路,我则选择地形险峻的地方预设埋伏。我军必须选择敌人难以逃脱的地方与敌人交锋,我军先头部队疏散旌旗,假装行伍不整,以一部分兵力与敌人遭遇,交锋之后佯装败退,故意鸣金收兵,后退三里后再回头反击,这时,事先埋伏的士卒乘机而起,或抄袭敌人两旁,或袭击敌人前后。三军猛烈进攻,敌人必败而逃走。"

武王说："很好!"

金鼓第三十八

[说明]本篇论述警戒、防御反击以及追击时防止被伏击的方法。

武王问太公曰："引兵深入诸侯之地,与敌相当,而天大寒甚暑,日夜霖雨,旬日不止,沟垒悉坏,隘塞不守,斥候懈怠,士卒不戒。敌人夜来,三军无备,上下惑乱,为之奈何?"

太公曰："凡三军,以戒为固,以怠为败。令我垒上,谁何不绝,人执旌旗,外内相望,以号相命,勿令乏音,而皆外向。三千人为一屯,诫而约之,各慎其处。敌人若来,视我军之警戒,至而必还,力尽气怠。发我锐士,随而击之。"

武王曰："敌人知我随之,而伏其锐士,佯北不止,遇伏而还,或击我前,或击我后,或薄我垒。吾三军大恐,扰乱失次,离其所处。为之奈何?"

太公曰："分为三队,随而追之,勿越其伏。三队俱至,或击其前后,或陷其两旁。明号审令,疾击而前,敌人必败。"

【译文】

武王问太公说:"如果率军深入敌国境内,军力与敌人差不多,适值天气或冷或热,旬日大雨不止,夜以继日,防御用的沟垒全部塌毁,险隘关塞无法防守,侦探懈怠麻痹,士卒疏于戒备。敌人趁着夜色前来偷袭,三军都没有防备,上下都疑虑混乱,碰到这种情况,您看该怎么办?"

太公回答说:"凡是军队,只有严密戒备才能防守牢固,若松懈就会导致失败。在我军营垒中,警戒的口令呼应之声不要断,哨兵要手持旗帜,与营垒内外联络,相互传送口令,金鼓之声不可停歇,向外表示我军已做好各项准备。以三千人为一屯,反复强调,严加约束,使各自慎重警戒其负责的区域。敌人如果来犯,发现我军戒备森严,即使来到我军阵前也会撤回,这时,敌人已力尽气衰。我军应趁机派遣精锐部队,紧紧跟随敌后猛烈打击敌军。"

武王说:"敌人知道我派兵跟随,在路边埋伏精锐将士,派另一部分人伪装退却引诱我追击,等我军进入了埋伏圈,退却的主力部队返回配合伏兵向我反击,有的攻击我的前边,有的攻击我的后边,有的迫近我的营垒。我军因此十分恐慌,队伍混乱,士兵擅离在阵中的位置。遇到这种情况,您看该怎么办?"

太公回答说:"在这种情况下,我军应分为三个纵队,紧随着撤退的敌人追击,但不要进入他的埋伏圈。我军三个纵队都赶到后,有的攻击他的前后,有的攻击他的两侧,并明确号令,三路纵队同时向敌人发动猛烈进攻,敌人就一定会失败。"

绝道第三十九

[说明]本篇主要论述战争中与敌对峙和行军途中防止敌人迂回、包围的方法。

武王问太公曰:"引兵深入诸侯之地与敌相守,敌人绝我粮道,又越我前后。吾欲战则不可胜,欲守则不可久,为之奈何?"

太公曰:"凡深入敌人之境,必察地之形势,务求便利。依山林、险阻、水泉、林木而为之固,谨守关梁,又知城邑、丘墓地形之利。如是,则我军坚固,敌人不能绝我粮道,又不能越我前后。"

武王曰:"吾三军过大林、广泽、平易之地,吾候望误失,卒与敌人相薄。以战则不胜，以守则不固，敌人翼我两旁，越我前后，三军大恐，为之奈何？"

太公曰："凡帅师之法，常先发远候，去敌二百里，审知敌人所在。地势不利，则以武冲为垒而前，又置两踵军于后，远者百里，近者五十里，即有警急，前后相知。吾三军常完坚，必无毁伤。"

武王曰："善哉！"

【译文】

武王问太公说："率军深入敌国境内后，与敌军对峙，敌人断绝了我的运粮道路，又在我军前后方来回运动。我军希望与敌人交战但又担心不能取胜，想防守又恐怕不能长久，这该怎么办才好？"

太公回答说："凡是深入敌国境内，行动之前必须认真了解敌国的地形地貌，务求控制有利地形。依托山林、险阻、水泉、林木，以求阵势牢固，严守关塞桥梁，掌握附近的城邑、丘陵、墓地的有利地形。这样，我军便防守坚固，敌人不能断绝我的运粮道路，也不能在我军前后方来回运动。"

武王又问："我三军通过大片森林、沼泽地和平坦开阔的土地时，由于侦察部队的失误，未能及早发现敌人，仓促之间与敌人相遇。想与敌人决一死战，但担心不能取胜，想防守又恐怕不能坚守，敌人包抄了我的两侧，还派部队在我军前后方来回运动，三军十分惊恐，您看该怎么办好？"

太公回答说："凡是率领军队出征，事先必须派遣侦察部队，距离敌方二百里，清楚地知道敌人所在的位置。如果地势对我不利，就要使用武冲车在前面掩护前进，并派两支队伍担任踵军善后，踵军与主力远的可达一百里，近的可达五十里，如有紧急情况，前后都能互通消息。我三军如果能够保持这种完善而坚固的部署，也就不至于遭受严重的伤亡和失败了。"

武王说："很好！"

略地第四十

[说明]本篇论述军队攻入敌境，包围敌城后的情况，指出攻城围邑的战略战术，强调对占领地军民要"示之以仁义，施之以厚德"。

武王问太公曰："战胜深入，略其地，有大城不可下，其别军守险阻，与我相拒。我欲攻城围邑，恐其别军卒至而薄我，中外相合，拒我表里，三军大乱，上下恐骇，为之奈何？"

太公曰："凡攻城围邑，车骑必远，屯卫警戒，阻其外内。中人绝粮，外不得输。城人恐怖，其将必降。"

武王曰："中人绝粮，外不得输，阴为约誓，相与密谋，夜出穷寇死战。其车骑锐士，或冲我内，或击我外，士卒迷惑，三军败乱，为之奈何？"

太公曰："如此者，当分为三军，谨视地形而处。审知敌人别军所在，及其大城别堡，为之置遗缺之道，以利其心，谨备勿失。敌人恐惧，不入山林，即归大邑，走其别军。车骑远要其前，勿令遗脱。中人以为先出者，得其径道，其练卒材士必出，其老弱独在。车骑深入长驱，敌人之军必莫敢至。慎勿与战，绝其粮道，围而守之，必久其日。无燔人积聚，无毁人宫室，冢树社丛勿伐，降者勿杀，得而勿戮，示之以仁义，施之以厚德。令其士民曰：辜在一人。如此，则天下和服。"

武王曰："善哉！"

【译文】

武王问太公说："我军战胜敌军后，深入敌国境内，占据他的土地，但还有大城邑没有攻打下来,而城外敌人还有一支部队固守险要地形,与我军相持不下。我想围攻敌人的城邑,又担心城外另一支敌军突然逼近我,会合城内守军向我夹击,我军两面受敌,以至三军大乱,上下惊恐不安,这时该怎么办好?"

太公回答说:"大凡攻城围邑,我军必须将战车、骑兵部队驻扎在距城邑较远的地方,扼守要道,担任警戒,阻断敌人内外联络。断绝城内粮食供应,使外边的粮食不能运进城中。城里军民人人恐慌,守城的将领必定会来向我投降。"

武王又问:"城里人断粮,外边无法运进去,敌人便暗中订下誓约,秘密谋划,乘夜出城与我拼命死战。敌军战车骑兵和精锐士卒或者冲击我军营内,或者攻打我军营外,我军士卒不知所措,三军混乱,你看该怎么办好?"

太公回答说:"处在这种情况下,应当命令我军分为三部分,审视地形驻扎部队。首要察明敌人城外部队的驻扎地和附近大城别堡的情形,然后为逃跑的敌人留下一条道路,以诱其外逃,但要严密戒备,防止敌人真跑掉了。被围在城内的敌人十分恐惧,不是想逃入山林,就是想逃到另外一座大城中去,投奔其他军队。这时,我军要动用另外一支配备了战车和骑兵的部队,在距城较远的地方,拦截敌人突围的先头部队,不让他们逃跑。城里的敌人会误以为先突围的人已经成功,开辟了一条通道,他的精锐部队必定蜂拥而出,留在城内的只有老弱残兵了。然后我军车骑长驱直入敌后,敌人必不敢再继续突围。我军也不要急于进攻,只要断绝他的粮食补给线,严密加以包围,时间长了,敌人必定投降。进入城邑的军队,不要烧毁敌人积聚的财物,不要毁坏敌人的宫室,不要砍伐坟墓上的树木、社庙旁的树丛,不要杀主动前来投降的敌人,不要虐待战场上的俘虏,要显示我军的仁义,施以恩德。告知军民:有罪的只是无道君主一人。这样,天下就会心悦诚服于我。"

武王夸赞说:"您说得很好!"

火战第四十一

[说明]本篇说明军队在特殊情况下遭遇敌人火攻时,应当"以火攻火",伺机袭敌。

武王问太公曰:"引兵深入诸侯之地,遇深草蓊秽,周吾军前后左右,三军行数百里,人马疲倦休止。敌人因天燥疾风之利,燔吾上风,车骑锐士,坚伏吾后。三军恐怖,散乱而走,为之奈何?"

太公曰:"若此者,则以云梯、飞楼,远望左右,谨察前后。见火起,即燔吾前而广延之,又燔吾后。敌人苟至,即引军而却,按黑地而坚处。敌人之来,犹在吾后,见火起,必远走。吾按黑地而处,强弩材士卫吾左右,又燔吾前后。若此,则敌人不能害我。

武王曰:"敌人燔吾左右,又燔吾前后,烟覆吾军,其大兵按黑地而起,为之奈何?"

太公曰:"若此者,为'四武冲阵',强弩翼吾左右,其法无胜亦无负。"

【译文】

武王问太公说:"率军深入敌国境内,茂盛的野草围绕我军前后左右,我已行军数百里,人马皆已疲劳困乏,并已宿营休息。敌人趁天气干燥,大风便利,在我军上风纵火点燃野草,又派精锐的车骑兵埋伏在我军后边。三军惊恐不安,混乱中四散逃走,你看该怎么办好?"

太公回答说:"在这种情况下,我军应当用云梯、飞楼,登高瞭望前后左右。如果看见火光，就顺着风向，在我军营地前边较远的地方先烧掉一片野草，并扩大焚烧的面积，同时在我军后边较远的地方烧掉一片野草。如果敌人来进攻了，就命令我军撤退到已经烧掉野草的黑地上，列阵以待。前来围攻的敌人此时还在我军的后面，他们看到火光，一定会退走。我军在黑地里布阵，用勇士持强弩掩护两翼，如果敌人再行火攻，我就如法炮制在前后放火烧野草。这样反复进行，敌人便无法加害于我。"

武王又问："如果敌人同时纵火点燃了我左右前后的野草，浓烟覆盖在我军上方，敌军从烧尽了野草的黑地上向我发动进攻，那么该怎么办呢？"

太公回答说："这种情况下，就命令我军组成'四武冲阵'，用强弩材士保卫我军左右，这样我军即使不会取胜，也不至于失败。"

垒虚第四十二

[说明]本篇主要谈判断敌人营垒内的虚实，掌握敌人行动的方法。

武王问太公曰："何以知敌垒之虚实，自来自去？"

太公曰："将必上知天道，下知地利，中知人事。登高下望，以观敌之变动。望其垒，则知其虚实。望其士卒，则知其来去。"

武王曰："何以知之？"

太公曰："听其鼓无音，铎无声，望其垒上多飞鸟而不惊，上无氛气，必知敌诈而为偶人也。敌人卒去不远，未定而复反者，彼用其士卒太疾也。太疾则前后不相次，不相次则行阵必乱。如此者，急出兵击之，以少击众，则必败矣。"

【译文】

武王问太公说:"怎样探知敌人营垒中的虚实,军队的调动情况呢?"

太公回答说:"作为将领,必须上知天象的变化,下知地利的险易,中知人的心理状态。登高瞭望敌人营垒,便可观察到敌人的动静。瞭望敌人营垒,便知道兵力虚实。观察敌人士卒的动态,便知道敌军调动情况。"

武王又问:"用什么方法知道这些呢?"

太公回答说:"如果听不到敌人的鼙鼓声,听不到敌人的铃声,瞭望敌人营垒上有许多飞鸟但没有惊恐的情形,空中又没有尘埃飘起,营垒必定早已空了,守营的全是假人罢了。敌人如果仓促撤走,还没有驻扎又返回的,这是因为调动军队太匆忙了。行动太匆忙,敌人的队列就没有前后次序,没有前后次序,敌人的阵势必定很混乱。像这种情况,应该迅速出兵追击,虽然以少击多,也必定会取得胜利。"

卷第五豹韬

林战第四十三

[说明]本篇论述在森林地带作战的方法。强调要因地制宜，如"弓弩为表，戟楯为里"，"林间木疏，以骑为辅"等。

武王问太公曰："引兵深入诸侯之地，遇大林，与敌人分林相拒。吾欲以守则固，以战则胜，为之奈何？"

太公曰："使吾三军，分为冲陈，便兵所处，弓弩为表，戟楯为里。斩除草木，极广吾道，以便战所。高置旌旗，谨敕三军，无使敌人知吾之情。是谓林战。林战之法，率吾矛戟，相与为伍，林间木疏，以骑为辅，战车居前，见便则战，不见便则止。林多险阻，必置冲陈，以备前后。三军疾战，敌人虽众，其将可走。更战更息，各按其部。是谓林战之纪。"

【译文】

武王问太公说："率军深入敌国境内，遇见大片森林，与敌人各占据一片树林相对峙。我想要防守就能坚不可破，交战就能取得胜利，您看应当怎么办好？"

太公回答说："将我军部署为'四武冲阵'，根据地形，寻找适合作战的地方，以弓弩手为外围，戟和盾布置在里层。要斩除草木，拓宽道路，以便战斗时行动。同时高挂旌旗，严令全军保守秘密，不能让敌人掌握我的情况。这就是林地作战要做的准备。林地作战的一般方法，应将持矛戟的士卒编为混合小分队，森林间如树木稀疏，用骑兵辅助作战，把战车配置在前面,如果发现有利的情况就战斗,不利的话就停止。如森林中有许多险阻地形,必须部署'四武冲阵',防备敌人袭击我军前后。战斗时,务必要求三军展开猛烈进攻,敌人即便众多,也可以取胜,迫使敌将逃走。部队要轮番战斗轮番休息,各按编组行动。这就是林地作战的一般原则。"

突战第四十四

[说明]本篇介绍应付敌人的突然袭击和诱敌攻城突然袭击敌人的战法。

武王问太公曰:"敌人深入长驱,侵掠我地,驱我牛马。其三军大至,薄我城下,吾士卒大恐,人民系累,为敌所虏。吾欲以守则固,以战则胜,为之奈何?"

太公曰:"如此者,谓之突兵。其牛马必不得食,士卒绝粮,暴击而前。令我远邑别军,选其锐士,疾击其后,审其期日,必会于晦,三军疾战。敌人虽众,其将可虏。"

武王曰:"敌人分为三四,或战而侵掠我地,或止而收我牛马。其大军未尽至,而使寇薄我城下,致吾三军恐惧,为之奈何?"

太公曰:"谨候敌人,未尽至则设备而待之。去城四里而为垒,金鼓旌旗皆列而张,别队为伏兵。令我垒上多积强弩,百步一突门,门有行马,车骑居外,勇力锐士隐伏而处。敌人若至,使我轻卒合战而佯走。令我城上立旌旗,击鼙鼓,完为守备。敌人以我为守城,必薄我城下。发吾伏兵,以冲其内,或击其外。三军疾战,或击其前,或击其后,勇者不得斗,轻者不及走,名曰'突战'。敌人虽众,其将必走。"

　　武王曰:"善哉!"

【译文】

　　武王问太公说:"敌人进攻我国,长驱直入,侵掠我土地,夺走我牛马。敌人三军大部队进逼到我城邑之下,我的士卒十分恐惧,人民为战难所连累,被敌人驱赶俘虏。我想在这种不利情况下,做到防守则能牢固,交战便能取胜,您看该怎么办好?"

　　太公回答说:"敌人这样进攻,可称之为'突兵'。因为行动迅速,他的牛马必定没有饲料,他的士卒必然没有粮食,只是希望猛烈进攻快速推进。这时,命令我驻在另外城邑的军队,选拔精锐将士,猛烈袭击敌人的后方,详细计划联合行动的日期,一定要选在夜晚会合,三军迅速猛烈地向敌人发动进攻。敌人虽然数量多,但他的将领仍然可以被我抓获。"

　　武王又问:"假如敌人分为三四部分,或者进攻以掠夺我的领地,或者驻止以夺走我的牛马。敌人大军还没有全部到达,而只是一部分兵力进逼到我的城下,以致我三军十分恐惧,您看该怎么办好?"

　　太公回答说:"这时,我军需侦察了解敌军的行动与企图,在敌人主力尚未完全到达之前,就应先完成战备,严阵以待。派遣一支队伍,在离城四里远的地方构筑一个营垒,金鼓旗帜都布置起来,另派一支队伍作为伏兵埋伏在外面。命令我营垒上的部队多准备射程远的强弩,每一百步留一个突击用的门,门外设行马以防守,车兵骑兵分置营地外边,另派勇力锐士为伏兵,埋伏在城外要道两侧。敌人如果来了,先派我轻装步卒与敌人接战,旋即佯败后退。此时令我守军在城墙上树立旌旗,猛击鼙鼓,做好防御的准备。敌人错以为我主力守城,必定将主力调到我军城下。这时发动我埋伏的将士,有的冲入敌人的阵内,有的在阵外袭击敌人。此时我军迅速向敌人发动攻击,或者袭击敌军的前部,或者袭击敌军的后部,使勇敢的敌人无法抵抗,敏捷的敌人来不及逃走,这种战法称'突战'。敌人虽然人数众多,也会被我打败,其将领必将败逃。"

武王夸赞道:"您说得很好!"

敌强第四十五

[说明]本篇论述在敌众我寡、敌强我弱的战争形势下,如何采取主动出击的战术打击敌人。

武王问太公曰:"引兵深入诸侯之地,与敌人冲军相当。敌众我寡,敌强我弱。敌人夜来,或攻吾左,或攻吾右,三军震动。吾欲以战则胜,以守则固,为之奈何?"

太公曰:"如此者,谓之'震寇'。利以出战,不可以守。选吾材士强弩,车骑为左右,疾击其前,急攻其后,或击其表,或击其里。其卒必乱,其将必骇。"

武王曰:"敌人远遮我前,急攻我后,断我锐兵,绝我材士,吾内外不得相闻,三军扰乱,皆败而走,士卒无斗志,将吏无守心,为之奈何?"

太公曰:"明哉!王之问也。当明号审令,出我勇锐冒将之士,人操炬火,二人同鼓,必知敌人所在,或击其表里。微号相知,令之灭火,鼓音皆止。中外相应,期约皆当,三军疾战,敌必败亡。"

武王曰:"善哉!"

【译文】

武王问太公说:"率军深入敌国境内,与敌人的突击部队相遇。敌众我寡,敌强我弱。如果敌人于夜间突然来攻击我军,有的攻击我的左翼,有的攻击我的右翼,我三军震动惊骇。这种情况下,我想交战便能取得胜利,防守便能牢不可破,您看应当怎么办好?"

太公说:"这种情况下的敌军,可称之为'震寇'。我军主动出击有利,不宜长久防守。应当挑选精锐的士卒持强弩,以车兵骑兵作为左右护卫,迅速攻击敌人的正面,猛烈地攻击敌人的侧后,既要攻击敌人的阵外,又要攻入敌人的阵内。这样,敌人的士卒必定混乱,将领必定惊慌失措。"

武王说:"假若敌人远远地阻截了我军前进的道路,又急攻我军的后方,阻断我军精锐的救兵,隔绝我应援的材士,使我军内外失去联络,我三军因此扰乱,四散而逃,士卒没有斗志,将吏无固守的念头,这时该怎么办好呢?"

太公回答说:"您提的这个问题真是英明!我军处于这种情况下,应当再次重申号令,派勇敢精锐的敢死士卒,每人举一支火把,两人同击一面战鼓,一定寻找到敌人的准确位置,然后部署队伍,有的攻击敌人外部,有的攻击敌人的内部。部队凭旗帜上的标志相互识别,下达命令灭掉火把,停止击鼓。里外互相接应,按照约定信号,三军同时向敌人发动猛烈进攻,敌人必定失败无疑。"

武王说:"您说得很好!"

敌武第四十六

[说明]本篇论述军队在敌国境内突遇强敌的情况下,如何后退设伏,奇袭敌人。

武王问太公曰:"引兵深入诸侯之地,卒遇敌人,甚众且武,武车骁骑绕我左右,吾三军皆震,走不可止,为之奈何?"

太公曰:"如此者,谓之'败兵'。善者以胜,不善者以亡。"

武王曰:"为之奈何?"

太公曰:"伏我材士强弩,武车骁骑为之左右,常去前后三里。敌人逐我,发我车骑,冲其左右。如此,则敌人扰乱,吾走者自止。"

武王曰:"敌人与我车骑相当,敌众我少,敌强我弱,其来整治精锐,吾陈不敢当,为之奈何?"

太公曰:"选我材士强弩,伏于左右,车骑坚陈而处。敌人过我伏兵,积弩射其左右,车骑锐兵疾击其军,或击其前,或击其后。敌人虽众,其将必走。"

武王曰:"善哉!"

【译文】

武王问太公说:"率军深入敌国境内,如果突然与敌人大部队相遇,敌人众多而且来势很猛,战车和勇猛的骑兵包抄了我的两翼,我三军都十分震惊,四散奔走,无法控制,您看这时应怎么办为好?"

太公回答说:"处于这种情况的军队,称之为'败兵'。此时善于用兵的人可以取胜,不善于用兵的将会败亡。"

武王又问:"那么应当如何处置呢?"

太公回答说:"命令我军精锐和强弩埋伏起来,并以武冲大战车和骁勇的骑兵配置在其两翼,伏击地距离我军主力约三里远。敌人来追击我时,就出动我的战车和骑兵,攻击敌人的两侧。这样敌人就会混乱,我军逃跑的士卒便会自动停下来。"

武王再问道:"如果敌人与我军战车、骑兵相遇,敌众我寡,敌强我弱,敌人阵列整齐,士卒精锐,我要与敌对阵而战,但难以抵挡,遇到这种情况,您看该怎么办好?"

太公回答说:"这时挑选我军的精锐和强弩,埋伏在两翼,战车骑兵坚守阵地。敌人通过我军埋伏的地方时,集中强弩猛射敌人的两翼,出动战车、骑兵猛烈攻击敌军，既要攻击他的前方，又要攻击他的后方。敌人虽然多，也必定被我打败，其将领必将败逃。"

武王说："很好！"

乌云山兵第四十七

[说明]本篇论述山地作战中，如何采取机动灵活的战术。

武王问太公曰："引兵深入诸侯之地，遇高山磐石，其上亭亭，无有草木，四面受敌。吾三军恐惧，士卒迷惑。吾欲以守则固，以战则胜，为之奈何？"

太公曰："凡三军处山之高，则为敌所栖；处山之下，则为敌所囚。既以被山而处，必为'乌云之陈'。乌云之陈，阴阳皆备。或屯其阴，或屯其阳。处山之阳，备山之阴；处山之阴，备山之阳；处山之左，备山之右；处山之右，备山之左。敌所能陵者，兵备其表，衢道通谷，绝以武车，高置旌旗，谨敕三军，无使敌人知吾之情，是谓山城。行列已定，士卒已陈，法令已行，奇正已设，各置冲陈于山之表，便兵所处，乃分车骑为乌云之陈。三军疾战，敌人虽众，其将可擒。"

【译文】

武王问太公说："率军深入敌国境内，遇到高山巨石，上面峰峦高耸，没有草木，四面受敌。我三军十分恐惧，士卒迷惑。我想在这种情况下实现防守便能牢固，交战便可取胜，您看应怎么办好？"

太公回答说："大凡在山地作战，我军如果驻扎在高山上，便容易被敌人孤立，不能自由下山；如果驻扎在山麓，便容易被敌人围困，不能自由行动。既然已经靠着山地驻扎,必须部署成'乌云阵'。'乌云阵'(就是控制机动部队,随时可以支援各方作战)同时对山南山北各个方面都要戒备。既要防守山的北面,又要防守山的南面。如果队伍驻扎在山的南面,便需防备山的北面;驻扎在山的北面,便需防备山的南面;占领山的左面,便要戒备山的右面;占领山的右面,便要戒备山的左面。凡是敌人可能攀登的地方,都派人加以防守,交通要道,通行的山谷,都派战车加以阻绝,高挂旌旗,以便联络,严令三军,不让敌人知道我军的情况,这叫作山城。部署已经完毕,士卒已经排列成阵,各项法令也已经颁行,运用奇兵正兵的谋略已经确定,各部队都编成'冲阵',将攻击部队部署在山上方便行动的地方,再把车兵骑兵组成乌云阵准备策应各处。这样,当敌人来进攻时,我三军向敌人猛烈进攻,敌人虽然多,他的将领仍会被擒获。"

乌云泽兵第四十八

[说明]本篇论述与敌人临水相拒的情况下,要采取诈、诱结合,配之以伏兵的战术,诱使敌人渡河,然后用机动灵活的乌云阵打击敌人。

武王问太公曰:"引兵深入诸侯之地,与敌人临水相拒。敌富而众,我贫而寡。逾水击之则不能前,欲久其日则粮食少。吾居斥卤之地,四旁无邑,又无草木,三军无所掠取,牛马无所刍牧。为之奈何?"

太公曰:"三军无备,牛马无食,士卒无粮。如此者,索便诈敌,而亟去之,设伏兵于后。"

武王曰:"敌不可得而诈,吾士卒迷惑,敌人越我前后,吾三军败而走。为之奈何?"

太公曰："求途之道，金玉为主。必因敌使，精微为宝。"

武王曰："敌人知我伏兵，大军不肯济，别将分队以逾于水，吾三军大恐。为之奈何？"

太公曰："如此者，分为冲陈，便兵所处，须其毕出，发我伏兵，疾击其后，强弩两旁，射其左右。车骑分为乌云之阵，备其前后。三军疾战。敌人见我战合，其大军必济水而来。发我伏兵，疾击其后，车骑冲其左右。敌人虽众，其将可走。

"凡用兵之大要，当敌临战，必置冲陈，便兵所处，然后以车骑分为乌云之陈。此用兵之奇也。所谓乌云者，乌散而云合，变化无穷者也。"

武王曰："善哉！"

【译文】

武王问太公说："我军深入敌国境内，与敌人隔河相对峙。敌人资财充足，士卒众多，我军资财贫乏，士卒又少。我想渡河去攻击敌人，无力前进，想长久对峙，但粮食不多，不能持久。我军驻扎在盐碱地上，四周没有城邑，又没有草木，军队的物资无处去征集，牛马也没有饲料。您看这种情况应怎么办好？"

太公回答说："三军没有防守的器械，牛马没有饲料，士卒没有粮食。我军处于这种情况下，应寻求一个便利的机会，设法欺骗敌人，然后迅速离开此地，并在后边设置伏兵，防备敌人袭击我。"

武王问："敌人如果识破了我的诈诱计谋不受欺骗，我军士卒迷惑不解，敌人这时又进逼到我军前后，我三军溃退。这时应当怎么办呢？"

太公回答说："这时寻求退路的方法，主要是靠使用金银珠宝。一定要通过敌人军使进行贿赂，这件事的安排必须精密细致，以不让敌人察觉最为重要。"

武王再问道："如果敌人已知道我设有伏兵，大军不肯渡河，另派小部队渡河,我三军因此大为惶恐。这时应当怎么办呢?"

太公回答说:"如果是这种情况,就命令我三军部署成'四武冲阵',配置在便于作战的地方,等敌人小股部队全部渡河后,派我伏兵猛烈攻击敌人的侧后,用强弩射击敌人的左右。把战车和骑兵组成乌云阵势,用以护卫我军前后。全军向已渡河的敌人发动猛攻。敌人见我对他的小股队伍发动进攻,大部队也必定渡河前来。这时,指挥我伏兵迅速攻击敌后,战车、骑兵冲击敌人两翼。敌人数量虽然多,但必然溃败,其将领也被迫逃走。

"指挥军队的关键是,当我军与敌军即将战斗时,我军必须选拔勇敢精锐的将士组成'四武冲阵',配置在便于战斗的地方,然后用战车、骑兵分布成'乌云之阵'。这就是出奇制胜的方法。所谓乌云,就是指队伍像乌鸟和流云一样时聚时散,变化无穷。"

武王说:"您说得很好!"

少众第四十九

[说明]本篇论述以少击多、以弱击强的作战方法。

武王问太公曰:"吾欲以少击众,以弱击强,为之奈何?"

太公曰:"以少击众者,必以日之暮,伏之深草,要之隘路。以弱击强者,必得大国之与,邻国之助。"

武王问:"我无深草,又无隘路,敌人已至,不适日暮;我无大国之与,又无邻国之助。为之奈何?"

太公曰:"妄张诈诱,以荧惑其将。迂其途,令过深草;远其路,令会日暮。前行未渡水,后行未及舍,发我伏兵,疾击其左右,车骑扰乱其前后。敌人虽众,其将可走。事大国之君,下邻国之士，厚其币，卑其辞。如此则得大国之与，邻国之助矣。"

武王曰："善哉！"

【译文】

武王问太公说："我想以少击众，以弱击强，您看怎样能做到？"

太公回答说："以少击众，必须等待傍晚时分，埋伏在深草中，在险隘的道路上袭击过往敌人。以弱击强，必须有大国的支持，邻国的援助。"

武王又问："如果我军没有深草地带可以埋伏，又没有险隘的地方可以利用，敌人已经到达，时间并不是恰好在傍晚时分；我方没有大国的支持，也没有邻国的援助。这又应该怎么办呢？"

太公回答说："我军处于这种情况下，宜用夸张欺诈迷惑敌人的将帅。引诱敌人迂回前进，通过深草地带；诱使敌人多绕远路，以便让敌人在日暮时分经过我军伏击圈。乘敌人先头部队还没有全部渡河，后续部队还没有驻扎，出动我伏击部队迅速袭击敌人的两翼，并令我战车和骑兵扰乱敌人的前后。敌人人数虽然多，也一定会被打败，将领被迫逃走。至于以弱击强，必须在外交上多努力。要事奉大国的君主，礼遇邻国的贤士，要多赠送金钱，言辞要谦逊。这样就能与大国结盟，得到邻国的援助。"

武王说："您说得很好！"

分险第五十

[说明]本篇论述在险要地形中与敌人作战的方法。

武王问太公曰："引兵深入诸侯之地，与敌人相遇于险厄之中。吾左山而右水，敌右山而左水，与我分险相拒。吾欲以守则固，以战则胜，为之奈何？"

太公曰:"处山之左,急备山之右;处山之右,急备山之左。险有大水,无舟楫者,以天潢济吾三军。已济者亟广吾道,以便战所。以武冲为前后,列其强弩,令行阵皆固。衢道谷口,以武冲绝之,高置旌旗。是谓'军城'。

"凡险战之法,以武冲为前,大橹为卫,材士强弩翼吾左右。三千人为一屯,必置冲陈,便兵所处。左军以左,右军以右,中军以中,并攻而前。已战者,还归屯所,更战更息,必胜乃已。"

武王曰:"善哉!"

【译文】

武王问太公说:"我军深入敌国境内,与敌人在险要狭隘的地方相遇。我军占据的地形是左面靠山右面临水,敌军占据的地形是右面靠山左面临水,与我分别占据险要地形,双方形成对峙局面。在这种情况下,如果我想防守便能做到牢不可摧,交战便能大获全胜,您看应该怎么办呢?"

太公回答说:"我军如果占据山的左侧,必须防备山的右侧;如果占据山的右侧,必须防备山的左侧。如果险要地段的大江没有船只,就用浮游器材装载队伍渡河。已经过了河的先头部队必须马上开辟通行道路,抢占有利地形方便我军主力作战。我军过河后,用武冲扶胥车作为前后护卫,配置强弩防守正面,以使阵地坚固。交通要道和山谷出口均用武冲车堵塞,并在阵地上高挂旌旗。这种阵势叫作'军城'。

"大凡在险阻地形中作战,必须用武冲车开路,用大橹车作为护卫,用精锐的士卒和强弩保护我军的两翼。步兵每三千人作为一屯,编成'四武冲阵',根据地形部署。左军用于左翼,右军用于右翼,中军在中央,三军同时推进。已经和敌人交战的返回驻扎营地,这样交替作战,直到取得胜利为止。"

武王说:"很好!"

卷第六犬韬

分合第五十一

[说明]本篇论述军队的通信联络及部队会合原则,强调纪律的严肃性。

武王问太公曰:"王者帅师,三军分为数处。将欲期会合战,约誓赏罚,为之奈何?"

太公曰:"凡用兵之法,三军之众,必有分合之变。其大将先定战地、战日,然后移檄书与诸将吏:期攻城围邑,各会其所,明告战日,漏刻有时。大将设营而陈,立表辕门,清道而待。诸将吏至者,校其先后,先期至者赏,后期至者斩。如此,则远近奔集,三军俱至,并力合战。"

【译文】

武王问太公曰:"君王率领军队出征,三军分别驻扎在几个地方。如果主将想集合部队作战,并制定赏罚条例,应当怎么办?"

太公说:"大凡用兵的方法,三军人数众多,必须有分散和集中作战部署上的变化。具体方法是:让主将先决定作战地点、作战时间,然后颁布命令,向诸将吏明确要围攻的城邑,各军要集中的地点,作战的日期,到达的时间。到了约定日期时设营布阵,主将在营门立表,以观测日影,计算时间,清出道路,禁止行人通行,等待将吏到达。诸将吏到达后,核实每人到达的时间,先期到达者赏,过期到达者斩。这样,无论远近,都会迅速赶来集合,三军全部到达,就能集中力量与敌人作战。"

武锋第五十二

[说明]本篇论述军队要掌握战场上敌情的变化,抓住有利时机,打击敌人。

武王问太公曰:"凡用兵之要,必有武车骁骑,驰阵选锋,见可则击之。如何而可击?"

太公曰:"夫欲击者,当审察敌人十四变。变见则击之,敌人必败。"

武王曰:"十四变可得闻乎?"

太公曰:"敌人所集可击,人马未食可击,天时不顺可击,地形未得可击,奔走可击,不戒可击,疲劳可击,将离士卒可击,涉长路可击,济水可击,不暇可击,阻难狭路可击,乱行可击,心怖可击。"

【译文】

武王问太公说:"大凡用兵的关键,是我军必须有威武的战车,骁勇的骑兵,冲锋陷阵的精锐将士作为前锋部队,发现敌人有可乘之机时,便迅速发动进攻。究竟在何种情况下,可以向敌人发动攻击呢?"

太公回答说:"我军要攻击敌人,应当仔细考察,抓住对敌不利的十四种情况。只要发现一种情况对敌不利,就可以攻击敌人,敌人会因此大败。"

武王又问:"您能把对敌不利的十四种情况讲给我听听吗?"

太公回答说:"敌人刚集结,乘他们部署还没完成时,可以攻击;敌人人马饥饿,可以攻击;天气对敌人不利,可以攻击;地形对敌人不利,可以攻击;敌人奔走赶路时,可以攻击;敌人没有戒备时,可以攻击;敌人疲劳困乏时,可以攻击;将领离开士卒时,可以攻击;敌人长途跋涉后,可以攻击;敌人正在渡河,可以攻击;敌军忙乱时,可以攻击;敌人正经过险阻隘路之中,可以攻击;敌人队伍散乱,行列不整,可以攻击;敌人士气低落心中恐惧,可以攻击。”

练士第五十三

[说明]本篇主要论述挑选士卒的十一种方法,强调要因材使用,发挥人的积极性。

武王问太公曰:“练士之道奈何?”

太公曰:“军中有大勇力敢死乐伤者,聚为一卒,名曰‘冒刃之士’。有锐气壮勇强暴者,聚为一卒,名曰‘陷陈之士’。有奇表长剑,接武齐列者,聚为一卒,名曰‘勇锐之士’。有拔距伸钩,强梁多力,溃破金鼓,绝灭旌旗者,聚为一卒,名曰‘勇力之士’。有逾高绝远,轻卒善走者,聚为一卒,名曰‘寇兵之士’。有王臣失势欲复见功者,聚为一卒,名曰‘死斗之士’。有死将之人子弟,欲为其将报仇者,聚为一卒,名曰‘死愤之士’。有贫穷忿怒,欲快其志者,聚为一卒,名曰‘必死之士’。有赘婿人虏,欲掩迹扬名者,聚为一卒,名曰‘励钝之士’。有胥靡免罪之人,欲逃其耻者,聚为一卒,名曰‘幸用之士’。有材技兼人,能负重致远者,聚为一卒,名曰‘待命之士’。此军之练士,不可不察也。”

【译文】

武王问太公说:“怎样挑选军队中的人才?”

太公回答说:"把军队中有胆量有力气,不怕死且以受伤为荣的士兵,编为一队,取名为'冒刃之士'。把有精锐之气、强壮勇敢、横蛮凶暴的士兵,编为一队,取名为'陷阵之士'。把姿态奇异、善用长剑、步伐稳健、在阵列中行动一致者,编为一队,取名为'勇锐之士'。把臂力过人,能伸直铁钩,能捣毁敌人金鼓、撕毁敌人旌旗的勇武士兵,编为一队,取名为'勇力之士'。把能越高山、行远路,轻脚善走者,编为一队,取名为'寇兵之士'。把王臣中因过失势,想重建功劳者,编为一队,取名为'死斗之士'。把有的将领阵亡,其子弟想为父兄报仇者,编为一队,取名为'死愤之士'。把因贫穷而心怀愤怒,想出人头地者,编为一队,取名为'必死之士'。把因入赘,被俘虏,想扬名遮丑的,编为一队,取名为'励钝之士'。把免去罪行的想掩盖其耻辱的囚徒,编为一队,取名为'幸用之士'。把才技兼备,能担负重任到远处去执行任务者,编为一队,取名为'待命之士'。这是军中挑选人才的方法,不可不认真考虑啊!"

教战第五十四

[说明]本篇论述军中循序渐进教练士卒的方法。

武王问太公曰:"合三军之众,欲令士卒服习教战之道,奈何?"

太公曰:"凡领三军,必有金鼓之节,所以整齐士众者也。将必先明告吏士,申之以三令,以教操兵起居、旌旗指麾之变法。故教吏士,使一人学战,教成合之十人;十人学战,教成合之百人;百人学战,教成合之千人;千人学战,教成合之万人;万人学战,教成合之三军之众。大战之法,教成合之百万之众。故能成其大兵,立威于天下。"

武王曰:"善哉!"

【译文】

武王问太公:"如果集合三军,要让士卒都动作娴熟,掌握作战技巧,那么该如何训练?"

太公说:"凡是统帅三军,必须用金鼓来指挥,才能使士卒行动一致。做将领的必须明确告诉官兵如何操练,而且要反复讲清楚,训练他们操作兵器熟悉各种战斗动作,按照旌旗指挥的信号变更行动的方法。所以,教练官兵,开始先进行单兵教练,单兵教练成功后,再十人合练;十人教练成功后,再百人合练;百人教练成功后,再千人合练;千人教练成功后,再万人合练;万人教练成功后,再三军合练大军作战的方法。各项教练完成后,就可集合成百万大军。因此这种训练方法能组成强大的军队,立威于天下。"

武王说:"很好啊!"

均兵第五十五

[说明]本篇论述车兵与骑兵、步兵在战场上的不同作用,在不同的地形中,战车与骑兵可能发挥的作用,以及战车与骑兵军官的配备等问题。

武王问太公曰:"以车与步卒战,一车当几步卒?几步卒当一车?以骑与步卒战,一骑当几步卒?几步卒当一骑?以车与骑战,一车当几骑?几骑当一车?"

太公曰:"车者,军之羽翼也,所以陷坚陈,要强敌,遮走北也。骑者,军之伺候也,所以踵败军,绝粮道,击便寇也。故车骑不敌战,则一骑不能当步卒一人。三军之众成陈而相当,则易战之法,一车当步卒八十人,八十人当一车;一骑当步卒八人,八人当一骑;一车当十骑,十骑当一车。险战之法,一车当步卒四十人,四十人当一车;一骑当步卒四人,四人当一骑;一车当六骑,六骑当一车。夫车骑者,军之武兵也。十乘败千人,百乘败万人;十骑走百人,百骑走千人。此其大数也。"

武王曰:"车骑之吏数、阵法奈何?"

太公曰:"置车之吏数,五车一长,十车一吏,五十车一率,百车一将。易战之法:五车为列,相去四十步,左右十步,队间六十步。险战之法:车必循道,十车为聚,二十车为屯,前后相去二十步,左右六步,队间三十六步,五车一长,纵横相去一里,各返故道。置骑之吏数:五骑一长,十骑一吏,百骑一率,二百骑一将。易战之法:五骑为列,前后相去二十步,左右四步,队间五十步。险战者,前后相去十步,左右二步,队间二十五步。三十骑为一屯,六十骑为一辈,十骑一吏,纵横相去百步,周还各复故处。"

武王曰:"善哉!"

【译文】

武王问太公:"用车兵与步兵战斗,一乘战车相当于几名步兵?几名步兵相当于一乘战车?用骑兵与步兵战斗,一个骑兵相当于几名步兵?几名步兵相当于一名骑兵?用战车与骑兵战斗,一辆战车相当于几名骑兵?几名骑兵相当于一辆战车?"

太公答说:"战车是军队中最具战斗力的,犹如奋飞的鸟翼,是用以攻击敌人坚固的阵地,截击强大的敌人,切断敌人退路的。骑兵是三军的耳目,用以侦察敌人的情况,追击敌人的败军,断绝敌人的粮道,袭击散乱流窜敌人的。因此车骑使用不恰当,在战斗中一名骑兵还抵不上一名步兵。若三军布列成阵,骑步兵配合得当,在平坦地带作战,一辆战车可以抵挡八十名步兵,步兵八十人相当于一辆战车;一名骑兵可以抵挡步兵八人,八名步兵相当于一名骑兵;一辆战车可抵挡骑兵十人,十名骑兵相当于一辆战车。在险阻地带作战,一辆战车可以抵挡步兵四十名,四十名步兵相当于一辆战车;一名骑兵可抵挡四名步兵,四名步兵相当于一名骑兵;一辆战车可以抵挡六名骑兵,六名骑兵相当于一辆战车。战车和骑兵是三军中威武快速的有生力量。十辆战车可以击败敌人的步兵一千人,一百辆战车可以击败敌人的步兵一万人;十名骑兵可以击败敌人步兵一百人,百名骑兵可以击败敌人步兵一千人。这些都是大约的数字。"

武王又问:"战车和骑兵应配置的军官数量是多少? 作战时应使用的阵法又是怎样的?"

太公回答说:"战车应配备的军官数是:五辆车设一长,十辆车设一吏,五十辆车设一率,一百辆车设一将。平地作战的阵法是:五辆车为一列队,每辆车前后相距四十步,左右相距十步,每队间距为六十步。在险要地形作战的阵法是:战车一定要按照道路前进,十辆车为一聚,二十辆车为一屯,车与车前后相距二十步,左右相距六步,每队间距三十六步,每五车设一长,作战时每辆车距离前后左右不超过一里,各车战斗后按原路返回。骑兵应配备军官的数量是:五个骑兵任命一长,十个骑兵任命一吏,一百个骑兵任命一率,二百个骑兵任命一将。在平地作战的方法是:五个骑兵排列为一队,前后距离二十步,左右距离四步,每队间隔五十步。在险要地形作战的方法是:前后相距十步,左右相距二步,每队间隔二十五步。三十个骑兵编为一屯,六十个骑兵编为一辈,每十个骑兵任命一长,作战时每个骑兵距离前后左右各一百步,战斗后返回原来的位置。"

武王说:"很好!"

武车士第五十六

[说明]本篇论述挑选战车上士兵的条件。

武王问太公曰："选车士奈何？"

太公曰："选车士之法，取年四十以下，长七尺五寸以上，走能逐奔马，及驰而乘之，前后、左右、上下周旋，能束缚旌旗，力能彀八石弩，射前后左右皆便习者，名曰武车之士，不可不厚也。"

【译文】

武王问太公："如何选择战车上的武士呢？"

太公说："选择战车上武士的标准是，取其年龄在四十岁以下，身高七尺五寸以上，跑起来能追上奔跑的马，能追上奔驰的战车并驾御它，能应对前后、左右、上下的敌情，能掌握并束缚旗帜，力大能拉满八石弓弩，熟练地向前后左右射箭，这种人被称为武车士，待遇不能不优厚。"

武骑士第五十七

[说明]本篇论述挑选骑兵的条件。

武王问太公曰："选骑士奈何？"

太公曰："选骑士之法，取年四十以下，长七尺五寸以上，壮健捷疾，超绝伦等，能驰骑彀射，前后左右，周旋进退，越沟堑，登丘陵，冒险阻，绝大泽，驰强敌，乱大众者，名曰武骑之士，不可不厚也。"

【译文】

武王问太公:"如何选择骑士呢?"

太公说:"选择骑士的方法是,选取年龄在四十岁以内,身高七尺五寸以上,身体健壮,反应迅速敏捷,能力远超一般人,能骑马疾行张弓射箭,前后左右应战各方,并且能进能退,能跨越沟堑,攀登高地,冲过险阻,横渡大水,追逐顽敌,打垮众多敌人的,这样的人叫作武骑士,待遇不能不优厚。"

战车第五十八

[说明]本篇论述使用战车时应注意地形的变化,指出有十种地形可能导致失败,有八种地形可以取胜。

武王问太公曰:"战车奈何?"

太公曰:"步贵知变动,车贵知地形,骑贵知别径奇道,三军同名而异用也。凡车之战,死地有十,胜地有八。"

武王曰:"十死之地奈何?"

太公曰:"往而无以还者,车之死地也。越绝险阻,乘敌远行,车之竭地也。前易后险者,车之困地也。陷之险阻而难出者,车之绝地也。圮下渐泽,黑土黏埴者,车之劳地也。左险右易,上陵仰阪者,车之逆地也。殷草横亩,犯历之泽者,车之拂地也。车少地易,与步不敌者,车之败地也。后有沟渎,左有深水,右有峻阪者,车之坏地也。日夜霖雨,旬日不止,道路溃陷,前不能进,后不能解者,车之陷地也。此十者,车之死地也。故拙将之所以见擒，明将之所以能避也。"

　　武王曰："八胜之地奈何？"

　　太公曰："敌之前后、行陈未定，即陷之。旌旗扰乱，人马数动，即陷之。士卒或前或后，或左或右，即陷之。陈不坚固，士卒前后相顾，即陷之。前往而疑，后往而怯，即陷之。三军卒惊，皆薄而起，即陷之。战于易地，暮不能解，即陷之。远行而暮舍，三军恐惧，即陷之。此八者，车之胜地也。将明于十害、八胜，敌虽围周，千乘万骑，前驱旁驰，万战必胜。"

　　武王曰："善哉！"

【译文】

　　武王问太公说："战车怎样与敌人作战？"

　　太公回答说："用步兵，贵在知敌人的变化而乘势把握战机；用战车，贵在知地形而能纵横驰冲；用骑兵，贵在知别径奇道而能迂回袭敌，三兵种虽同为作战部队，但其用途各异。凡以战车作战，地形上有十种死地与八种胜地。"

　　武王又问："战车作战有哪十种死地？"

　　太公说："可以前进但难以退回的地带，这就是战车的死地。通过各种险阻，长途追赶敌人，这是战车的竭地。前面平旷，后面是险隘，这是战车的困地。陷于危险而难以出来，这是战车的绝地。地面崩塌，地势低洼潮湿，黑土胶黏泥泞，这是战车的劳地。左边是险阻，右边是平地，前面还有高地需要爬坡的，这是战车的逆地。深草遍野，还是渡过深水，这是战车的拂地。地形平坦，但战车数量少，不能与敌人的步兵相对抗，这是战车的败地。后有沟渠，左有深水，右有陡坡，这是战车的坏地。昼夜大雨，十余日不停，道路毁坏，前不能进，后不能退，这是战车的陷地。以上十种情况，都是战车作战的死地。愚蠢的将领因为缺乏应对方法而失败被擒，明智的将领因为早有准备所以能避开它。"

　　武王再问："战车作战，什么是八种胜地呢？"

太公回答说："敌人部署行阵,前后还没有排列完毕,我军就出动战车袭击它。敌人旌旗紊乱,人马频频调动,就可以出动战车乘机袭击它。敌人的士卒,有的向前,有的向后,有的向左,有的向右,混乱不已,就可以出动战车袭击它。敌人阵势不稳定,士卒前后相互观望,就可以出动战车袭击它。敌人前进迟疑,后退恐惧,就可以出动战车袭击它。敌人三军突然惊慌失措,都急促起身,就可以出动战车袭击它。与敌人在平旷地带作战,到日暮还未结束,就可以出动战车袭击它。敌人长途行军,宿营很晚,三军恐惧,就可以出动战车袭击它。这八种情况,都是使用战车袭击敌人的良机。作为将领能懂得上述十害八胜的重要意义,敌人虽有千乘万骑,四面包围,我也能前后左右突击,一次次获得胜利。"

武王夸赞说："您说得很好!"

战骑第五十九

[说明]本篇讲述骑兵作战应当把握的十种战机和九种可能导致失败的地形。

武王问太公曰："战骑奈何?"

太公曰："骑有十胜、九败。"

武王曰："十胜奈何?"

太公曰："敌人始至,行陈未定,前后不属,陷其前骑,击其左右,敌人必走。敌人行陈整齐坚固,士卒欲斗,吾骑翼而勿去,或驰而往,或驰而来,其疾如风,其暴如雷,白昼如昏,数更旌旗,变易衣服,其军可克。敌人行陈不固,士卒不斗,薄其前后,猎其左右,翼而击之,敌人必惧。敌人暮欲归舍,三军恐骇,翼其两旁,疾击其后,薄其垒口,无使得入,敌人必败。敌人无险阻保固,深入长驱,绝其粮道,敌人必饥。地平而易,四面见敌,车骑陷之,敌人必乱。敌人奔走,士卒散乱,或翼其两旁,或掩其前后,其将可擒。敌人暮返,其兵甚众,其行陈必乱,令我骑十而为队,百而为屯,车五而为聚,十而为群,多设旌旗,杂以强弩,或击其两旁,或绝其前后,敌将可虏。此骑之十胜也。"

武王曰:"九败奈何?"

太公曰:"凡以骑陷敌而不能破陈,敌人佯走,以车骑返击我后,此骑之败地也。追北逾险,长驱不止,敌人伏我两旁,又绝我后,此骑之围地也。往而无以返,入而无以出,是谓陷于'天井',顿于'地穴',此骑之死地也。所从入者隘,所从出者远,彼弱可以击我强,彼寡可以击我众,此骑之没地也。大涧深谷,翳茂林木,此骑之竭地也。左右有水,前有大阜,后有高山,三军战于两水之间,敌居表里,此骑之艰地也。敌人绝我粮道,往而无以还,此骑之困地也。污下沮泽,进退渐洳,此骑之患地也。左有深沟,右有坑阜,高下如平地,进退诱敌,此骑之陷地也。此九者,骑之死地也。明将之所以远避,暗将之所以陷败也。"

【译文】

武王问太公说:"骑兵怎样作战?"

太公回答说:"运用骑兵作战,有十种赢得胜利的战机,有九种导致失败的地形。"

武王又问:"哪十种是赢得胜利的战机?"

太公回答说:"敌人刚刚赶到战场,阵形还未排定,人马前后不相联系,我骑兵队伍冲击他的前锋,或者攻击他的左右,敌人必定惊恐溃乱而败走。敌人行列阵势整齐坚固,士卒战斗意志旺盛,我骑兵部队应攻击敌人的两翼,采取轮番战斗的方法,忽来忽往,像风一样迅疾,像雷一样猛烈，扬起的尘土使白昼如同黄昏，同时，不断变换我军旌旗，更换服装，迷惑敌人，敌军就会被打败。敌人阵形不稳固，士气低落，我骑兵就迫近敌人前后，袭击他的左右，包围他的两翼，敌人一定十分恐惧。敌人在天黑时返回营地，三军恐惧惊骇，我骑兵应夹击他的两翼，猛烈攻击敌军的后尾，派遣人马去堵塞敌人营垒的入口，阻止敌人进入军营，敌人在慌乱中必败无疑。敌人没有险阻可以据守，我骑兵应长驱直入，断绝敌人运粮道路，敌人必定会陷于饥饿。敌人占据平坦的地方，四面受到威胁，我骑兵与战车协同四面进攻，敌人必定散乱溃败。敌人败逃，士卒散乱，我骑兵部队或袭击敌人两翼，或攻击他的前后，这样，敌将帅可以被擒获。敌人日暮返回营垒，士卒众多，队形一定很散乱，这时我骑兵以十骑为一队，百骑为一屯，战车五辆为一聚，十辆为一群，多插旌旗，配以强弩，或者打击敌人的两翼，或者断绝敌人的前后，敌人的将帅也可以被俘虏。这就是骑兵与敌人作战可以获胜的十种战机。”

武王再问：“九种导致失败的地形指哪些呢？”

太公回答说：“凡是用骑兵攻击敌人，不能突破敌人阵势的，敌人假装失败撤退，用战车和骑兵迂回攻击我的后方，这就使我骑兵处于失败的境地了。我骑兵追击逃亡的敌人，越过了险阻地形，仍长驱不停止，敌人这时埋伏在我的两旁，又断绝了我的后路，这是我骑兵处于被围困的境地了。可以前进但不能后退，可以进入但不能出来，这犹如陷在‘天井’之中，困在‘地穴’之内，这就使骑兵陷于灭亡的境地了。进入的道路十分狭隘，出去的道路十分曲折遥远，敌人可以以少击众，以弱胜强，这就使我骑兵处于覆没的境地了。有大涧深谷，林木茂密，骑兵难以施展长处，这就使我骑兵处于精疲力竭的境地。左右有深水，前面有山岭，后面是高山，我三军和敌人在两水之间交战，敌人内守高山险隘，外据深水要津，这就使我骑兵陷于艰难的境地。敌人断绝了我的运粮道路，骑兵只能前进不能后退，这就使我骑兵陷于困难的境地。低洼的沼泽地，进退皆是泥泞，这是使骑兵疲倦的患地。左有深沟，右有大坑，一高一低，但外表看起来像平地，这是进退诱敌的好地形，但骑兵在这种地形容易中敌人的埋伏,无论进退都会招致敌人来进攻,这就是骑兵作战的陷地。以上九种地形都是骑兵部队的死地。明智的将领明白其中利害,会想方设法避开,昏庸的将领不知其中的利害,陷在其中,必定导致失败。

战步第六十

[说明]本篇论述步兵对车兵、骑兵作战的一般原则,强调要发挥所长,击敌之短。

武王问太公曰:"步兵车骑战奈何?"

太公曰:"步兵与车骑战者,必依丘陵险阻,长兵强弩居前,短兵弱弩居后,更发更止。敌之车骑虽众而至,坚阵疾战,材士强弩以备我后。"

武王曰:"吾无丘陵,又无险阻。敌人之至,既众且武,车骑翼我两旁,猎我前后,吾三军恐怖,乱败而走,为之奈何?"

太公曰:"令我士卒为行马、木蒺藜,置牛马队伍,为'四武冲阵'。望敌车骑将来,均置蒺藜,掘地匝后,广深五尺,名曰'命笼'。人操行马进步,阑车以为垒,推而前后,立而为屯,材士强弩,备我左右,然后令我三军,皆疾战而不解。"

武王曰:"善哉!"

【译文】

武王问太公:"怎样用步兵与车兵、骑兵作战呢?"

太公回答说:"步兵若与车兵、骑兵作战,必须依托丘陵、险阻之地形列阵,把长矛戟与强弩配置在前面,短兵器与弱弩配置在后面,轮流更换战斗,轮流休息。敌战车虽然大量到达,我只要坚守阵形,顽强战斗,同时,另派一部分精锐士兵持强弩戒备后方。"

武王又问:"我方没有丘陵,又无险阻地形可利用,敌人的兵力既多又强,战车骑兵包围我两翼,袭击我前后,我三军恐惧,溃散逃跑,对此该怎么办呢?"

太公回答说:"命令我士卒设置行马和木蒺藜,把牛车、马车都集中起来编为一队,步兵结为'四武冲阵'。观察到敌军的战车、骑兵即将到来,就在前来的方向放置木蒺藜,并在其后方开掘环形的壕沟,深宽各五尺,这种阵势叫作'命笼'。步兵带着行马前进,用战车组成营垒,可以推着前进或后退,停止下来即作为屯兵戍守之处,用精锐士兵持强弩戒备左右,然后命令全军将士向敌人发动猛烈进攻,不得懈怠。"

武王说:"您说得很好!"

黄石公三略

略谈《黄石公三略》

　　《黄石公三略》亦称《三略》，是一部具有较大影响的古代兵书。相传其书为太公姜尚所撰，后经黄石公推演授予汉朝张良，故旧题黄石公撰；《史记·留侯世家》有"(张)良尝闲从容步游下邳圯上，有一老父……出一编书曰：'读此则为王者师。'……旦日视其书，乃《太公兵法》也"的记载。据《汉书·艺文志》记载："汉兴，张良、韩信序次兵法，凡百八十二家，删取要用，定著三十五家。"其中没有提到《三略》。魏明帝时，李康《运命论》始有"张良受黄石之符，诵《三略》之说"。东晋末年，刘昞曾注《黄石公三略》流行于世(见《魏书》卷五十二)。《隋书·经籍志》云："下邳神人撰。"因此《三略》成书时间应不早于西汉，可能是一位通晓军事、熟谙张良事迹的隐士托黄石公之名撰写的。

　　《三略》是我国最早的以"略"为题名，以统军取将的政治谋略为内容的专题兵书。在《三略》之前的兵书，一般以人名、官职为书名，如《孙子》《司马法》等，内容也比较庞杂。自《三略》问世后，后世也陆续出了不少以"略"为题的专题兵书，如《百战奇略》等。作者自称《三略》为衰世而作。所谓"三略"，即上、中、下三卷韬略，共3800余字。上略"设礼赏，别奸雄，著成败"；中略"差德行，审权变"；下略"陈道德，察安危，明贼贤之咎"。其内容颇具特色，概括起来主要有下列两个方面。

　　一是以"重民"思想贯穿全篇。重视人民群众在战争中的作用，是《三略》军事思想的核心。《三略》中凡讲国君、将帅以及治国、驭军之术，都贯穿着这一思想。书中指出："英雄者，国之干；庶民者，国之本。得其干，收其本，则政行而无怨。"它强调以"道""德""仁""义""礼"治国，要求明君得人心，选贤才，"赏禄有功，通志于众"。提出要针对不同人的特点，采取不同的对策。作者列举了二十种不同的人，提出了二十种措施，使"善者得其佑，恶者受其诛"。军事上，作者强调进行战争要从保民的目的出发，"扶天下之危"，"除天下之忧"，"兴师之国，务先隆恩。攻取之国,务先养民"。认识到兵卒在战争中的巨大作用:"三军如一心,则其胜可全。"明确指出群众和士卒是赢得战争的胜利之本。

二是具有朴素的军事辩证思想。《三略》认为,战争"变动无常",要"因敌转化,不为事先,动而辄随"。军事上的战略战术必须根据敌情的变化而制定。作者还认识到对立事物之间是会互相转化的,"柔能制刚,弱能制强"。要根据不同情况巧妙运用。在论述将与众、军与政等关系方面,该书提出将士并重,指挥作战靠将帅,消灭敌人靠士卒。从宏观上看,要获得战争胜利,必须军事与政治互相配合。这些朴素的辩证法思想,在当时并不多见。

《三略》还对战争与经济、军事战略等问题做了论述,不乏真知灼见。总之,《三略》是古代军事艺苑中的一株奇葩,为历代兵家所重视。如《四库总目提要》称赞它"务在沈几观变,先立于不败,以求敌之可胜,操术颇巧,兵家或往往用之"。可谓公允之论。

卷之上

上　略

[说明]本篇主要论述了君主治国治军时,应当掌握刚柔强弱的微妙,应当明察众人的心理,礼贤下士,任贤选能,辨别奸佞。还兼论了战争胜败、国家兴亡的道理。

夫主将之法,务揽英雄之心,赏禄有功,通志于众。故与众同好靡不成,与众同恶靡不倾。治国安家,得人也;亡国破家,失人也。含气之类,咸愿得其志。

《军谶》曰:"柔能制刚,弱能制强。"柔者,德也;刚者,贼也。弱者人之所助,强者人之所攻。柔有所设,刚有所施;弱有所用,强有所加,兼此四者而制其宜。

端末未见,人莫能知。天地神明,与物推移,变动无常,因敌转化。不为事先,动而辄随。故能图制无疆,扶成天威,匡正八极,密定九夷。如此谋者,为帝王师。

故曰,莫不贪强,鲜能守微,若能守微,乃保其生。圣人存之,以应事机,舒之弥四海,卷之不盈怀,居之不以室宅,守之不以城郭,藏之胸臆,而敌国服。

《军谶》曰:"能柔能刚,其国弥光;能弱能强,其国弥彰。纯柔纯弱,其国必削;纯刚纯强,其国必亡。"

夫为国之道,恃贤与民。信贤如腹心,使民如四肢,则策无遗。所适如肢体相随,骨节相救,天道自然,其巧无间。

军国之要：察众心，施百务。

危者安之，惧者欢之，叛者还之，冤者原之，诉者察之，卑者贵之，强者抑之，敌者残之，贪者丰之，欲者使之，畏者隐之，谋者近之，谗者覆之，毁者复之，反者废之，横者挫之，满者损之，归者招之，服者活之，降者脱之。

获固守之，获厄塞之，获难屯之，获城割之，获地裂之，获财散之。

敌动伺之，敌近备之，敌强下之，敌佚去之，敌陵待之，敌暴绥之，敌悖义之，敌睦携之。顺举挫之，因势破之，放言过之，四网罗之。

得而勿有，居而勿守，拔而勿久，立而勿取。为者则己，有者则士，焉知利之所在。彼为诸侯，己为天子，使城自保，令士自处。

世能祖祖，鲜能下下。祖祖为亲，下下为君。下下者，务耕桑，不夺其时，薄赋敛，不匮其财，罕徭役，不使其劳，则国富而家娱，然后选士以司牧之。夫所谓“士”者，英雄是也。故曰：罗其英雄，则敌国穷。英雄者，国之干；庶民者，国之本。得其干，收其本，则政行而无怨。

夫用兵之要，在崇礼而重禄。礼崇则智士至，禄重则义士轻死。故禄贤不爱财，赏功不逾时，则下力并敌国削。夫用人之道，尊以爵，赡以财，则士自来。接以礼，励以义，则士死之。

夫将帅者，必与士卒同滋味而共安危，敌乃可加。故兵有全胜，敌有全囚。昔者良将之用兵，有馈箪醪者，使投诸河与士卒同流而饮。夫一箪之醪不能味一河之水，而三军之士思为致死者，以滋味之及已也。

《军谶》曰："军井未达，将不言渴；军幕未辨，将不言倦；军灶未炊,将不言饥。冬不服裘,夏不操扇,雨不张盖。"是谓将礼。与之安,与之危,故其众可合而不可离,可用而不可疲,以其恩素蓄,谋素合也。故曰:蓄恩不倦,以一取万。

《军谶》曰:"将之所为威者,号令也;战之所以全胜者,军政也;士之所以轻战者,用命也。"故将无还令,赏罚必信,如天如地,乃可使人。士卒用命,乃可越境。

夫统军持势者,将也;制胜败敌者,众也。故乱将不可使保军,乖众不可使伐人。攻城不可拔,围邑则不废,二者无功,则士力疲敝。士力疲敝,则将孤众悖。以守则不固,以战则奔北,是谓老兵。兵老则将威不行,将无威则士卒轻刑,士卒轻刑则军失伍,军失伍则士卒逃亡,士卒逃亡则敌乘利,敌乘利则军必丧。

《军谶》曰:"良将之统军也,恕己而治人。"推惠施恩,士力日新,战如风发,攻如河决。故其众可望而不可当,可下而不可胜。以身先人,故其兵为天下雄。

《军谶》曰:"军以赏为表,以罚为里。"赏罚明则将威行,官人得则士卒服,所任贤则敌国畏。

《军谶》曰:"贤者所适,其前无敌。"故上可下而不可骄,将可乐而不可忧,谋可深而不可疑。士骄则下不顺,将忧则内外不相信,谋疑则敌国奋。以此攻伐则治乱。夫将者,国之命也。将能制胜,则国家安定。

《军谶》曰:"将能清,能静,能平,能整,能受谏,能听讼,能纳人,能采言,能知国俗,能图山川,能表险难,能制军权。"故曰:仁贤之智,圣明之虑,负薪廊庙之语,兴衰之事,将所宜闻。

将者,能思士如渴,则策从焉。夫将拒谏则英雄散,策不从则谋士叛,善恶同则功臣倦,专己则下归咎,自伐则下少功,信谗则众离心，贪财则奸不禁，内顾则士卒淫。将有一则众不服，有二则军无式，有三则下奔北，有四则祸及国。

《军谶》曰："将谋欲密，士众欲一，攻敌欲疾。"将谋密，则奸心闭；士众一，则军心结；攻敌疾，则备不及设。军有此三者，则计不夺。将谋泄，则军无势；外窥内，则祸不制；财入营，则众奸会。将有此三者，军必败。

将无虑，则谋士去；将无勇，则士卒恐；将妄动，则军不重；将迁怒，则一军惧。

《军谶》曰："虑也，勇也，将之所重。动也，怒也，将之所用。"此四者，将之明诫也。

《军谶》曰："军无财，士不来；军无赏，士不往。"

《军谶》曰："香饵之下，必有死鱼；重赏之下，必有勇夫。"故礼者，士之所归；赏者，士之所死。招其所归，示其所死，则所求者至。故礼而后悔者，士不止；赏而后悔者，士不使。礼赏不倦，则士争死。

《军谶》曰："兴师之国，务先隆恩。攻取之国，务先养民。"以寡胜众者，恩也；以弱胜强者，民也。故良将之养士，不易于身，故能使三军如一心，则其胜可全。

《军谶》曰："用兵之要，必先察敌情。视其仓库，度其粮食，卜其强弱，察其天地，伺其空隙。故国无军旅之难而运粮者，虚也；民菜色者，穷也。千里馈粮，士有饥色；樵苏后爨，师不宿饱。夫运粮千里，无一年之食；二千里，无二年之食；三千里，无三年之食，是国虚。国虚则民贫，民贫则上下不亲。敌攻其外，民盗其内，是谓必溃。"

《军谶》曰："上行虐，则下急刻。赋重敛数，刑罚无极，民相残贼。是谓亡国。"

《军谶》曰："内贪外廉，诈誉取名。窃公为恩，令上下昏。饰躬正颜，以获高官。是谓盗端。"

《军谶》曰："群吏朋党，各进所亲，招举奸枉，抑挫仁贤。背公立私，同位相讪。是谓乱源。"

《军谶》曰："强宗聚奸，无位而尊，威无不震。葛藟相连，种德立恩，夺在位权。侵侮下民，国内哗喧，臣蔽不言。是谓乱根。"

《军谶》曰："世世作奸，侵盗县官。进退求便，委曲弄文，以危其君。是谓国奸。"

《军谶》曰："吏多民寡，尊卑相若，强弱相虏，莫适禁御，延及君子，国受其害。"

《军谶》曰："善善不进，恶恶不退，贤者隐蔽，不肖在位，国受其害。"

《军谶》曰："枝叶强大，比周居势，卑贱陵贵，久而益大，上不忍废，国受其败。"

《军谶》曰："佞臣在上，一军皆讼。引威自与，动违于众。无进无退，苟然取容。专任自己，举措伐功。诽谤盛德，诬述庸庸。无善无恶，皆与己同。稽留行事，命令不通。造作苛政，变古易常。君用佞人，必受祸殃。"

《军谶》曰："奸雄相称，障蔽主明。毁誉并兴，壅塞主聪。各阿所私，令主失忠。"

故主察异言，乃睹其萌；主聘儒贤，奸雄乃遁；主任旧齿，万事乃理；主聘岩穴，士乃得实；谋及负薪，功乃可述；不失人心，德乃洋溢。

【译文】

凡是作为主将的，必须延揽天下英雄的心，重赏功臣，做到上下同心,使自己的意志成为众人的意志。所以,与众人同喜好,就没有不成功的;与众人同憎恶,就没有打不败的敌人。治国安家,是使用了人才的缘故;亡国破家,是流失人才的缘故。这是因为人们都愿实现自己的志向。

《军谶》上说:"柔能制刚,弱能制强。""柔"做到恰当便是美德,"刚"而不当就是祸害。弱而有德就会得到众人的帮助,强而不仁就会招致众人的怨恨和非难。总之,有时宜于用柔,有时宜于用刚;有时宜于示弱,有时宜于用强,要把这四个方面结合起来,根据时宜巧妙运用。

天下的事,来龙去脉没有显露,人们就无法认识它。自然界的奥秘,要根据事物的推移来了解,军事行动是变化无常的,要根据敌人的虚实强弱而变化。不要事先刻板规定,要针对敌人的行动随机应变。这就能永远战胜敌人,树立君王的天威,一统天下,安定九夷。能有这样谋略的人,可以做帝王的老师。

所以说,人没有不贪求强大的,但很少有人能掌握柔弱刚强的微妙道理,如果能掌握这些微妙道理,就能明哲保身。圣人掌握了这些微妙道理,就能顺应事情的变化,放开它就充满天下,收拢来还充不满整个胸怀,安置它不用房屋,保护它不用城郭,只要藏在心中巧妙运用,就会使敌国屈服。

《军谶》上说:"既能用柔又能用刚,国家就更加光明远扬;既能用弱又能用强,国家就更加强盛壮大。如果单纯用柔单纯用弱,国家必会削弱;单纯用刚单纯用强,国家也必会灭亡。"

治理国家的途径,在于依靠贤人和民众。信任贤士如心腹,使用民众如手足,就不会失策。这样,无论做任何事情,就像肢体相随和,骨节相适应,一切都很自然,巧妙得没有间隙。

治军理国的关键在于明察众人的心理,处理各种事务。

对于处境危险的人要给以保护;对心存畏惧的要给以劝慰;对叛国离乡的人要赦罪召回;对含冤受屈的人要为他平反;对有所申诉的人要为他查清真相;对才高位低的人要予以提拔;对恃强骄横的人要予以压制;对与我为敌的人要加以消灭;对贪财的人要多给些财物;对愿意效力

的人要予以任用;有怕人知道的事要替他隐瞒;对深谋远虑的人要亲近他;对爱进谗言的人要弃之不用;听到诋毁的话要反复核查;对谋反的人要杀掉他;对骄横的人要抑制他;对骄傲自满的人要贬损他;对愿意归顺的人要招抚他;对已被征服的人要给予安置;对战败投降的人要赦免他。

占领了坚固的地方要守备,占领了险隘的地方要堵塞,占领了重要的地方要驻兵屯守,得到城池要分赏给有功的人,得到土地要分封给出力的,得到财物要分发给众人。

敌人行动时要注意侦察,敌人接近时要严加戒备,敌人来势凶猛要假装弱小助长他的傲气,敌人以逸待劳要逼使他离开,敌人来犯要坚决抵抗,敌人凶暴要用仁德安抚民众,敌人悖逆无道要用正义声讨,敌人和睦要使他离散。顺应敌人的举动挫败他,根据敌我形势击败他,放出假情报使他犯错,四面包围歼灭他。

胜利不要归功于自己,获得财物要分给众人,夺取城池要迅速攻占,要扶持被占领国家的人执政,不要自取其位。决策在于自己,功劳归于将士,岂知这才是最大的利益之所在。让别人当诸侯,自己当天子,使他们各保城邑,处置自己的事务,允许他们征收赋税。

世上的君王多能尊敬他的祖先,但很少能爱护他的民众。尊敬祖先仅是敬亲,爱护民众才是君王的盛德。爱护民众的君主重视农桑,不侵占农时,减轻赋税,不使民财匮乏,减少徭役,不使民力疲困,这样,国家就富足,家庭就欢乐,然后选拔"士"去管理他们。所谓"士",就是才智过人的英雄人物。所以说,收罗了敌国的英雄,敌国就会陷于穷困。英雄是国家的骨干,民众是国家的根本。获得了骨干,掌握了根本,政令就会通行,民众就没有怨言。

用兵的要诀,在于有隆重的礼节和优厚的俸禄。礼节隆重,智士就会到来;俸禄优厚,义士就乐于效死。所以赏赐贤人不要吝惜财物,奖赏有功的人要及时,这样,就能使部属同心合力而削弱敌国。用人的方法是封赏爵位尊重他,给以资财赡养他,这样贤人就会自愿投效。用礼节接待他,用大义鼓励他,这样贤人就会以死相报。

做将帅的,必须与士卒同享甘苦,安危与共,才可对敌作战,这样才能使我军全胜,敌人全部被俘虏。从前良将用兵,有人送他一箪美酒,他叫人把酒倒在河里,与士卒同在河中饮用。一箪美酒虽然不能使一河水都有酒味,而全军却因此愿意效死力战,这是将帅与士卒同甘共苦的缘故。

《军谶》上说:"军井还没有凿成,将帅不说口渴;帐幕还没有架好,将帅不说疲倦;军灶还没有做饭,将帅不说饥饿。冬天不穿皮衣,夏天不用扇子,雨天不打雨伞。"这是做将帅的礼法。将帅能与士卒同安乐共患难,这种军队就能团结一致而不会离散,就能随时出征而不知疲倦,这是平时积蓄恩德,上下思想统一的缘故。所以说,将帅经常对士卒施以恩惠,部队战斗时就能以少胜众。

《军谶》上说:"将帅有威严的缘故,在于号令严明;作战获得全胜的缘故,是军事行政管理有序;士卒不怕打仗的缘故,在于服从命令。"所以将帅要令出必行,有功必赏,有过必罚,像天地一样公正,才可统帅军队。士卒能服从命令,才可出国作战。

统率军队掌握作战形势的是将帅,获得胜利打败敌人的是士卒。所以治军无方的将领不可使他统率军队,纪律败坏的士卒不可用它攻伐敌人。这样的军队,既攻不下城池,也摧毁不了城邑,二者都不成功,军力必然疲乏。军力疲乏,将帅就孤立,士卒就不听命令。这样的军队用来防守就不坚固,用来进攻也必然失败,这叫作士气衰弱的军队。军队士气衰弱了,将帅的威严就不起作用;将帅失掉威严,士卒就不怕刑罚;士卒不怕刑罚,军队混乱,士卒就逃亡;士卒逃亡,敌人就会乘机进攻;敌人乘机进攻,军队就必然失败。

《军谶》上说:"良将统率军队,将心比心设身处地去体贴部下。"施恩德于士卒,军队的战斗力就日益增强,作战就像暴风骤雨那样猛烈,进攻就像江河决口那样汹涌澎湃。因此,这个军队,能使敌人望风逃窜而无法抵挡,只有投降而无法取胜。将帅能身先士卒,他的军队就会称雄于天下。

《军谶》上说:"军队里既要有奖赏,也要有处罚,二者是互为表里的。"赏罚严明,将帅的威严就能贯彻;用人得当,士卒就会悦服;任用才德兼备的人,敌国就会害怕。

《军谶》上说:"贤人所归附的国家,就天下无敌。"所以,要礼贤下士,不能轻慢,对将帅要充分信任而不能使他有顾虑,对谋士的建议要重视而不能怀疑。对贤士傲慢,下级就不顺从;使将帅忧惧,君与将就互不信任;制定谋略犹疑不定,敌国就乘隙而入。用这样的军队去攻打别国,就会招致混乱。将帅是国家的命脉。将帅能率领军队战胜敌人,国家才能安定。

《军谶》上说:"将帅要能清廉,能镇静,能公平,能严整,能接受下级的意见,能决断是非曲直,能容纳人才,能采纳众人的建议,能知敌国风俗,能通晓山川形势,能了解地形险阻,能掌握军队权柄。"所以说,德才兼备之人的智慧,圣明之人的谋略,下层民众的舆论,朝廷官员的意见,历史上成功失败的事迹,将帅都应当知道。

将帅能思贤如渴,有谋略的人就会跟从。如果将帅拒绝接受下级的意见,英雄就会散去;不采纳计策,谋士就会叛离;好坏不分,有功的人就会消极;一意孤行,下级就会埋怨;自我夸耀,下级就不积极立功;听信谗言,众人就离心离德;贪图财物,奸邪之人就无法禁绝;迷恋女色,士卒就淫乱违纪。以上八条,将帅违犯一条,士卒就不再信服将帅;违犯两条,军中就不再有法纪;违犯三条,下级就会逃散溃败;违犯四条,就会危害到国家。

《军谶》上说:"将帅的计谋要保密,士卒的思想要统一,攻击敌人行动要迅速。"将帅的谋略保密,奸细的阴谋就不得逞;士卒的思想统一,军队就能团结一致;进攻迅速,敌人就来不及防备。假如军队能做到这三点,作战计划就会顺利进行。将帅的谋略泄露了,军队就丧失有利态势;敌人侦察到我内部情况,祸患就不能制止;非法的财物进入军营,坏人就会结党营私。军队内部有这三种情况,就一定会失败。

将帅没有深谋远虑,有智谋的人就会散去;将帅不勇敢,下级官吏和士卒就会恐惧;将帅轻举妄动,军心就不稳定;将帅迁怒于人,全军就恐惧。

《军谶》说:"深谋远虑,坚定勇敢,是将帅宝贵的品德。适时而动,当怒而怒,是将帅所应慎用的。"这四项,是将帅应明确并时刻告诫自己的。

《军谶》上说:"军中没有财物,贤能之士就不来归附;军中没有奖赏,将士就不会奋勇作战。"

《军谶》上说:"香饵之下,必有上钩的鱼;重赏之下,必有不怕死的勇士。"所以,使贤能衷心归向的是礼遇,使士卒乐于效死的是奖赏。贤能喜好礼就以礼相待,士卒喜爱重赏就以赏相赐,这样,所求的人就会跟从。所以,先以礼相待后来又改变态度的,贤人就不想留下;以赏相赐后来又改变态度的,士卒就不愿被驱使。只有礼和赏始终不停,贤人和士卒才会争相效死。

《军谶》上说:"兴兵打仗的国家,必先多施恩惠于士卒。采取攻势的国家,必先抚养民众。"以少胜多的,是对士卒有恩惠的缘故;以弱胜强的,是抚养民众的结果。所以,良将抚养士卒,就像爱护自身一样,这样就能使军队同心,取得全面胜利。

《军谶》上说:"用兵的关键是必须首先察明敌情。了解敌人物资储备,估计敌人粮食补给的能力,判断敌人兵力的强弱,察明敌方天时地利的得失,寻找敌人的漏洞。所以,国家没有战事而运粮的,说明这个国家缺粮;民众面有菜色,说明国家贫穷。从千里以外运送军粮,将士就要挨饿;临时砍柴打草做饭,说明军队没有隔夜粮食。从千里之外运粮,说明国家缺少一年的粮食;从二千里之外运粮,说明这个国家缺少两年的粮食;从三千里之外运粮的,说明缺少三年的粮食,这就是国内空虚的表现。国家空虚,民众就贫困饥饿;民众贫困饥饿,上下就离心离德。敌人从外面进攻,民众在内部抢掠,这样国家一定会崩溃。"

《军谶》上说:"君主暴虐,臣属就会峻急刻薄。赋税繁重,严刑苛罚滥用不止,民众相互残害。这样就会亡国。"

《军谶》上说:"暗地贪污表面廉洁,用欺诈骗取名誉。窃用朝廷的爵禄私施恩惠,使上下是非不明。假装正派,骗取高官。这就是篡国的开端。"

《军谶》上说:"百官结党营私,各自重用亲信。招揽举荐奸邪的人,压制有才德的人。违背公道,树立私恩,同僚之间互相毁谤。这就是祸乱的根源。"

《军谶》上说:"豪门大族结党为奸,虽无官位却有特权,淫威十足无人不恐惧。结党营私如葛藤相连,以小恩小惠培植私人势力,夺取朝廷的实权。欺压广大民众,国内舆论哗然,群臣却隐瞒实情不向君主反映。这是致乱的根源。"

《军谶》上说:"世世代代相沿作恶,侵犯朝廷官员。凡事只求便利自己,歪曲国家法令,以危害国君。这是国家的奸贼。"

《军谶》上说:"官多民少,尊卑不分,以强欺弱,不能禁止,灾祸波及好人,国家就会受到危害。"

《军谶》上说:"喜爱好人而不任用,讨厌坏人而不清除,贤德之人隐退,不正派之人当权,国家就会受到危害。"

《军谶》上说:"宗室势力强大,结党营私,窃据重要地位,以下犯上,时间愈久势力愈大,君主不忍心除掉他们,国家就会受到破坏。"

《军谶》上说:"谄媚取宠的人当权,全军都会指责。这些人仗势孤行,行动违背大多数人的意愿。他们行事没有原则,说话办事都按上级脸色行事。独断专行,夸功自傲,诽谤品德高尚的人,诬蔑其为平庸之人。他们好坏不分,只求与自己的意见相合。他们积压政事,命令不向下传达。他们发布苛刻的政令,变更古制,改易常法。君主用这种奸诈的人,必定要遭受祸害。"

《军谶》上说:"奸雄互相吹捧,蒙蔽君主的眼睛,使他看不清好坏。诽谤与吹捧同时盛行,堵塞君主的耳朵,使他辨别不了是非。这些人庇护各自的亲信,使君主失去忠臣。"

所以,君主能明察不同的意见,才能看出祸乱的萌芽;君主任用有德才的人,奸邪之人就会逃走;君主能任用年高德劭的老人,万事都能理清办好;君主能征聘隐士,就能得到有真才实学的贤人;君主能听到底层劳动人民的意见,就能建立传述于后世的功业;君主不失掉人心,德政就传播四方。

卷之中

中　略

[说明]本篇主要论述君主如何运用权谋驾驭将帅,在战争中,将帅怎样根据不同情况约束部属。

夫三皇无言而化流四海,故天下无所归功。

帝者,体天则地,有言有令,而天下太平。君臣让功,四海化行,百姓不知其所以然。故使臣不待礼赏有功,美而无害。

王者,治人以道,降心服志,设矩备衰,四海会同,王职不废。虽甲兵之备,而无斗战之患。君无疑于臣,臣无疑于主。国家主安,臣以义退,亦能美而无害。

霸者,制士以权,结士以信,使士以赏。信衰则士疏,赏亏则士不用命。

《军势》曰:"出军行师,将在自专。进退内御,则功难成。"

《军势》曰:"使智,使勇,使贪,使愚。智者乐立其功,勇者好行其志,贪者邀趋其利,愚者不顾其死。因其至情而用之,此军之微权也。"

《军势》曰:"无使辩士谈说敌美,为其惑众;无使仁者主财,为其多施而附于下。"

《军势》曰:"禁巫祝,不得为吏士卜问军之吉凶。"

《军势》曰:"使义士不以财,故义者不为不仁者死,智者不为暗主谋。"

主不可以无德，无德则臣叛；不可以无威，无威则失败。臣不可以无德，无德则无以事君；不可以无威，无威则国弱，威多则身蹶。

故圣王御世，观盛衰，度得失，而为之制。故诸侯二师，方伯三师，天子六师。世乱则叛逆生，王泽竭，则盟誓相诛伐。德同势敌，无以相倾，乃揽英雄之心，与众同好恶，然后加之以权变。故非计策，无以决嫌定疑，非谲奇无以破奸息寇，非阴计无以成功。

圣人体天，贤人法地，智者师古，是故《三略》为衰世作。《上略》设礼赏，别奸雄，著成败。《中略》差德行，审权变。《下略》陈道德，察安危，明贼贤之咎。故人主深晓《上略》，则能任贤擒敌；深晓《中略》，则能御将统众；深晓《下略》，则能明盛衰之源，审治国之纪。人臣深晓《中略》，则能全功保身。

夫高鸟死，良弓藏；敌国灭，谋臣亡。亡者，非丧其身也，谓夺其威，废其权也。封之于朝，极人臣之位，以显其功；中州善国，以富其家；美色珍玩，以悦其心。

夫人众一合而不可卒离，权威一与而不可卒移。还师罢军，存亡之阶。故弱之以位，夺之以国，是谓霸者之略。故霸者之作，其论驳也。存社稷，罗英雄者，《中略》之势也，故势主秘焉。

【译文】

远古时代的"三皇"没有留下言论，而教化却自然流布天下，所以天下人不知这个功劳应归于谁。

上古时代的"五帝"体察效法自然变化的规律，教化民众，颁布政令，因而天下太平。君臣相互谦让而不争功劳，教化流于四海，而百姓不知道其中的原因。所以使用部属，不需要额外的礼仪和赏赐，君臣之间就能和谐无间。

　　"三王"以"道"治人,使人心悦诚服,制定各种法度以防衰乱,诸侯按时朝见,"三王"的职权没有废弛。这样虽有军事准备,而没有战争的祸患。君主不怀疑大臣,大臣也不怀疑君主。国家安定,君权巩固,臣下适时退职,君臣相处得也和谐无间。

　　春秋时的"五霸"用权术统治士人,用信任结交士人,用奖赏驱使士人。信用丧失士人就疏远他,奖赏不足士人就不肯效命。

　　《军势》上说:"出兵打仗,将帅重在独立思考,自行决断。如果军队前进后退都受君主约束,就难以成功。"

　　《军势》上说:"做主将的,应当使用有智谋、勇敢、贪财、愚笨的人。有智谋的人喜欢建功立业,勇敢的人喜欢实现他的志向,贪财的人喜欢追求利禄,愚笨的人在战场上不怕牺牲。要根据他们的特点而区别使用,这是军队用人的微妙权术。"

　　《军势》上说:"不要让善于言谈的人谈论敌人的长处,因为这样会惑乱军心;不要让仁慈的人掌管财物,因为他会慷慨好施而迁就附和下属。"

　　《军势》上说:"禁止巫祝为将吏卜卦问军队中的吉凶祸福,因为这样会惑乱人心。"

　　《军势》上说:"使用义士不能依靠钱财,因为义士不为不仁的人效命,有智谋的人不会为昏庸的君主出谋献策。"

　　君主不可以没有道德,没有道德臣下就会叛离;也不可以没有威严,没有威严就会失去权力。臣下不可以没有道德,没有道德就不会忠心事君;也不可以没有威势,没有威势国家就会衰弱,但是威势过高震撼君主反会受挫。

　　所以古时圣明的君王统治天下,观察形势的盛衰,衡量人事的得失,从而建立法制。所以古时诸侯辖二师,方伯辖三师,天子辖六师。到了后世,天下混乱,叛逆的事逐渐发生,君主的权威衰微,诸侯间就分别结盟,互相攻伐。由于道德相同,政治军事力量均等,谁也没有办法消灭谁,于是就延揽天下英雄之心,与他们同好同恶,然后再运用权谋。所以不用心筹划就无法决嫌定疑,不出奇制胜就无法破奸灭寇,不施阴谋诡计就无法成功。

圣人能够领会上天之道,贤者能够取法土地生长之理,智者能够以古为师,所以《三略》一书是为衰微的世道而写的。《上略》说明礼赏的制度,辨别奸雄,记载成功失败的事迹。《中略》区别德行高低,审察权变机谋。《下略》阐述道德,分析安危,说明迫害贤人的祸害。所以君主能够通晓《上略》,就能任用贤士,战胜敌人;通晓《中略》,就能驾驭将帅,统领士卒;通晓《下略》,就能弄清楚国家兴盛衰败的根源,审察治国的方针策略。作为臣下如能通晓《中略》,就能成就功名保全身家。

高飞的鸟死了,良弓就要收藏起来;敌国灭亡了,谋臣就要消灭掉。所谓的消灭,并不是消灭他的身体,而是削弱他们的权势,剥夺他们的权力。在朝廷上对他们进行封赏,给他们很高的爵位,以表彰他们的功劳;赐予他们中原最肥沃的土地,使他们家产富有;赏给他们美女珍宝,以娱悦他们的身心。

军队组成之后不能仓促解散,兵权授予之后不能马上收回。战争结束,将帅班师回国,这是君主存亡的关键时刻。所以要削弱将帅的实力而给他爵位,收回他的兵权而封给他土地,这就是要称霸天下的君主的谋略。因此,霸主的行为,其道理是很复杂的。保全国家、收罗英雄,乃是《中略》所论的谋法,所以历代做国君的对此都密不肯宣。

卷之下

下　略

[说明]本篇主要论述君主安邦济世的策略,一是重用贤人,二是采取德政。还分析了国家兴盛衰败的根源,治国治军的关键。强调"乐人者,久而长;乐身者,不久而亡"。

夫能扶天下之危者,则据天下之安;能除天下之忧者,则享天下之乐;能救天下之祸者,则获天下之福。故泽及于民,则贤人归之;泽及昆虫,则圣人归之。贤人所归,则其国强;圣人所归,则六合同。求贤以德,致圣以道。贤去,则国微;圣去,则国乖。微者危之阶,乖者亡之征。

贤人之政,降人以体;圣人之政,降人以心。体降可以图始,心降可以保终。降体以礼,降心以乐。所谓乐者,非金石丝竹也,谓人乐其家,谓人乐其族,谓人乐其业,谓人乐其都邑,谓人乐其政令,谓人乐其道德。如此君人者,乃作乐以节之,使不失其和。故有德之君,以乐乐人;无德之君,以乐乐身。乐人者,久而长;乐身者,不久而亡。

释近谋远者,劳而无功;释远谋近者,佚而有终。佚政多忠臣,劳政多怨民。故曰:务广地者荒,务广德者强,能有其有者安,贪人之有者残。残灭之政,累世受患。造作过制,虽成必败。

舍己而教人者逆,正己而化人者顺。逆者乱之招,顺者治之要。

道、德、仁、义、礼，五者一体也。"道"者，人之所蹈；"德"者，人之所得；"仁"者，人之所亲；"义"者，人之所宜；"礼"者，人之所体，不可无一焉。故夙兴夜寐，礼之制也；讨贼报仇，义之决也；恻隐之心，仁之发也；得己得人，德之路也；使人均平，不失其所，道之化也。

出君下臣名曰"命"，施于竹帛名曰"令"，奉而行之名曰"政"。夫命失，则令不行。令不行，则政不立。政不立，则道不通。道不通，则邪臣胜。邪臣胜，则主威伤。

千里迎贤，其路远；致不肖，其路近。是以明君，舍近而取远，故能全功尚人，而下尽力。

废一善，则众善衰；赏一恶，则众恶归。善者得其佑，恶者受其诛，则国安而众善至。

众疑无定国，众惑无治民。疑定惑还，国乃可安。

一令逆则百令失，一恶施则百恶结。故善施于顺民，恶加于凶民，则令行而无怨。使怨治怨，是谓逆天；使仇治仇，其祸不救。治民使平，致平以清，则民得其所而天下宁。

犯上者尊，贪鄙者富，虽有圣主，不能致其治。犯上者诛，贪鄙者拘，则化行而众恶消。清白之士，不可以爵禄得；节义之士，不可以威刑胁。故明君求贤，必观其所以而致焉。致清白之士，修其礼；致节义之士，修其道。然后士可致，而名可保。

夫圣人君子，明盛衰之源，通成败之端，审治乱之机，知去就之节。虽穷不处亡国之位，虽贫不食乱邦之粟。潜名报道者，时至而动，则极人臣之位。德合于己，则建殊绝之功。故其道高而名扬于后世。

圣王之用兵，非乐之也，将以诛暴讨乱也。夫以义诛不义，若决江河而溉爝火,临不测而挤欲堕,其克必矣。所以优游恬淡,而不进者,重伤人物也。夫兵者,不祥之器,天道恶之,不得已而用之,是天道也。夫人之在道,若鱼之在水,得水而生,失水而死。故君子常惧而不敢失道。

豪杰秉职,国威乃弱。杀生在豪杰,国势乃竭。豪杰低首,国乃可久。杀生在君,国乃可安。四民用虚,国乃无储;四民用足,国乃安乐。

贤臣内,则邪臣外;邪臣内,则贤臣毙。内外失宜,祸乱传世。

大臣疑主,众奸集聚。臣当君尊,上下乃昏。君当臣处,上下失序。

伤贤者,殃乃三世;蔽贤者,身受其害;嫉贤者,其名不全;进贤者,福流子孙。故君子急于进贤而美名彰焉。

利一害百,民去城郭;利一害万,国乃思散。去一利百,人乃慕泽;去一利万,政乃不乱。

【译文】

能挽救天下危亡的,就能得到天下的安定;能消除天下众人忧虑的,就能享有天下的欢乐;能够拯救天下灾祸的,就能获得天下最大的幸福。所以恩泽能普及于民众,贤人就纷纷来归附;恩泽普及于万物,圣人就来归附。贤人所归附的,国家就会强盛;圣人所归附的,天下就会统一。寻求贤人要凭仁德,招致圣人要凭道义。贤人离去,国家就会衰弱;圣人离去,国家就会混乱。衰弱是通向危险的阶梯,混乱是灭亡的征兆。

贤人的施政方法,是使人行动顺从;圣人治理国家,是使人心中悦服。行动上顺从,可以共同开创事业;心中悦服,可以保全始终。使人行动上顺从要依靠礼,使人心中悦服要依靠乐。所谓"乐",不是金、石、丝、竹等乐器,而是热爱家庭,热爱宗族,热爱从事的职业,热爱自己的城邑,拥护政令,遵守道德。像这样统治民众,还要创作音乐来陶冶人们的感情,使他们不丧失和谐。所以有德的君主,是用音乐来让人们感到快乐;无德的君主,只知道自己享受音乐带来的快乐。使民众快乐的,国家才能保持长久;只知道自己快乐的,国家不久便会灭亡。

不搞好内政而一心向外扩张的,会劳而无功;不从事向外扩张而专心搞好内政的,国家安逸事业成功。实行休养生息的政策就会招致许多忠臣,实行劳民伤财的政策就会有很多抱怨之民。所以说,热衷于扩张领土的,内政就会荒废;注重广施恩惠的,国家就会强盛;能保持自己所应有的,就会安宁;贪图别人所有的,会招来祸患。残暴的政治,世世代代都将受害。所作所为超过限度,即使成功最终也会失败。

不先端正自己的品行而去教育别人是违背常理;先使自己品行端正而后感化别人才合乎常理。违背常理是致乱的根源,合乎常理才是安定的关键。

道、德、仁、义、礼,这五者是相互联系的一个整体。“道”是人们所践行的普遍规律;“德”是行道而获得的修为;“仁”是人与人之间互相亲近;“义”是人应当做的事情;“礼”是人所应遵循的规范,这五者缺一不可。所以人们每天的行为,都要受“礼”的制约;讨贼报仇,是正义的决定;同情之心是仁爱的萌发;正己爱人是修养的途径;使人精神境界都能达到同一高度,各得其所,是“道”教化的结果。

君主对臣下的指示叫“命”,把它写在竹帛上叫“令”,依照命令来处理国事叫“政”。“命”有错误,“令”就不能执行。“令”不能执行,政务就不能正确推行。政事不能正确推行,国家正常的秩序就被扰乱。国家秩序混乱,奸臣就会得势。奸臣得势,君主的权威就受到损害。

到千里之外去聘请贤人,路途是遥远的;招引奸邪的人,路途是很近的。因此,英明的君主舍近而求远,就能成全功业、尊重贤人,下级也就会乐于尽心竭力。

废除一个好人,许多好人都会丧气;奖励一个坏人,许多坏人都会到来。好人得到保护,坏人受到清除,国家就会安宁,更多的好人也会到来。

众人对上级怀有疑虑，国家就不会安定；众人都对法令迷惑不解，民众就不会守秩序。只有消除疑虑，澄清迷惑，国家才会安宁。

一项法令违背民意，其他法令就会失去效用；一项坏的政令实行，就会结下许多恶果。所以对于"顺民"要给予好处，对于"凶民"要加以制裁，法令就能推行，众人就没有怨言。使用民众所怨恨的法令，去治理心有怨恨的民众，这叫逆天行事；使用民众所仇恨的措施，去治理胸怀仇恨的民众，其祸患就不可制止。治理民众的关键要让他们贫富差距不能太大，国家政治清明使民众心平气和，这样民众安居乐业，天下就太平无事。

犯上的人反而得做高官，贪婪卑鄙的人反而富足，这样，虽有圣明的君主也治理不好国家。犯上的要受到诛戮，贪婪卑鄙的受到惩办，这样才能树立良好的风气而消除坏人坏事。高尚纯洁的人，是不可以用爵禄收买到的；有正义气节的人，是不可以用刑罚威胁的。所以圣明的君主征求贤人，必须观察他的志向而用不同的方法延聘他。聘请高尚纯洁的人，要讲究礼节；聘请有正义气节的人，要讲究道义。然后贤士才会到来，君主的英名也可得到保全。

圣人君子，能明察盛衰的根源，通晓成败的开端，详究治乱的关键，深知进退的尺度。虽然穷困也不当即将亡国的官吏，虽然贫寒也不拿乱国的俸禄。隐姓埋名胸怀大志的人，机会到来出仕任职，也能位极人臣。遇到志同道合的君主，就能建立卓越的功勋。所以他的志向高远而美名流传后世。

圣明的君主发动战争，不是他好战，而是他要用战争来讨伐暴乱。以正义讨伐不义，好像决开江河去淹灭微弱的小火，临近深渊的边缘去推挤摇摇欲坠的人，胜利是必然的。贤明的君主之所以不急于进兵，是不愿过多地造成人和物的损伤。战争是凶恶的东西，天道厌恶它，不得已时才发动战争，这是符合天道的。人顺乎天道，就好像鱼在水中一样，得水便生，离水便死。所以君子要时刻警惕自己而不要背离天道。

豪强掌握了大权,国威就削弱。生杀大权操在豪强手中,国势就衰竭。豪强俯首听命,国家才可长久。生杀大权操在君主手中,国家才可安乐。士农工商皆贫困,那么国家就没有储蓄;士农工商皆富足,国家才能安乐。

亲近贤臣,奸臣就会被疏远;亲近奸臣,贤臣就会被陷害。亲疏颠倒,祸乱就要留给后世。

大臣怀疑君主,奸人就会聚集在一起。大臣侵犯了君主的权力,上下地位就混乱了。君主处于臣下的地位,上下秩序就颠倒了。

伤害贤人的,祸患就延及三代;埋没贤人的,本身就会受害;嫉妒贤人的,名誉得不到保全;重用贤人的,福泽会流传于子孙。所以君子积极举荐贤人而美名彰显于天下。

利一人而害及百人,民众就会离开城邑;利一人而害及万人,国家就会分裂。除去一人而利及百人,人们就会感慕他的恩泽;除去一人而利及万人,国政就不会混乱了。

唐太宗李卫公问对

略谈《唐太宗李卫公问对》

《唐太宗李卫公问对》即《李卫公问对》（以下简称《问对》），是古代一部著名兵书，分上、中、下三卷，一万余字，北宋时列为《武经七书》之一。关于《问对》的作者，传说是唐代名将李靖，但北宋陈师道、邹博等称是时人阮逸伪撰。其实，北宋初年即有《问对》的不同注本，陈、邹之说不足为训。《问对》当系唐太宗李世民与卫国公李靖多次谈兵的言论辑录，它涉及的内容较为广泛，包括军制、阵法、训练、边防诸问题，但中心是讨论作战指挥。

李靖，本名药师，京兆三原（今陕西三原东北）人，生于公元 571 年，卒于 649 年，终年 78 岁。他年轻时即通晓书史，曾经对他的亲人说："大丈夫一生，应当凭着功名赢得富贵，何必做寻章摘句的腐儒！"他的舅舅韩擒虎（一作擒武）每每和他谈论兵法，他总是感慨道："可以评说孙子吴起的，非我莫属。"他在唐初辅佐李渊、李世民父子，任大将军三十余年，是一位军事理论和实战经验丰富的名将，《唐太宗李卫公问对》就是他戎马生涯的总结。

除此书外，他还著有《六军镜》三卷、《玉帐经》一卷、《韬钤秘术》一卷、《韬钤总要》三卷、《卫国公手记》一卷等，可惜李靖的著作大多已失传。

现存的《问对》是一部形式上别具一格的兵书。它采用的是传统的问答式的体裁，以 98 次问答结构全书。这种体裁，结构虽较松散，但可以同时罗列若干种不关联的议题，进行广泛而自由的讨论。因此，《问对》所论及的问题很广泛，并常常旁征博引，对前人军事思想大胆地评说扬弃。《问对》有问有对，唐太宗是一位娴于骑射、富有战争经验的军事统帅，所提问题往往来自战争实践。李靖也是一位满腹韬略的军事家，他们之间的问对，往往能互相引发、启迪思维、深化军事思想。比如，李靖对用兵"奇正"问题的独到见解，即是在与唐太宗思维碰撞之中产生的。可见,问对这种论兵形式具有很多优点,它同时也是古代兵家著述和文人对戎事笔录的一个传统。

《问对》的另一个特点,是采用列举战例研究战争的方法,把抽象的事理形象化。此书或先举战例,引出用兵原则,如《问对》引用西晋马隆讨伐凉州秃发树机能使用八阵图、偏箱车的战例,得出"正兵古人所重"的结论;或先提用兵原则,再举战例说明,如李靖对分合作战原则的阐述。在《问对》之前,古代兵书研究战争多重论不重史,单纯说理,少用战例。《问对》开了史论结合研究军事之先河。《问对》以后的兵书,一般都以详举战例为特点。

《问对》又是一部内容广泛,立论新颖的兵书。该书从"奇正""虚实""主客""攻守"等几个方面发生议论,着重探讨了争取作战主动权的问题。

关于"奇正",历代兵家有许多精辟的论述。如《孙子兵法》云:"凡战者,以正合,以奇胜。"指挥作战,应以正兵挡敌,以奇兵取胜。这一命题,在唐以前,一直被人们奉为不可更改的军事原则。然而,《问对》却对此有新的发挥。它先追溯"奇正"命题源于古代五军阵(东、西、南、北、中五军)。正兵变为奇兵,即位于五军"阵地"的正兵,向"闲地"实施机动即变为奇兵,从而,就从五阵变为八阵,所谓"数起于五,而终于八",指出奇正主要是指正确地使用兵力和灵活地变换战术。奇正的运用,将帅必须根据敌情和地形随机变化,即"善用兵者,无不正,无不奇,使敌莫测,故正亦胜,奇亦胜"。《问对》还把奇正同虚实、示形、分合等结合起来,要求避敌之实,击敌之虚,"使敌势常虚,我势常实"。利用"示形",善于制造假象,隐蔽奇正之变;而"分合"则是兵力分散和集中使用的问题,"兵散则以合为奇;合则以散为奇",争取作战的主动权。

《问对》对作战的攻守问题也做了深入探索。它认为"攻是守之机,守是攻之策",两者是为了争取胜利而不可分割的两个方面。它还主张进攻时,不仅要"攻其城击其陈",还要攻敌之心,摧毁敌人的意志;防御时,不能单纯地"完其壁坚其阵",还应把保持我军旺盛士气放在首位,乘敌之隙而攻之。《问对》十分重视部队的管理教育和军事训练。强调将帅要深晓兵法，"教得其道，则士乐为用；教不得法，虽朝督暮责，无益于事矣"。提出训练要由少及多，由简单到复杂，循序渐进，还要根据部队的不同特点，区别对待。

此外，《问对》对阵法布列、古代军制、兵学源流等一系列问题也进行了探讨。它丰富和发展了《孙子兵法》以来的军事思想，在中国军事学史上占有重要地位。所以后人称赞它："兴废得失，事宜情实，兵家术法，灿然毕举，皆可垂范将来。"（戴少望《将鉴论断》）

卷上

[说明]本卷最先讨论的,是讨伐高丽的策略问题。由此引出了"正兵""奇兵"运用的一连串讨论,并列举了许多战例,如李靖之破突厥、征西域、诸葛亮南征、晋马隆讨凉州、唐太宗霍邑之战、霍去病征匈奴、曹公《新书》所载奇正原则的说明,孙武奇正原则的阐述等,黄帝兵法握奇文的说明,"守将"与"斗将"之区别,九阵、八阵,黄帝丘井之法因以制兵的说明,太公的兵法及军制,管仲复修太公的兵法,论诸葛亮与管仲王佐之才及管仲制齐之法,齐成王追论古司马法及司马穰苴的兵法,张良、韩信删定的兵法,"三门四种"的说明,司马法的蒐狩,齐桓召陵之师,晋文践土之盟的说明,春秋楚子二广之军制,晋荀吴伐狄军队的编组与战法,曹公新书所言车乘步骑的编组,征服薛延陀、铁勒诸部及番汉杂处两全之策,番汉兵的长短及奇正的运用,以夷制夷的策略等。

卷上共四十问答。

太宗曰:"高丽数侵新罗,朕遣使谕,不奉旨,将讨之,如何?"

靖曰:"探知盖苏文自恃知兵,谓中国无能讨,故违命。臣请师三万,擒之。"

太宗曰:"兵少地遥,何术临之?"

靖曰:"臣以正兵。"

太宗曰:"平突厥时用奇兵,今言正兵,何也?"

靖曰:"诸葛亮七擒孟获,无他道也,正兵而已矣。"

太宗曰:"晋马隆讨凉州,亦是依八阵图,作偏箱车。地广则用鹿角车营,路狭则木屋,施于车上,且战且前。信乎,正兵,古人所重也。"

靖曰："臣讨突厥,西行数千里,若非正兵,安能致远? 偏箱鹿角,兵之大要,一则治力,一则前拒,一则束部伍。三者迭相为用,斯马隆所得古法深也。"

太宗曰:"朕破宋老生,初交锋,义师少却。朕亲以铁骑自南原驰下,横突之。老生兵断后,大溃,遂擒之。此正兵乎? 奇兵乎?"

靖曰:"陛下天纵圣武,非学而能。臣按兵法,自黄帝以来,先正而后奇,先仁义而后权谲。且霍邑之战,师以义举者,正也。建成坠马,右军少却者,奇也。"

太宗曰:"彼时少却,几败大事,曷谓奇邪?"

靖曰:"凡兵以前向为正,后却为奇。且右军不却,则老生安致之来哉?《法》曰:'利而诱之,乱而取之。'老生不知兵,恃勇急进,不意断后,见擒于陛下。此所谓以奇为正也。"

太宗曰:"霍去病暗与孙吴合,诚有是夫。当右军之却也,高祖失色,及朕奋击,反为我利,孙吴暗合,卿实知言。"

太宗曰:"凡兵却,皆谓之奇乎?"

靖曰:"不然。夫兵却,旗参差而不齐,鼓大小而不应,令喧嚣而不一,此真败者也,非奇也。若旗齐鼓应,号如一,纷纷纭纭,虽退走,非败也,必有奇也。《法》曰:'佯北勿追。'又曰:'能而示之不能。'皆奇之谓也。"

太宗曰:"霍邑之战,右军少却,其天乎? 老生被擒,其人乎?"

靖曰:"若非正兵变为奇,奇兵变为正,则安能胜哉? 故善用兵者,奇正人而已。变而神之,所以推乎天也。"

太宗俯首。

太宗曰:"奇、正素分之欤? 临时制之欤?"

靖曰:"按曹公《新书》曰:'己二而敌一,则一术为正,一术为奇;己五而敌一,则三术为正,二术为奇。'此言大略耳!唯孙武云:'战势不过奇正,奇正之变,不可胜穷。奇正相生,如循环之无端,孰能穷之?'斯得之矣,安有素分之邪?若士卒未习吾法,偏裨未熟吾令,则必为之二术。教战时,各认旗鼓,迭相分合。故曰:分为变,此教战之术耳!教阅既成,众知吾法,然后如驱群羊,由将所指,孰分奇正之别哉?孙武所谓'形人而我无形',此乃奇正之极致。是以素分者,教阅也。临时制变者,不可胜穷也。"

太宗曰:"深乎!深乎!曹公必知之矣。但《新书》所以授诸将而已,非奇正本法。"

太宗曰:"曹公云:'奇兵旁击。'卿谓若何?"

靖曰:"臣按曹公注《孙子》曰:'先出合战为正,后出为奇。'此与旁击之说异焉。臣愚谓大众所合为正,将所自出为奇,乌有先后旁击之拘哉?"

太宗曰:"吾之正,使敌视以为奇;吾之奇,使敌视以为正。斯所谓形人者欤?以奇为正,以正为奇,变化莫测,斯所谓无形者欤?"

靖再拜曰:"陛下神圣,迥出古人,非臣所及。"

太宗曰:"分合为变者,奇正安在?"

靖曰:"善用兵者,无不正,无不奇,使敌莫测,故正亦胜,奇亦胜。三军之士,止知其胜,莫知其所以胜。非变而能通,安能至是哉!分合所出,唯孙武能之,吴起而下,莫可及焉。"

太宗曰:"吴术若何?"

靖曰:"臣请略言之。魏武侯问吴起两军相向。起曰:'使贱而勇者前击,锋始交而北,北而勿罚,观敌进取。一坐一起,奔北不追,则敌有谋矣。若悉众追北,行止纵横,此敌人不才,击之勿疑。'臣谓吴术大率多类此,非孙武所谓以正合也。"

太宗曰:"卿舅韩擒武尝言,卿可与论孙吴,亦奇正之谓乎?"

靖曰:"擒武安知奇正之极?但以奇为奇,以正为正耳。曾未知奇正相变,循环无穷者也。"

太宗曰:"古人临陈出奇.攻人不意,斯亦相变之法乎?"

靖曰:"前代战斗,多是以小术而胜无术,以片善而胜无善,斯安足以论兵法也?若谢玄之破苻坚,非谢玄之善也,盖苻坚之不善也。"

太宗顾侍臣,检《谢玄传》阅之,曰:"苻坚甚处是不善?"

靖曰:"臣观《苻坚载记》曰:秦诸军皆溃败,唯慕容垂一军独全。坚以千余骑赴之,垂子宝劝垂杀坚,不果。此有以见秦军之乱,慕容垂独全,盖坚为垂所陷,明矣。夫为人所陷,而欲胜敌,不亦难乎!臣故曰:无术焉,苻坚之类是也。"

太宗曰:"《孙子》谓多算胜少算,有以知少算胜无算,凡事皆然。"

太宗曰:"黄帝兵法,世传握奇文,或谓握机文,何谓也?"

靖曰:"'奇'音'机',故或传为'机',其义则一。考其辞云:'四为正,四为奇,余奇为握机。'奇,余零也,因此音'机'。臣愚谓兵无不是机,安在乎握而言也,当为余奇则是。夫正兵受之于君,奇兵将所自出。《法》曰:'令素行以教其民者,则民服。'此受之于君者也。又曰:'兵不豫言,君命有所不受。'此将所自出者也。凡将正而无奇,则守将也;奇而无正,则斗将也;奇正皆得,国之辅也。是故握机、握奇,本无二法,在学者兼通而已。"

太宗曰："陈数有九,中心零者,大将握之,四面八向,皆取准焉。陈间容陈,队间容队,以前为后,以后为前,进无速奔,退无遽走。四头八尾,触处为首,敌冲其中,两头皆救。数起于五,而终于八,此何谓也?"

靖曰:"诸葛亮以石纵横,布为八行方陈之法,即此图也。臣尝教阅,必先此陈。世所传握机文,盖得其粗也。"

太宗曰:"天、地、风、云、龙、虎、鸟、蛇,斯八陈,何义也?"

靖曰:"传之者误也。古人秘藏此法,故诡设八名耳。八陈本一也,公为八焉。若天、地者,本乎旗号;风、云者,本乎幡名;龙、虎、鸟、蛇,本乎队伍之别。后世误传,诡设物象,何止八而已乎!"

太宗曰:"数起于五,而终于八,则非设象,实古制也,卿试陈之。"

靖曰:"臣按黄帝始立丘井之法,因以制兵。故井分四道,八家处之,其形井字,开方九焉。五为陈法,四为闲地,此所谓'数起于五'也。虚其中,大将居之,环其四面,诸部连绕,此所谓'终于八'也。及乎变化制敌,则纷纷纭纭,斗乱而法不乱;混混沌沌,形圆而势不散,此所谓散而成八,复而为一者也。"

太宗曰:"深乎,黄帝之制兵也! 后世虽有天智神略,莫能出其阃阈,降此孰有继之者乎?"

靖曰:"周之始兴,则太公实缮其法,始于岐都,以建井亩。戎车三百辆,虎贲三百人,以立军制,六步七步,六伐七伐,以教战法。陈师牧野,太公以百夫制师,以成武功,以四万五千人,胜纣七十万众。周《司马法》,本太公者也。太公既没,齐人得其遗法,至桓公霸天下,任管仲,复修太公法,谓之节制之师,诸侯毕服。"

太宗曰："儒者多言管仲霸臣而已,殊不知兵法乃本于王制也。诸葛亮王佐之才,自比管、乐,以此知管仲亦王佐也。但周衰时,王不能用,故假齐兴师尔。"

靖再拜曰："陛下神圣,知人如此,老臣虽死无愧昔贤也。臣请言管仲制齐之法:三分齐国,以为三军。五家为轨,故五人为伍。十轨为里,故五十人为小戎。四里为连,故二百人为卒。十连为乡,故二千人为旅。五乡一师,故万人为军。亦由《司马法》'一师五旅,一旅五卒'之义焉! 其实皆得太公之遗法。"

太宗曰:"《司马法》,人言穰苴所述,是欤? 否乎?"

靖曰:"按《史记·穰苴传》,齐景公时,穰苴善用兵,败燕、晋之师,景公尊为司马之官,由是称司马穰苴,子孙号司马氏。至齐威王,追论古《司马法》,又述穰苴所学,遂有《司马穰苴书》数十篇。今世所传兵家者流,又分权谋、形势、阴阳、技巧四种,皆出《司马法》也。"

太宗曰:"汉张良、韩信,序次兵法,凡百八十二家,删取要用,定著三十五家,今失其传,何也?"

靖曰:"张良所学,太公《六韬》《三略》是也;韩信所学,穰苴、孙武是也。然大体不出三门四种而已。"

太宗曰:"何谓三门?"

靖曰:"臣按《太公谋》八十一篇,所谓阴谋不可以言穷;《太公言》七十一篇,不可以兵穷;《太公兵》八十五篇,不可以财穷。此三门也。"

太宗曰:"何谓四种?"

靖曰:"汉任宏所论是也。凡兵家流,权谋为一种,形势为一种,及阴阳、技巧二种,此四种也。"

太宗曰:"《司马法》首序蒐狩,何也?"

靖曰："顺其时而要之以神,重其事也。《周礼》最为大政。成有岐阳之蒐,康有酆宫之朝,穆有涂山之会,此天子之事也。及周衰,齐桓有召陵之师,晋文有践土之盟,此诸侯奉行天子之事也。其实用九伐之法,以威不恪,假之以朝会,因之以巡狩,训之以甲兵,言无事,兵不妄举,必于农隙,不忘武备也。故首序蒐狩,不其深乎?"

太宗曰:"春秋楚子二广之法云:'百官象物而动,军政不戒而备。'此亦得周制欤?"

靖曰:"按左氏说,楚子乘广,三十乘,广有一卒,卒偏之两。军行右辕,以辕为法,故挟辕而战,皆周制也。臣谓百人曰卒,五十人曰两,此是每车一乘,用士百五十人,比周制差多耳。周一乘步卒七十二人,甲士三人,以二十五人为一甲,凡三甲,共七十五人。楚山泽之国,车少而人多,分为三队,则与周制同矣。"

太宗曰:"春秋荀吴伐狄,毁车为行,亦正兵欤? 奇兵欤?"

靖曰:"荀吴用车法耳。虽舍车而法在其中焉。一为左角,一为右角,一为前拒,分为三队,此一乘法也,千万乘皆然。臣按曹公《新书》云:攻车七十五人,前拒一队,左右角二队,守车一队,炊子十人,守装五人,厩养五人,樵汲五人,共二十五人。攻守二乘,凡百人。兴兵十万,用车千乘,轻重二千,此大率荀吴之旧法也。又观汉魏之间军制,五车为队,仆射一人;十车为师,率长一人;凡车千乘,将吏二人。多多仿此。臣以今法参用之,则跳荡,骑兵也;战锋队,步骑相半也;驻队,兼车乘而出也。臣西讨突厥,越险数千里,此制未尝敢易。盖古法节制,信可重也。"

太宗幸灵州,回,召靖赐坐,曰:"朕命道宗及阿史那社尔等讨薛延陀,而铁勒诸部乞置汉官,朕皆从其请。延陀西走,恐为后患,故遣李勣讨之。今北荒悉平,然诸部番汉杂处,以何道经久使得两全安之?"

靖曰:"陛下敕自突厥至回纥部落,凡置驿六十六处,以通斥候,斯已得策矣。然臣愚以谓汉戍宜自为一法,番落宜自为一法,教习各异,勿使混同。或遇寇至,则密敕主将,临时变号易服,出奇击之。"

太宗曰:"何道也?"

靖曰:"此所谓多方以误之之术也。番而示之汉,汉而示之番。彼不知番汉之别,则莫能测我攻守之计矣。善用兵者,先为不测,则敌乖其所之也。"

太宗曰:"正合朕意。卿可密教边将,只以此番汉,便见奇正之法矣。"

靖再拜,曰:"圣虑天纵,闻一知十,臣安能极其说战?"

太宗曰:"诸葛亮言:'有制之兵,无能之将,不可败也;无制之兵,有能之将,不可胜也。'朕疑此谈,非极致之论。"

靖曰:"武侯有所激云耳。臣按《孙子》有曰:'教道不明,吏卒无常,陈兵纵横,曰乱。'自古乱军引胜,不可胜纪。夫教道不明者,言教阅无古法也;吏卒无常者,言将臣权任无久职也;乱军引胜者,言己自溃散,非敌胜之也。是以武侯言兵卒有制,虽庸将未败;若兵卒自乱,虽贤将危之。又何疑焉?"

太宗曰:"教阅之法,信不可忽。"

靖曰:"教得其道,则士乐为用;教不得法,虽朝督暮责,无益于事矣。臣所以区区古制皆纂以图者,庶乎成有制之兵也。"

太宗曰:"卿为我择古陈法,悉图以上。"

太宗曰:"番兵唯劲马奔冲,此奇兵欤? 汉兵为弩掎角,此正兵欤?"

靖曰:"按《孙子》云:'善用兵者,求之于势,不责于人,故能择人而任势。'夫所谓择人者,各随番汉所长而战也。番长于马,马利乎速斗;汉长于弩,弩利乎缓战。此自然各任其势也,然非奇正所分。臣前曾述,番汉必变号易服者,奇正相生之法也。马亦有正,弩亦有奇,何常之有哉?"

太宗曰:"卿更细言其术。"

靖曰:"先形之,使敌从之,是其术也。"

太宗曰:"朕悟之矣。《孙子》曰:'形兵之极,至于无形。'又曰:'因形而措胜于众,众不能知。'其此之谓乎?"

靖再拜曰:"深乎。陛下圣虑,已思过半矣。"

太宗曰:"近契丹、奚皆内属,置松漠、饶乐二都督,统于安北都护。朕用薛万彻,如何?"

靖曰:"万彻不如阿史那社尔及执失思力、契苾何力,此皆番臣之知兵者也。臣常与之言松漠、饶乐山川道路、番情逆顺,远至于西域部落十数种,历历可信。臣教之以陈法,无不点头服义。望陛下任之勿疑。若万彻,则勇而无谋,难以独任。"

太宗笑曰:"番人皆为卿役使。古人云:'以蛮夷攻蛮夷,中国之势也。'卿得之矣。"

【译文】

唐太宗问:"高丽屡次侵犯新罗,我派遣使臣去谕令息兵,高丽不接受诏令,我将要兴兵讨伐,你看要用什么策略?"

李靖答:"据探报得知,苏文仗着自己会用兵,说我国没有能力去讨伐他,所以他违抗诏命。请让我率兵三万,把他捉来。"

太宗问:"以这样少的兵,走这样远的路,去讨伐高丽,你用什么战术?"

李靖说："臣以正兵和敌人作战。"

太宗问："你平突厥时,是用'奇兵'制胜的,你现在说征高丽要用'正兵',是什么道理?"

李靖答："诸葛亮七擒孟获,没有采用别的战法,只采用正兵罢了。"

太宗问："西晋马隆讨伐凉州,也是依照八阵图的战法,用偏箱车布阵。在开阔的地方,就用偏箱车组成鹿角车营,道路狭窄时就做成木屋,放在车上,一面战斗,一面前进。诚然,正兵是古人所重视的。"

李靖说："我讨伐突厥的时候,西行几千里,假若不用正兵,哪能从事这样的远征呢? 使用偏箱车组成鹿角营作战,是用兵的要则,一方面可以保持战力,一方面可以防止敌人接近,一方面可以约束自己的队伍。此三种长处,交相为用,这便是马隆研究古人兵法到了精深的地步了。"

太宗说："我在霍邑击败宋老生的那次作战,初次交锋,我军稍稍后退。我亲自统率精锐骑兵自南边平原飞驰而下,横冲老生的兵阵。老生后路被切断,溃乱大败,于是就把老生擒获了。这是正兵呢? 还是奇兵?"

李靖说："陛下的英明是天赋的,不是一般人能够学到的。我研究兵法,自从黄帝以来,都是先用正兵而后用奇兵,先用仁义而后用权术机诈。而霍邑之战,陛下是正义之师,理由非常光明正大,这是正兵。因建成坠马,右军稍稍后退,这是一种奇兵。"

太宗说："在霍邑战斗的时候,右翼军虽然是稍稍后退,但几乎坏了大事,怎么说是用奇?"

李靖说："凡属用兵,用正规的战法向前攻击,便是'正兵';有计划地后退却能让敌人陷入不利的境地而击败之,便是'奇兵'。如果右军不后退,宋老生怎么会尽全力东进呢?《孙子兵法》上说:'以小利为诱饵,趁敌人混乱时去攻击它。'宋老生不知用兵,只知恃勇前进,不料陛下您从侧后杀来,断了他的后路,将他擒获。这就是所谓正兵转变为奇兵。"

太宗说："霍去病用兵与孙吴兵法是暗合的,确实有这回事。霍邑之战,当右翼军退却时,高祖大惊失色,等到我从敌人侧后方进攻,反而带来胜利，也是与孙吴兵法暗合的，你所说很对!"

太宗说："凡是军队退却，是不是都可以说是用奇兵呢?"

李靖说："不是这样的。敌人退却时，如果它的旗帜参差不整齐，鼓声大小杂乱，彼此不相应，号令喧嚣而不一，这就是真的战败了，便不是奇兵。若是敌人旗帜整齐，鼓声相应不乱，号令齐一，虽然队形杂乱，向后退走，但不是战败了，一定是在运用奇兵。《孙子兵法》有云：'敌人假装败退，便不要追击。'又说：'能战胜敌人，故意表示不能战胜。'都是在运用奇兵。"

太宗说："霍邑之战，右军稍稍退却，是不是关乎天命? 宋老生被我所擒，是不是属于人谋?"

李靖说："您若不是正兵变而为奇，奇兵变而为正，使敌莫测奇正之形，那么怎样能取胜呢? 所以善用兵的将领，用奇用正皆在各人之运用而已。变化而入神妙不测之境，所以推之于天。"

太宗低头赞许。

太宗说："奇与正，是平时分的? 还是临时分的?"

李靖说："按曹公《新书》上说：'己军的兵力较敌人兵力如果是二比一的话，就分兵为二，以一部分兵力为正兵，一部分兵力为奇兵;己军的兵力较敌人兵力如果是五比一的话，就以五分之三为正兵，五分之二为奇兵。'这不过是教练时的一种概括的说明，未必一定严格照这种方法去做。孙武说过：'作战的态势，不过奇正而已，奇正的变化，没有穷尽的。奇和正相互转化，犹如旋转的圆环一样无法区分开始与结束，怎么能够穷尽它的秘密呢?'这样说就对了，哪里有平时就区别奇正的呢? 如果士卒没有学会战法，部将们没有熟悉号令，那么我就将奇、正二法分别来教练他们。教练的时候，让各队分别辨认指挥的旗帜和鼓声，反复地训练分合演习。所以说奇正变化和分合只是一种教练的方法。训练完成后，大家都掌握了用兵的方法，然后就像驱赶羊群一样，任凭将军指挥他们，谁能分清奇正的区别呢? 孙武所说'用假象来蒙蔽敌人，让敌人无法了解我的真实意图'，这是运用奇正到了最高境界。所以，平时分奇正，是在教练时学习。临战时作奇正之变,其变化是无穷无尽的。"

太宗说:"奇正的运用,真是深妙呀!曹公一定知道其中的奥妙。但《新书》不过是教授诸将一般的道理而已,不是专门论奇正的方法。"

太宗问:"曹公说:'从侧面攻其不备的兵是奇兵。'你认为是这样吗?"

李靖说:"曹公注释《孙子兵法》时曾说:'先与敌人作战的是正兵,然后与敌人作战的是奇兵。'这又与曹公自己所说的'从侧面攻其不备的是奇兵'的说法不同了。我认为大军与敌人正面交锋是正兵,将领自己临时捕捉战机,出奇制胜的,便是奇兵,何必受先后和旁击的拘束!"

太宗说:"我的正兵,使敌人看起来反疑为奇;我的奇兵,使敌人看起来反疑为正。这就是孙子所说的'形人'吧?我能以奇兵变为正,正兵变为奇,奇正变化,叫人无法推测揣度,那便是孙子所说的'无形'吧?"

李靖向太宗再拜,起来后说:"陛下圣明,远出古人之上,不是我所能及的。"

太宗说:"分而合,合而分,不断变化,奇正究竟表现在哪里?"

李靖说:"凡是善于用兵的将帅,没有不用正兵的,也没有不用奇兵的,他们使用的是奇是正,敌人始终无法揣测,所以他们指挥作战,正兵也胜,奇兵也胜。至于他们指挥之下的官兵,只知道胜利了,却不知道取胜的道理。如果不是把奇正变化灵活运用到极致的话,哪能达到这种地步呢?军队的奇正变化能够妙用的,只有孙武一人能够做到,吴起以下没有人能赶得上他。"

太宗问:"吴起用兵的方法怎么样?"

李靖答道:"请允许我概要说明。从前魏武侯问吴起若是两军相遇,想知道敌将的才能,应该采用什么方法。吴起答道:'派地位低而勇敢的官兵向敌人攻击,第一次交锋故意失败,失败了不要加以处罚,观看敌将的动静。如果敌人一举一动皆有节制,不来追击失败的我军,那么这个敌将便是有智谋的。假如敌人全部出来追击败退的我军,队伍的前进与停止毫无秩序,便知道敌将无能,要立即攻击不必有疑虑。'我认为吴起用兵的方法,大致是这一类的,不是像孙武所说的用奇正互相配合作战的方法。"

太宗说:"你舅父韩擒武曾经说,你可以和他谈论孙吴兵法,是不是指讨论奇正的方法?"

李靖答道:"擒武哪里知道奇正变化的奥妙? 他只知道以奇为奇,以正为正罢了。他不知道奇正变化,循环而无穷的道理。"

太宗问:"古人临阵出奇制胜,攻击敌人之不备,这也是奇正相变的方法吗?"

李靖答:"前代的战斗,多是用一些微小的谋略就战胜不懂用兵法则的人,稍有能力的人战胜没有能力的人,这怎么能够算得上懂兵法呢? 如像东晋时,谢玄破苻坚于淝水,不是谢玄高明,而是苻坚不懂用兵之道。"

太宗命侍臣将《谢玄传》找出来阅读,读过以后说:"苻坚哪些地方处理得不好?"

李靖答:"我看《苻坚载记》上说,战斗时,前秦各军都溃散了,只有慕容垂一军完整。苻坚率领千余骑兵来到慕容垂的军营,慕容垂的儿子慕容宝劝父亲杀掉苻坚,慕容垂没有答应。从这里可以看出前秦军队的混乱,慕容垂一支军队完好无损,说明苻坚被慕容垂陷害了。一个人被自己人所陷害,还想战胜敌人,那不是很难的吗? 所以我说:没有智谋的,就是苻坚这一类人!"

太宗说:"《孙子兵法》说多谋划的战胜少谋划的,因此可以知道少谋划的也超过没有谋划的了,凡事都是如此。"

太宗问:"黄帝的兵法,都传说叫'握奇文',也有人说是'握机文',究竟怎样说才对?"

李靖答:"'奇'可以读为'机',所以有人将'奇'传为'机'了,其实意思是一样的。根据《握奇经》上所说,天、地、风、云为'正',龙、虎、鸟、蛇为'奇',剩下的'奇兵'由大将掌握,所以称为'握机'。所谓的'奇',就是剩下的少量兵力,所以将'奇'字读为'机'。我认为用兵就是要抓住战机,不在乎如何掌控,用好剩下的少量兵力出奇制胜就行了。正兵是受命于君王的,奇兵的运用决定于将帅。《孙子兵法》说:'国家的命令素来为百姓拥护遵守的,百姓养成了习惯,战争时就会听从派遣。'这是说正兵是听从君王的。又说:'战时的情况不能预判,如果君王的命令不符合战场情况,有时候也可以不接受。'这是主将根据战场情况的灵活机变。作为将军的,只知道用'正兵'而不知道用'奇兵',便是墨守成规的将领;只知道用'奇兵'而不知道用'正兵'的,是鲁莽从事的将领;奇正都运用得当的,才是辅国的良将。所以说'握奇'与'握机',本来不是两种方法,只是靠人融会贯通罢了。"

太宗问:"握机阵分为九阵,外面有四正四奇,阵中间的一支部队,由大将亲自掌握,四面八方都以他的号令为准。大阵中间包括了小阵,大队中间包括了许多小队,或以前锋作为后卫,或者以后卫作为前锋,因为约束节制分明,前进后退都是统一的,所以前进不快跑,后退也不快走。四个头八个尾,敌人如果进攻其中任何一部分,这一支队伍便是前锋,其余队伍便是后卫,敌人如果进攻中间的队伍,两头的队伍就来救应。最初布阵的数量上是五,而结果却是八,这是什么道理?"

李靖答:"诸葛亮在沙滩上用石头纵横布置为八行,作为方阵之法,就是这个阵图。我过去教练官兵,也是先从这种阵法开始。世上所传说的'握机文',只是个大略的梗概罢了。"

太宗问:"天、地、风、云、龙、虎、鸟、蛇,作为八阵的名称,是什么意思?"

李靖说:"这是世人传说的错误。古人为了保存这种布阵的秘密,就故意设为八种奇怪的名称。八阵本来是一个整体,区分为八个部分。像天和地,本是按照旗号来命名的;风和云,本来是按幡名来命名的;龙、虎、鸟、蛇,本来是按队伍的代号来命名的。后世误传,神秘地用各种物象来代表,其实旗帜幡号很多,何止是八种呢!"

太宗问:"布阵的起始数是五个,最后却是八个阵,却不是所说的天、地、风、云、龙、虎、鸟、蛇的物象,这是古时候的制度,你试着谈谈这个问题。"

李靖答："黄帝最早设立'丘井之法',并据此建立了军事制度。按照井田制,一井用四条道路分开,八家环绕,为一井的形状,分开则为九块方地。后来根据军事需要制定为用兵的方法,其中五处作为布阵的地方,另外四边四个角作为空地,这就是所说的'数起于五'。井字形中间是空地,大将掌握一支队伍,驻扎在中间,前后左右和四个角落都是部队相连环绕,这就是所说的'终于八'。等到战斗的时候,前后变化用来对付敌人,看上去旌旗招展,人马错杂,好像阵势混乱,而实际上很有章法;队伍行动起来如水奔流,时而方阵时而圆阵,阵势却循环不散,这就是所谓的分开成为八个小阵,合起来成为一个大阵。"

太宗问："黄帝制定的军事制度,可说是意义非常深远。后世的人,虽有很高的智慧,也没有能超出其范围的,从他以后,谁又能继承他的兵法呢?"

李靖答："周朝初兴的时候,姜太公继承并完善了黄帝的制度,在陕西岐都(今岐山东北)开始,实行井田制度。并以戎车三百辆,虎贲三百人,建立军事制度。训练时,要求用六步七步,六伐七伐来规划队列,训练战法。后来军队在商朝城郊牧野列阵,太公就用一百人挑战,继之以主力进攻,大败了商朝的军队,成就了武功,用四万五千人,打败商纣王的七十万大军。周朝的《司马法》,本来是根据太公的制度而制定的。太公死后,齐国人得到了他留下的兵法,到了齐桓公称霸天下以后,任用管仲为相,重新整理太公的兵法,使齐国的军队成了有纪律有战斗力的军队,从此,天下的诸侯,没有不敬畏服从齐国威权的。"

太宗问："儒家多说管仲不过是一个霸主的臣子罢了,却不知道管仲的兵法就是根据周朝的井田制而创立的。蜀相诸葛亮有辅佐帝王的才能,在南阳隐居的时候,自比管仲和乐毅,由此知道管仲也是辅佐帝王的人才。但是这时周室已经衰微,周王不能任用管仲,所以借管仲辅佐齐桓公训练军队来治理天下。"

李靖再拜,起来后又说："陛下英明神圣,知人这样深刻,老臣虽死,也将尽力而为，希望能不辜负先贤。我愿意谈谈管仲当时治理齐国的方略：管仲把齐国的百姓分为三个部分，立为三军。百姓五家为一轨，相当于军队里五人为一伍。十轨为一里（五十家），所以五十人为一小戎。四里为一连（二百家），所以二百人为一卒。十连为一乡（二千家），所以二千人为一旅。五乡为一师（一万家），所以万人为一军。这就是根据《司马法》一师分为五旅，一旅分为五卒的意思演变而来。其实，这些都是太公的遗法啊。"

太宗问："世人都说《司马法》是穰苴所著述的，是不是？"

李靖答："我见《史记·司马穰苴列传》所载，齐景公时，穰苴善于用兵，曾击败燕、晋两国的军队，景公封穰苴为司马，从此人都称他为司马穰苴，他的子孙因此以司马为氏。到齐威王时，命令大夫追论、整理古《司马法》，书完成之后，又把穰苴的兵法纳其中，于是有《司马穰苴书》数十篇。现在世间所传的兵家流派为权谋、形势、阴阳、技巧四种，这些都是出自《司马法》。"

太宗问："汉朝张良与韩信整理古时兵法，当时有一百八十二家，经过甄别删去多余和冒充的，选择精要适用的，选定了三十五家，现在这三十五家为什么也失传了呢？"

李靖说："没有完全失传，张良所学的，是太公的《六韬》、黄石公的《三略》；韩信所学的就是司马穰苴和孙武兵法。但是这些兵书的内容，大致不会超过三门四种而已。"

太宗问："什么叫作'三门'？"

李靖答："《太公谋》有八十一篇，有人称此为'阴谋'，所谓的'阴谋'，不是《太公言》用几句话可以概括清楚的；《太公言》有七十一篇，也不是《太公兵》可以讲清楚的；《太公兵》有八十五篇，不可以财穷尽其中道理。这就是所谓的'三门'。"

太宗问："什么叫作'四种'？"

李靖答："汉成帝时任宏的论著。将兵学分为四种：权谋为一种，形势为一种，阴阳、技巧各为一种，这就是所谓'四种'。"

太宗问："《司马法》开篇便叙述春天和冬天狩猎的事,是什么缘故?"

李靖答："顺应天时,利用农闲季节来训练军队,并且要祭祀宗庙向神祷告,是为了郑重其事。《周礼》上所载,这是周朝最重要的大事。周成王时,曾在岐山的南面田猎;周康王时,曾借田猎在宫中接受诸侯的朝觐;周穆王时,也曾在涂山田猎与诸侯会合,因为这是天子十分重视必须亲自主持的大事。等到周王室衰微,齐桓公曾与诸侯会师于召陵,晋文公曾与诸侯结盟于践土,这是诸侯假借天子的名义做的事。其实是用'九伐之法',来威胁不听从王命的诸侯,利用朝会的名义,行巡狩之礼,进行军事训练,表示国家无事,不要轻易动兵。田猎必须在农闲的时候进行,表示不忘备战。因此《司马法》首篇就叙述春天和冬天田猎的事,这个意义很深远。"

太宗问："春秋时楚庄王的兵法,有'二广'的制度,其规定:'军队中各级军官要根据旗鼓的号令而行动;军队的事情,不等待上级的指示,就要先有准备。'这都是来自周朝的制度吗?"

李靖答："据《春秋左氏传》记载,楚庄王有'广'这种兵车三十辆,每辆车上有一卒,每卒分为两偏。行军的时候,在车右辕一侧展开,进退以车的右辕为准,靠着车辕作战,这都是周朝的制度。我认为,楚国百人为一卒,五十人为一两,这样,楚国的战车,每辆用士卒一百五十人,比周朝规定的人数要多。周朝一辆战车,用步卒七十二人,甲士三人,以二十五人为一甲,三甲共七十五人。楚国多高山大泽,所以车少而人多,也是将一百五十人分为三队,这种划分的方法与周朝的制度是一样的。"

太宗问："春秋的时候,晋国荀吴伐狄,荀吴放弃车战,而只用步兵,你说这是正兵还是奇兵?"

李靖答："荀吴用的还是车战的战法。虽然不用车战,而只用步兵,但用兵的方法仍然沿用车战。他用一队人为左翼,一队人为右翼,一队人为前卫,分为三队,这是一个车队的战法,就是千乘、万乘,都是一样的。曹操《新书》上说:攻车,一乘用七十五人,前卫一队,左右翼各一队,辎重车一队,内有炊事兵十人,看守装备的五人,饲养马匹的五人,砍柴担水的五人，共二十五人。战车和辎重车两乘共有一百人。动用十万兵力，要用战车一千乘，还需要轻车重车各一千乘，这大概是荀吴以往用的方法。我看汉魏的军制，五车为一队，设仆射一人；十车为一师，设率长一人；兵车千乘，设正副将领二人。如兵车再增多也按这个标准配备。我现在的队伍配置就是参考古法来做的，突击队，主要是由骑兵组成；战锋队，由步兵和骑兵各一半组成；驻队则由步兵和战车一起组成。我西讨突厥时，转战几千里，跨越无数的险阻之地，这种制度也未曾改动。古代在战争中形成的军队管理制度完整而有规律，确实应当重视。"

太宗巡幸灵州回到宫中，召见李靖并赐座后，问李靖："我命李道宗和阿史那社尔等征讨薛延陀，铁勒诸部落愿意归顺，请求设置汉官，他们的请求我都已经答应了。薛延陀向西逃走了，我担心他会成为我大唐的后患，所以又派李勣率兵讨伐。现在大漠北边一带都平定了，但是各部落中番汉混杂，你看用什么方法长久治理才能使得他们彼此相安无事？"

李靖答："陛下命令自突厥到回纥的部落设置六十六处驿舍，以便利斥候传递情报，这已经是考虑得很妥当了。但是依臣的愚见，在部队的训练上，汉兵要用汉兵的训练方法，番兵要用番兵的训练方法，训练的方法各不相同，不要让他们混同。倘若敌寇进犯，就密令主将临时将番汉兵卒变换旗号和服装，出其不意打击他们。"

太宗问："这是什么道理？"

李靖答："这就是多设方略诡计给敌人造成错觉的方法。番兵伪装成汉兵，汉兵伪装成番兵。敌人不知番汉的区别，那么他们便不知道我们的攻守计划和方法。善于用兵的人，首先要让敌人摸不清我的意图，就可使敌人的行动产生错误。"

太宗说："你所说的正合我的意思。你可以秘密地去教导边将，只用这种变更号令、改变番汉服装的策略，就可以看到其中的奇正方法。"

李靖再拜说："圣上的英明是上天赋予的，听见一件事，便马上知道十件事，我哪里能说得透彻圆满呢？"

太宗说："诸葛亮说：'训练有素的部队，即使将领无能，也不会打败仗；没有训练的部队，即使有能干的将领，也不能战胜敌人。'我怀疑这种说法，它并不是完美的论断。"

李靖答："诸葛武侯所讲的话，是训练队伍时激励官兵的言论。《孙子兵法》中说：'军队的训练不明确，人事安排没有到位，军队作战陈兵没有条理，这就叫作乱。'自古军队混乱导致失败的例子不知有多少。所谓'教道不明'，是指军队训练没有用古法；所谓'吏卒无常'，是指将吏士卒经常调动，没有安排妥当；所谓'乱军引胜'，是指敌人的胜利是因为自己内部的混乱造成的。所以武侯说，军队训练有素，即使将领无能，也不会被敌人打败；如果军队自乱，即使将帅有才能，也不能挽救危亡。这有什么可疑的？"

太宗说："训练部队的方法，确实不可疏忽。"

李靖答："教练得法，官兵就乐于为我所用；教练不得法，纵然从早到晚督促责备也无济于事。我所以要把古代大大小小的教练方法都编纂成图，是希望教练官兵，差不多能使之成为训练有素的军队。"

太宗说："你替我选择古代阵法，全部绘制成图送给我看。"

太宗问："番兵作战用骑兵冲击敌阵，这是奇兵吗？汉兵作战用强弩射击扼制敌人，这是正兵吗？"

李靖答："《孙子》说：'善于用兵的将领，要想战胜敌人，必须先要形成可以取胜的态势，而不苛求于人，因此要选择有能力的人，打造这种有利作战的态势。'所谓选择不同能力的人，就是要利用番汉兵卒的特长去作战。番兵善于骑马，所以利于速战；汉兵长于用弩，所以利于缓战。这是番汉利用了有利形势，扬长避短，但不是奇正的分别。我以前曾经讲过，番汉兵卒变化旗号和服装，这才是奇兵和正兵相互为用的办法。骑战有奇也有正，步战有正也有奇，哪有固定不变的呢？"

太宗问："你再详细地说说变号易服的方法。"

李靖答："我军先制造假象，让敌人听从我的调动，这就是变号易服的方法。"

太宗说："我明白了。《孙子兵法》上说：'迷惑敌人的行动巧妙到了极点，让敌人一点也看不出痕迹。'他又说：'运用各种迷惑敌人的方法取得了重大胜利，但很多人并不知道胜利来自何处。'就是这样的道理吧！"

李靖再拜说："《孙子》讲得很深奥啊！陛下英明，已经领会过半了。"

太宗问："近来契丹和奚两个部落都来归附我朝，现在设松漠、饶乐二都督府，统归安北都护府管辖。我想选用薛万彻担任都护之职，你看如何？"

李靖答："薛万彻的才能不如阿史那社尔和执失思力、契苾何力，这几个人都是番臣中懂得用兵的人。我曾和他们讨论松漠、饶乐二地的山川道路以及番情顺逆，甚至谈到十多个很远的西域部落的情况，他们说得清清楚楚，是可以相信的。我教他们阵法，没有不点头信服的。请陛下任用他们，不必怀疑。像薛万彻这种人，有勇无谋，难以独当大任。"

太宗笑着说："这些番人都听从你指挥了。古人说：'用蛮夷之人治理蛮夷之人，中国的情势历来都是这样的。'你可以说是得其要领了。"

卷中

[说明]本卷中，太宗与李靖就奇正虚实谈到治力的方法，还论述了军队的编制，指挥与训练的方法。其中重点论述了各种阵法以及教战之法。此外，还论述了车、步、骑的配合与使用，赏与罚、恩与威的关系，主客和劳佚的转化，从而进一步地阐明了虚实与奇正的运用。

本卷有三十三问答。

太宗曰："朕观诸兵书，无出孙武。孙武十三篇，无出虚实。夫用兵，识虚实之势，则无不胜焉。今诸将中，但能言避实击虚，及其临敌则鲜识虚实者，盖不能致人而反为敌所致故也。如何？卿悉为诸将言其要。"

靖曰："先教之以奇正相变之术，然后语之以虚实之形，可也。诸将多不知以奇为正，以正为奇，安且识虚是实，实是虚哉？"

太宗曰："策之而知得失之计，作之而知动静之理，形之而知死生之地，角之而知有余不足之处。此则奇正在我，虚实在敌欤？"

靖曰："奇正者，所以致敌之虚实也。敌实，则我必以正；敌虚，则我必以奇。苟将不知奇正，则虽知敌虚实，安能致之哉？臣奉诏但教诸将以奇正，然后虚实自知焉。"

太宗曰："以奇为正者，敌意其奇，则吾正击之；以正为奇者，敌意其正，则吾奇击之。使敌势常虚，我势常实。当以此法授诸将，使易晓耳。"

靖曰："千章万句，不出乎致人而不致于人而已，臣当以此教诸将。"

太宗曰："朕置瑶池都督，以隶安西都护。番汉之兵，如何处置？"

靖曰："天之生人，本无番汉之别，然地远荒漠，必以射猎而生，由此常习战斗。若我恩信抚之，衣食周之，则皆汉人矣。陛下置此都护，臣请收汉戍卒，处之内地，减省粮馈，兵家所谓治力之法也。但择汉吏有熟番情者，散守堡障，此足以经久。或遇有警，则汉卒出焉。"

太宗曰："《孙子》所言治力何如？"

靖曰："'以近待远，以佚待劳，以饱待饥'，此略言其概耳。善用兵者，推此三义而有六焉：以诱待来，以静待躁，以重待轻，以严待懈，以治待乱，以守待攻。反是则力有弗逮。非治之之术，安能临兵哉？"

太宗曰："今人习《孙子》者，但诵空文，鲜克推广其义。治力之法，宜遍告诸将。"

太宗曰："旧将老卒，凋零殆尽，诸军新置，不经阵敌。今教以何道为要？"

靖曰："臣常教士，分为三等：必先结伍法，伍法既成，授之军校，此一等也；军校之法，以一为十，以十为百，此一等也；授之裨将，裨将乃总诸校之队聚为阵图，此一等也。大将察此三等之教，于是大阅，稽考制度，分别奇正，誓众行罚。陛下临高观之，无施不可。"

太宗曰："伍法有数家，孰者为要？"

靖曰："臣按《春秋左氏传》云：'先偏后伍。'又《司马法》曰：'五人为伍。'《尉缭子》有束伍令，汉制有尺籍伍符。后世符籍以纸为之，于是失其制矣。臣酌其法，自五人而变为二十五人，

自二十五人而变为七十五人,此则步卒七十二人、甲士三人之
制也。舍车为骑,则二十五人当八马,此则五兵五当之制也。
是则诸家兵法,唯伍法为要。小列之五人,大列之二十五人,参
列之七十五人。又五参其数,得三百七十五人。三百人为正,
六十人为奇,此则百五十人分为二正,而三十人分为二奇,盖左
右等也。穰苴所谓'五人为伍,十伍为队',至今因之,此其
要也。"

太宗曰:"朕与李勣论兵,多同卿说,但勣不究出处尔。卿所
制六花阵法,出何术乎?"

请曰:"臣所本诸葛亮八阵法也。大阵包小阵,大营包小
营,隔落钩连,曲折相对,古制如此。臣为图因之,故外画之方,
内环之圆,是成六花,俗所号尔。"

太宗曰:"内圆外方,何也?"

靖曰:"方生于步,圆生于奇。方所以矩其步,圆所以缀其
旋,是以步数定于地,行缀应于天。步定缀齐,则变不乱。八阵
为六,武侯之旧法焉。"

太宗曰:"画方以见步,点圆以见兵。步教足法,兵教手法,
手足便利,思过半乎?"

靖曰:"吴起云:'绝而不离,却而不散。'此步法也。教士犹
布棋于盘,若无画路,棋安用之? 孙子曰:'地生度,度生量,量
生数,数生称,称生胜。胜兵若以镒称铢,败兵若以铢称镒。'皆
起于度量方圆也。"

太宗曰:"深乎! 孙武之言。不度地之远近,形之广狭,则
何以制其节乎?"

靖曰:"庸将罕能知其节者也。善战者,其势险,其节短,势
如𪎭弩,节如发机。臣修其术,凡立队,相去各十步,驻队去师

队二十步，每隔一队立一战队，前进以五十步为节。角一声，诸队皆散立，不过十步之内，至第四角声，笼枪跪坐。于是鼓之，三呼三击，三十步至五十步，以制敌之变。马军从背出，亦以五十步临时节止。前正后奇，观敌如何。再鼓之，则前奇后正，复邀敌来，伺隙捣虚。此六花大率皆然也。"

太宗曰："曹公《新书》云：'作阵对敌，必先立表，引兵就表而阵。一部受敌，余部不进救者斩。'此何术乎？"

靖曰："临敌立表，非也，此但教战时法耳。古人善用兵者，教正不教奇，驱众若驱群羊，与之进，与之退，不知所之也。曹公骄而好胜，当时诸将奉《新书》者，莫敢攻其短。且临敌立表，无乃晚乎！臣窃观陛下所制破陈乐舞，前出四表，后缀八幡，左右折旋，趋步金鼓，各有其节，此即八阵图四头八尾之制也。人间但见乐舞之盛，岂有知军容如斯焉。"

太宗曰："昔汉高帝定天下，歌云：'安得猛士兮守四方。'盖兵法可以意授，不可以语传。朕为破阵乐舞，唯卿以晓其表矣，后世其知我不苟作也！"

太宗曰："方色五旗为正乎？幡麾折冲为奇乎？分合为变，其队数曷为得宜？"

靖曰："臣参用古法，凡三队合，则旗相倚而不交；五队合，则两旗交；十队合，则五旗交。吹角，开五交之旗，则一复散而为十；开二交之旗，则一复散而为五；开相倚不交之旗，则一复散而为三。兵散则以合为奇，合则以散为奇。三令五申，三散三合，复归于正，四头八尾，乃教焉。此队法所宜也。"

太宗称善。

太宗曰："曹公有战骑、陷骑、游骑，今马军何等比乎？"

靖曰："臣按《新书》云：'战骑居前，陷骑居中，游骑居后。'

如此则是各立名号,分为三类耳。大抵骑队八马当车,徒二十四人,二十四骑当车,徒七十二人,此古制也。车徒常教以正,骑队常教以奇。据曹公,前后及中分为三覆,不言两厢,举一端言也。后人不晓三覆之义,则战骑必前于陷骑、游骑,如何使用?臣熟用此法,回车转阵,则游骑当前,战骑当后,陷骑临变而分,皆曹公之术也。"

太宗笑曰:"多少人为曹公所惑!"

太宗曰:"车、步、骑三者一法也,其用在人乎?"

靖曰:"臣按春秋'鱼丽阵',先偏后伍,此则车步无骑,谓之左右拒,言拒御而已,非取出奇胜也。晋荀吴伐狄,舍车为行,此则骑多为便,唯务奇胜,非拒御而已。臣均其术,凡一马当三人,车步称之,混为一法,用之在人,敌安知吾车果何出?骑果何来?徒果何从哉?或潜九地,或动九天,其知如神,唯陛下有焉,臣何足以知之?"

太宗曰:"太公书云:'地方六百步,或六十步,表十二辰。'其术如何?"

靖曰:"画地方一千二百步,开方之形也。每部占地二十步之方,横以五步立一人,纵以四步立一人。凡二千五百人,分五方,空地四处,所谓阵间容阵者也。武王伐纣,虎贲各掌三千人,每阵六千人,共三万之众,此太公画地之法也。"

太宗曰:"卿六花阵,画地几何?"

靖曰:"大阅,地方千二百步者,其义六阵,各占地四百步,分为东西两厢,空地一千二百步,为教战之所。臣常教士三万,每阵五千人,以其一为营法,五为方、圆、曲、直、锐之形,每阵五变,凡二十五变而止。"

太宗曰:"五行阵如何?"

靖曰："本因五方色立此名，方、圆、曲、直、锐，实因地形使然。凡军不素习此五者，安可以临敌乎！兵，诡道也，故强名五行焉，文之以术数相生相克之义。其实兵形象水，因地制流，此其旨也。"

太宗曰："李勣言牝牡、方圆伏兵法，古有是否？"

靖曰："牝牡之法，出于俗传，其实阴阳二义而已。臣按范蠡云：'后则用阴，先则用阳，尽敌阳节，盈吾阴节而夺之。'此兵家阴阳之妙也。范蠡又云：'设右为牝，益左为牡，早晏以顺天道。'此则左右早晏临时不同，在乎奇正之变者也。左右者，人之阴阳；早晏者，天之阴阳；奇正者，天人相变之阴阳。若执而不变，则阴阳俱废，如何守牝牡之形而已？故形之者，以奇示敌，非吾正也；胜之者，以正击敌，非吾奇也，此谓奇正相变。兵伏者，不止山谷草木伏藏所以为伏也，其正如山，其奇如雷，敌虽对面，莫测吾奇正所在。至此，夫何形之有哉？"

太宗："四兽之阵，又以商、羽、徵、角象之，何道也？"

靖曰："诡道也。"

太宗曰："可废乎？"

靖曰："存之所以能废之也，若废而不用，诡愈甚焉。"

太宗曰："何谓也？"

靖曰："假之以四兽之阵，及天、地、风、云之号，又加商金、羽水、徵火、角木之配，此皆兵家自古诡道。存之，则余诡不复增矣；废之，则使贪使愚之术从何而施哉。"

太宗良久曰："卿宜秘之，无泄于外。"

太宗曰："严刑峻法，使人畏我而不畏敌，朕甚惑之。昔光武以孤军当王莽百万之众，非有刑法临之，此何由乎？"

靖曰："兵家胜败，情状万殊，不可以一事推也。如陈胜、吴广败秦师,岂胜、广刑罚能加于秦乎？光武之起,盖顺人心之怨莽也。况又王寻、王邑不晓兵法,徒夸兵众,所以自败。臣按《孙子》曰:'卒未亲附而罚之,则不服;已亲附而罚不行,则不可用。'此言凡将先有爱结于士,然后可以严刑也。若爱未加而独用峻法,鲜克济焉。"

太宗曰:"《尚书》云:'威克厥爱,允济;爱克厥威,允罔功。'何谓也？"

靖曰:"爱设于先,威设于后,不可反是也。若威加于前,爱救于后,无益于事矣。《尚书》所以慎戒其终,非所以作谋于始也。故孙子之法,万代不刊。"

太宗曰:"卿平萧铣,诸将皆欲籍伪臣家以赏士卒,卿独不从,以谓蒯通不戮于汉,既而江汉归顺。朕由是思古人有言曰:'文能附众,武能威敌。'其卿之谓乎？"

靖曰:"汉光武平赤眉,入贼营中按行,贼曰:'萧王推赤心于人腹中。'此盖先料人情本非为恶,岂不豫虑哉？臣顷讨突厥,总番汉之众,出塞千里,未尝戮一扬干,斩一庄贾,亦推赤诚存至公而已矣。陛下过听,擢臣以不次之位,若于文武则何敢当？"

太宗曰:"昔唐俭使突厥,卿因击而败之。人言卿以俭为死间,朕至今疑焉,如何？"

靖再拜曰:"臣与俭比肩事主,料俭说必不能柔服,故臣因纵兵击之,所以去大患不顾小义也。人谓以俭为死间,非臣之心。按《孙子》,用间最为下策,臣尝著论,其末云:'水能载舟,亦能覆舟,或用间以成功,或凭间以倾败,若束发事君,当朝正色,忠以尽节,信以竭诚,虽有善间,安可用乎？'唐俭小义,陛下何疑？"

太宗曰:"诚哉! 非仁义不能使间,此岂纤人所为乎! 周公大义灭亲,况一使人乎? 灼无疑矣。"

太宗曰:"兵贵为主,不贵为客。贵速,不贵久。何也?"

靖曰:"兵,不得已而用之,安在为客且久哉?《孙子》曰:'远输则百姓贫。'此为客之弊也。又曰:'役不再籍,粮不三载。'此不可久之验也。臣较量主客之势,则有变客为主、变主为客之术。"

太宗曰:"何谓也?"

靖曰:"因粮于敌,是变客为主也。饱能饥之,佚能劳之,是变主为客也。故兵不拘主客迟速,唯发必中节,所以为宜。"

太宗曰:"古人有诸?"

靖曰:"昔越伐吴,以左右二军鸣鼓而进,吴分兵御之,越以中军潜涉不鼓,袭败吴师,此变客为主之验也。石勒与姬澹战,澹兵远来,勒遣孔苌为前锋,逆击澹军。孔苌退而澹来追,勒以伏兵夹击之,澹军大败,此变劳为佚之验也。古人如此者多。"

太宗曰:"铁蒺藜、行马,太公所制,是乎?"

靖曰:"有之,然拒敌而已。兵贵致人,非欲拒之也。太公《六韬》,言守御之具尔,非攻战所施也。"

【译文】

太宗说:"我看各种兵书,没有超过孙武的。《孙子》十三篇,其中所论述的,也没有超出'虚实'二字。如果用兵识虚实之势,便无往而不胜利。现在诸将之中,只能空谈避实击虚,一到战场,就很少有人能看清敌人虚实,大概是他们每每不能控制敌人,而反为敌人所控制的缘故。你看是不是? 你尽量向诸将讲明白认识虚与实问题的要领。"

李靖说:"先教他们奇正相互变易的方法,然后教他们知道敌人虚实的形势就可以了。现在诸将多数不知道以奇为正,以正为奇,又怎么辨识敌人的虚却是实,实却是虚呢?"

太宗问:"认真分析判断敌情,就会知道敌人在谋划上的优劣得失;挑逗敌人,便可以知道其内部活动规律;侦察一下情况,便知道敌人占据的地形是否有利;试探攻击一下敌人,就知道敌人兵力的强弱。这就是以我的'奇正'战术试探敌人'虚实'的方法吗?"

李靖答:"奇与正,就是用来对付敌人虚与实的。敌人强大,我就用正兵攻击;敌人弱小,我就用奇兵攻袭。假如我们的将领不知道奇与正的道理,即使知道敌人的虚与实,又怎么能够克敌制胜呢?我当谨遵皇上命令,只教诸将奇和正的用兵方法,然后他们自然就会明白虚与实的运用。"

太宗问:"当我军将奇兵改为正兵攻击敌人,敌人还认为我是奇兵,而我却用正兵打击他;当我将正兵改为奇兵时,敌人误认为我是正兵,而我用奇兵攻击他。这样就让敌人始终处于不利的态势,而我处于有利的地位。你就以这种方法教导诸将领,让他们容易领会。"

李靖答:"兵书千言万语,总不外乎《孙子》说的'我能左右敌人而不为敌人所左右',我当本着这种原则教育诸将。"

太宗问:"我设置瑶池都督,归安西都护府管辖。你看那个地方番兵和汉兵,如何处置才妥当?"

李靖答:"上天造就的人,本来没有番汉的区别,但是番人生在边远荒漠地带,必然以射猎为生,因此习惯于战斗。如果我以恩信安抚他们,接济他们衣食,这些番人就变成汉人了。陛下既然设置了安西都护府,我建议将驻守边疆的汉兵移驻内地,以减少运粮的开支费用,这就是兵家所说的保持战斗力的方法。只用选派熟悉番情的汉族官吏分散守备各要塞,这样就足以长久。一旦边疆有变故,就可以迅速派遣汉兵支援边疆作战。"

太宗问:"《孙子》所说的保持战斗力的方法如何?"

李靖答:"'以靠近战场的军队迎击远道而来的敌人;以自己从容不迫、精力旺盛的军队,等待疲劳的敌人;以自己补给充裕的军队,等待饥饿的敌人',这是《孙子》所简略概括的三点。不过,善于用兵的人,可以从这三种含义引申为六点:敌人不来,我军引诱他来;敌人浮躁不安,我军沉着冷静;敌人轻举妄动,我军持重稳妥;敌人懈怠疏忽,我军纪律严明;敌人混杂纷乱,我军井然有序;敌人远道来攻,我军谨慎防守。如果不能做到这六点,就不能发挥战斗力。如果不采取这些保持战斗力的方法,怎么能克敌制胜呢!"

太宗问:"现在的人学习《孙子兵法》,只知道背诵他的文章,很少有人能够引申发挥其含义。你所说的提高战斗力的方法,应当让所有的将领都领会。"

太宗又说:"有作战经验的旧将老卒已经剩下不多了,如今这些队伍,都是没有经历过战争考验的。现在用什么方法教育他们最重要?"

李靖答:"我教育官兵,经常分为三个阶段:先将五人编为一伍,教会他们伍法,伍法教练完成以后,再进行军校训练,这是一个阶段;军校教练的方法,是以一伍为十伍,以十伍为百伍进行训练,这是一个阶段;军校训练结束后,再交给副将教育,副将集中训练各军校的学员,教他们学习布阵用兵的方法,这又是一个阶段。大将军看到这三个阶段的教育完成后,进行大阅兵,检查考核这三个阶段制度的执行,奇正分合的训练,然后告诉将士赏罚的条例。最后陛下登高检阅,下达的命令军队没有不施行的。"

太宗问:"伍的编组方法古人有几家,哪一家比较重要?"

李靖答:"我查阅了《春秋左氏传》,上面说:'先偏后伍。'《司马法》说:'五人为伍。'《尉缭子》有'束伍令',汉朝的制度有'尺籍伍符'。后世符籍是用纸做的,于是乎这种制度就逐渐失传了。我思考分析了一下这些方法,认为由五人变为二十五人,二十五人变为七十五人,这就和春秋时步卒七十二人、甲士三人的制度相符合。如果不用战车而用骑兵,就用二十五名步卒当作八个骑兵使用,这就与《司马法》五兵五当的制度相同。所以各家的兵法,都是以伍法为基础。小的编组是五人,大的编组是二十五人,三列是七十五人。五个三列则是三百七十五人。这三百七

十五人中,以三百人为正,六十人为奇,三百人又分为左右二正,六十人
又分为左右二奇,前进时左与右兵力相等。司马穰苴所说的'五人为伍,
十伍为队',至今还相沿使用,这就是伍法的核心内容。"

太宗问:"我和李勣论兵法,他所说的多数与你所说的相同,但是李
勣不考究它的出处。你所制定的六花阵法是根据什么?"

李靖答:"我的六花阵法,来源于诸葛亮的八阵图法。大阵中包含小
阵,大营中包含小营,四方八角,各阵各营之间,都是互相衔接,曲折相
对,古八阵法就是这样的。我仿照八阵图,将外面画成方形,里面画成圆
形,成了六花的形状,俗名叫作六花阵。"

太宗问:"你所说的里面画成圆形,外面画成方形,是什么意思?"

李靖答:"方阵是由一定距离的步数来决定的,圆阵是由中军兵力的
多少来决定的。方阵用来规整军队的行动,圆阵用来连接方阵形成合
力,方阵的步数要像大地一样固定,圆阵的形状要像天体一样循环无间。
间隔固定,循环有序,就可以变化而不乱。从八阵变为六花阵,核心还是
武侯八阵的思路。"

太宗问:"外画方形以显示士卒进退的步法,内画圆形以显示兵器的
运用。这种外方内圆的队形,利于训练步法与操作兵器,步法严整,兵器
操作熟练,古人排兵布阵的道理应该就掌握过半了吧?"

李靖答:"吴起说:'隔绝而队形不分离,退却而行列仍然不散乱。'这
是平常教导步法熟练后的结果。教育士卒好像在棋盘上下棋一样,假如
没有画好应走的路线,那么棋怎样走呢?孙武说:'根据地形的远近、广
狭、险易等情况,而加以判断;根据对战地地形的判断,得出战场容量的
大小;根据战场容量的大小,估计双方可能投入兵力的数量;根据敌我双
方可能投入兵力的数量,分析敌我强弱;根据双方兵力强弱的对比,判断
作战的胜负。所以,胜利的军队对失败的军队来说,就好比处于以镒称
铢的绝对优势的地位;失败的军队对胜利的军队来说,就好比处于以铢
称镒的绝对劣势的地位。'这些都是从度量方和圆演绎过来的。"

太宗说:"孙武的话很深刻啊!如不审度路程的远近,地形的广狭,

又怎么去调整作战的时间和地点呢?"

李靖说:"平庸无能之将,很少能够因地形远近、广狭调整时间、地点而使用兵力。善于用兵的将领,造成的态势是险峻的,进攻的节奏是短促的,攻势猛如张满的弓弩,节奏如触发的弩机。我学习运用孙子的战术,凡部署军队,各队彼此相距十步,驻队距前队二十步,每隔一队的位置设一站队,前进时以五十步为准。第一次吹号时,各队都分散站开,但不超过十步远,到吹第四声号角时,各队抱枪蹲跪在地。于是击鼓为号,各队三次呼喊,三次击刺,在三十步至五十步的距离,应对敌人变化。骑兵部队从背后冲出,距敌五十步时临时停止。正兵在前,奇兵在后,观察敌人虚实。再次击鼓,就变为前奇后正,再把敌人引诱出来,乘机打击敌人的弱点。这六花阵大致是这样运用的。"

太宗问:"曹公《新书》说:'布阵对敌,一定要先树一面旗帜作为标志,指挥部队按照旗帜的指示布阵作战。如果我军一部分受到敌人攻击,其余的部队不前进救援的,就要斩首。'这是什么方法呢?"

李靖答:"不是两军相峙再树旗帜作为标志,这不过是教练部队时布阵作战的方法罢了。古代善于用兵的将领,只教正兵的战法,不教奇兵的战法,指挥军队作战,如同驱赶一群羊,叫它进就进,叫它退就退,让他们不知要到哪里去。曹操骄而好胜,当时奉行《新书》的将领,没有人敢说他的不足之处。如果两军对峙,按照《新书》规定再立旌旗标志,未免太晚了。我看陛下您所制定的'破阵乐舞',前面四面旌旗,后面八幅长幡,舞蹈的人前后左右曲折旋转,或快或慢,鸣金击鼓,节奏分明,这就是八阵图四头八尾的布局。人们只看见乐舞的盛况,哪里知道这里面包含阵法的重要意义呢!"

太宗答:"从前汉高祖平定天下,曾作《大风歌》,其中一句是:'安得猛士兮守四方。'大概兵法可以意会,无法用言语去表达。我创作的'破阵乐舞',也只有你知道它的意义,后来的人相信也会知道我的乐舞不是随便创作的。"

太宗问:"在五个方位上,各用一种颜色的旗帜指挥军队的行动,这能称得上是正兵吗？用幡旗指挥击退敌方,就是出奇兵吗？各队分合变化,用多少队才最合适?"

李靖答:"我参考古人的做法,凡是三队合为一队的,旗帜就靠拢而不相交叉;五队合为一队,则用两旗交叉;十队合为一队,则用五个旗帜交叉。分散时,吹一声角,分开交叉的五旗,一队分散为十队;分开二面交叉的旗帜,一队分散为五队;分开相靠而不交叉的旗帜,就一队分为三队。军队分散的时候,就以合为奇;军队集中时,就以散为奇。经过三令而五申,三散而三合,然后再回到正兵的操练,这样四头八尾的阵法就可以开始进行操练了。这是训练队法应采取的步骤。"

太宗对此表示赞赏。

太宗说:"曹公将骑兵分为战骑、陷骑、游骑,现在的骑兵怎样与之类比?"

李靖说:"我看《新书》上说:'战骑在前面,陷骑在中间,游骑在后面。'这只是根据任务的不同而把骑兵分成三类使用罢了。大抵骑兵队的八骑相当于车兵二十四人;二十四匹马,相当于车兵七十二人,这是古时候的制度。车兵通常教以正兵的战法,骑兵队通常教以奇兵的战法。根据曹公的用兵方法,将前、后和中间,分为三批使用,没有说到两旁的军队,这不过是举一个方面来说明。后世的人不知道曹公'三覆'的道理,只知道战骑一定在陷骑、游骑的前面,这怎么能使用得好呢？我常常使用这种方法,当回军转阵的时候,游骑在前面,战骑在后面,陷骑则根据情况的变化机动使用它,这都是曹公的战术。"

太宗笑着说:"多少人都被曹公所迷惑了。"

太宗说:"战车、步兵、骑兵三兵种的用法,大致一样,它们运用的好坏是否取决于人呢?"

李靖答:"春秋时的'鱼丽阵'是先偏后伍,这种阵法只用战车和步兵而无骑兵,叫作左右拒,取防御的态势而已,不是想出奇而制胜的。晋荀吴伐狄,放弃战车而用步兵,在这种情况之下,增多骑兵就更便于作战了,其目的是以奇兵取胜,不是取防御的态势。我综合这两种战术,用一个骑兵代替三个步兵来安排,战车和步兵也有一定的数量,将战车、步兵、骑兵三个方面的力量混合巧妙使用,敌人怎么知道我的战车从何处出击?骑兵从何处来?步兵以什么方式战斗?军队行动神秘莫测,有时像潜藏于地下,有时像从天而降,这种神机妙算,唯有陛下您才能掌握,我哪里能完全知道呢?"

太宗问:"太公兵书上说:'方阵每边长六百步,或六十步,并按十二时辰的顺序标示出来。'这种方法如何?"

李靖答:"确定阵地的基础,四边共一千二百步,成为一个正方形。每个小方阵占有纵横二十步的方地,横的方向每五步站一人,纵的方向每四步站一人。共二千五百人,分为五个大方阵,四角有四块空地,这就是所谓的'阵间容阵'的办法。周武王伐商纣,派精锐勇士分别率领三千人,每阵六千人,共计三万人,这就是太公画地布阵的办法。"

太宗问:"你的六花阵画地多少?"

李靖说:"在训练大规模的军队时,画周长一千二百步的方阵,再分为六个方阵,每个方阵各占地四百步,分为东西两厢,中间空地一千二百步,作为教练的场所。我曾集中三万将士教练,每阵五千人,其中一阵五千人演习驻扎的方法,其余五阵士卒,演练方、圆、曲、直、锐的阵形,每阵变换五次,五阵共变化二十五次。"

太宗问:"所谓五行阵,又是怎么回事?"

李靖说:"本来是根据青、赤、黄、白、黑五种颜色代表五个方位而定的名称,方、圆、曲、直、锐是根据地形而定的五种阵形。军队如果平时不训练这五种阵法,怎么能临战对敌呢?战争靠的是诡诈权谋,所以故意称为五行阵,以相生相克的术数来掩饰行动。其实军队的行动像水一样,依地势的不同选定阵法,这就是五行阵的根本旨义。"

太宗说:"李勣说的牝牡、方圆伏兵法,古时候有吗?"

李靖说:"牝牡之法,是世人传说的称呼,其实就是阴阳的意思。范蠡所说的:'后发制人要靠潜力,先发制人要靠锐气,把敌人的锐气消耗到最低程度,把我们的潜力发挥到最大程度去消灭敌人。'这是军事家运用潜力和锐气的妙诀。范蠡又说:'布设右阵为牝,再设左阵为牡,行动的早晚要顺应天时。'这是说布阵的左右、行动的早晚,要根据情况的变化各有不同,这还在于奇正的变化。左右是指人的阴阳;早晚是指天的阴阳;奇正是指左右、早晚互相变化。如果一味地坚持阴阳而不知变通,则阴阳就没有任何意义了,怎么能空守牝牡的形式呢? 所以欺骗敌人时,要用奇兵迷惑它,而不是我表面所显示的正兵;战胜敌人时是用正兵,而不是我的奇兵,这就是奇正互相变化的道理。伏兵,不仅是指利用山谷草木隐藏才是伏兵,真正的伏兵,运用正兵时像山岳那样稳重,运用奇兵时像雷霆那样迅疾,敌人虽在对面,也不能判断我方的奇正在什么地方。奇正运用到这种程度,哪里还有什么形迹能让敌人看得出来呢?"

太宗问:"龙、虎、鸟、蛇四阵,又用商、羽、徵、角四音比喻它,这是什么道理?"

李靖答:"这是军事家所用的诡诈之道。"

太宗说:"可以把它废掉吗?"

李靖答:"保存它的名称,才能把它废掉,如果废而不用,诡诈之道就会愈演愈烈。"

太宗问:"这是什么道理?"

李靖答:"假借龙、虎、鸟、蛇的四阵,和天、地、风、云的称呼,又加上商金、羽水、徵火、角木的配合,这都是自古以来兵家的诡诈之道。保留它的名称,其他的诡诈之道就不会再增加了;若废除这些诡诈之道,那么要驱使那些贪婪愚昧的人,还有什么方法可用呢?"

太宗思索了很久才说:"你要保守秘密,不向外人泄露。"

太宗说:"用严刑峻法,部下就会害怕我而不害怕敌人的说法,我很怀疑。从前汉光武皇帝以孤军几千人抵挡王莽百万大军,并没有使用严刑峻法对付部下,这是什么原因呢?"

李靖答:"兵家胜败的情形,千差万别,各有不同,不能凭一件事而加以推断。譬如陈胜、吴广击败秦国的军队,难道是陈胜、吴广的刑罚比秦军更严苛吗? 汉光武起兵定天下,是因为顺应了怨恨王莽的民心。况且王寻、王邑又不懂兵法，徒然自夸军队人多，所以自取失败。我看《孙子兵法》中说：'士卒尚未拥护就使用刑罚，他便心中不服；已经取得拥护而刑罚不能正确执行，这种军队就不能用来作战。'依孙武这句话，凡作为将领的，先要和所管理的士兵建立深厚的感情，然后才能对部属实施严厉的刑罚。如果和部属没有建立深厚的感情，而单纯使用严刑峻法，就很少有能成功的。"

太宗问："《尚书》中说：'威严胜过仁爱，事情可以成功；仁爱胜过威严，事情就不会成功。'这是什么意思？"

李靖答："仁爱要先施，刑罚要后用，次序不能颠倒。如果先用刑罚，后用仁爱去补救，对事情就没有什么补益了。《尚书》里的意思，是说要慎重考虑法令执行后的结果，并不是以此作为事先谋划的方法。所以孙子的方法，千秋万代不可更改。"

太宗问："你平定萧铣的时候，各个将领都想查抄萧铣及其部下的家产，用来赏赐给官兵，唯独你不答应，并引用汉高祖刘邦不杀蒯通以求收揽人心，因而江汉一带望风归顺的故事说服大家。我由此想起古人有两句话：'文臣能使士众归附，武将能够威慑敌人。'这说的就是你吧？"

李靖答："汉光武帝平定赤眉军以后，进入赤眉军营中巡视检阅，没有一点疑惧，赤眉军说：'萧王推心置腹。'这是因为刘秀预料到赤眉军并非作恶之徒，岂是他没有事先考虑就进入敌营的呢？我讨伐突厥时，率领着汉番两族的士兵，远走塞外，行军千里，没有杀一个'扬干'，也没有斩一个'庄贾'，只不过是诚心相待、大公无私罢了。陛下过分信任我，把我提拔到这样的高位，如果说我文武兼备，实在是不敢当。"

太宗问："从前唐俭出使突厥，你却趁机击败了突厥。有人说你这是把唐俭当成了死间，我至今心里还有点怀疑，这到底是怎么回事？"

李靖拜了又拜，起来后说："我和唐俭并肩辅佐陛下，当唐俭出使突厥时，我估计唐俭一定不能说服突厥，所以我乘突厥懈怠之际，纵兵攻击，就是想清除掉国家的一个大患，顾不得保全与唐俭的私人信义。至于有人说我用唐俭为死间，这不是我的本意。按《孙子》所说，用间最为下策,我曾论述这种观点,文章末尾说:'水能载舟,亦能覆舟,有人用间得以成功,有人用间招致失败,假如为臣的从年轻时就辅佐君王,参与朝政胸怀坦荡,忠君爱国,砥砺操守,踏踏实实,竭尽全力,这样即便有善于挑拨是非的人来离间,又怎能发挥作用呢?'像唐俭这样的事情从国家角度来看是小义,陛下何必怀疑呢?"

太宗说:"的确是这样。不是仁义兼备的人不能使用间谍,这岂是平庸的小人所能做到的? 周公尚且大义灭亲,何况对于一个使者呢? 我现在完全明白了。"

太宗问:"用兵作战,以本地作战,或先到达战场主动出击为有利;以远到别的地方作战,或后到达战场被动参战为不利。用兵贵在神速,不贵持久。其中有何道理?"

李靖答:"动用军队是不得已的事,怎么可以出兵又久拖不决呢?《孙子》说:'把粮食从国内输送到老远的地方去,就会把老百姓拖得民穷财尽。'这就是离开国境到很远的地方打仗的弊端。《孙子》又说:'兵员不宜征调两次,粮食输送不应超过三次。'这就是用兵不宜太久的经验。不过我仔细比较主客的形势,就有了变客为主、变主为客的方法。"

太宗问:"你怎么做到的?"

李靖答:"在敌国就地征粮,是变客为主的办法。敌人能吃饱饭却让他挨饿,敌人能休息却让他四处奔走,他虽然在主场,却让他犹如身在客场,这就是变主为客的办法。所以用兵作战不用拘泥于主客迟速,指挥得当,就能取胜。"

太宗问:"古人有没有这种情形呢?"

李靖答:"春秋时,越王勾践伐吴,用左右两军击鼓进攻,吴王分兵抵御,越王以中军息鼓偷渡,击败了吴军,这是变客为主的例子。又如石勒与姬澹作战,姬澹率领军队远道而来,石勒派遣孔苌做前锋迎击姬澹的军队。孔苌假装打不过姬澹的军队,故意撤退,引诱姬澹来追,石勒则用伏兵从两面夹击姬澹的追兵,姬澹大败,这是变劳为逸的例子。古人的这种例子很多。"

太宗问:"铁蒺藜、行马,有人说是太公发明的,是吗?"

李靖答:"是的,然而这不过是用以抵御敌人罢了。用兵作战贵在制服敌人,而不仅是阻拒敌人。太公《六韬》中所说的是防守的工具,不是进攻的设施。"

卷下

[说明]本卷中,太宗与李靖讨论了指挥作战的一些重要原则,对《孙子》《司马法》《吴子》等书中的一些重要军事术语做了详细的阐述,提出了自己的观点。此外还论述了选将用人、兵书的学习方法等。

本卷共有二十五问答。

太宗曰:"太公云:'以步兵与车骑战者,必依丘墓险阻。'又《孙子》云:'天隙之地,丘墓故城,兵不可处。'如何?"

靖曰:"用众在乎心一,心一在乎禁祥去疑。傥主将有所疑忌,则群情摇,群情摇则敌乘衅而至矣。安营据地,便乎人事而已。若涧、井、陷、隙之地,及如牢如罗之处,人事不便者也,故兵家引而避之,防敌乘我。丘墓故城,非绝险处,我得之为利,岂宜反去之乎。太公所说,兵之至要也。"

太宗曰:"朕思凶器,无甚于兵者,行兵苟便于人事,岂以避忌为疑?今后诸将有以阴阳拘忌失于事宜者,卿当丁宁诫之。"

靖再拜谢曰:"臣按《尉缭子》云:'黄帝以德守之,以刑伐之。'是谓刑德,非天官时日之谓也。然诡道可使由之,不可使知之。后世庸将泥于术数,是以多败,不可不诫也。陛下圣训,臣宜宣告诸将。"

太宗曰:"兵有分聚,各贵适宜。前代事迹,孰为善此者?"

靖曰:"苻坚总百万之众,而败于淝水,此兵能合而不能分之所致也。吴汉讨公孙述,与副将刘尚分屯,相去二十里,述来攻汉,尚出合击,大破之,此兵分而能合之所致也。太公曰:'分不分为縻军,聚不聚为孤旅。'"

太宗曰:"然。苻坚初得王猛,实知兵,遂取中原,及猛卒,坚果败,此縻军之谓乎! 吴汉为光武所任,兵不遥制,故汉果平蜀,此不陷孤旅之谓也! 得失事迹,足为万代鉴。"

太宗曰:"朕观千章万句,不出乎'多方以误之'一句而已。"

靖良久曰:"诚如圣语。大凡用兵,若敌人不误,则我师安能克哉? 譬如弈棋,两敌均焉,一着或失,竟莫能救。是古今胜败,率由一误而已,况多失者乎!"

太宗曰:"攻守二事,其实一法欤?《孙子》言:'善攻者,敌不知其所守;善守者,敌不知其所攻。'即不言敌来攻我,我亦攻之;我若自守,敌亦守之。攻守两齐,其术奈何?"

靖曰:"前代似此相攻相守者多矣,皆曰:'守则不足,攻则有余。'便谓不足为弱,有余为强,盖不悟攻守之法也。臣按《孙子》云:'不可胜者,守也;可胜者,攻也。'谓敌未可胜,则我且自守,待敌可胜,则攻之尔,非以强弱为辞也。后人不晓其义,则当攻而守,当守而攻。二役既殊,故不能一其法。"

太宗曰:"信乎! 有余不足,使后人惑其强弱。殊不知守之法,要在示敌以不足;攻之法,要在示敌以有余也。示敌以不足,则敌必来攻,此是敌不知其所攻者也;示敌以有余,则敌必自守,此是敌不知其所守者也。攻守一法,敌与我分而为二事。若我事得,则敌事败;敌事得,则我事败;得失成败,彼我之事分焉。攻守者一而已矣,得一者百战百胜。故曰:'知己知彼,百战不殆。'其知一之谓乎。"

靖再拜曰:"深乎! 圣人之法也。攻是守之机,守是攻之策,同归乎胜而已矣。若攻不知守,守不知攻,不唯二其事,抑又二其官,虽口诵孙、吴,而心不思妙,攻守两齐之说,其孰能知其然哉?"

太宗曰：“《司马法》言：‘国虽大，好战必亡；天下虽安，忘战必危。’此亦攻守一道乎？”

靖曰：“有国有家者，曷尝不讲乎攻守也？夫攻者，不止攻其城击其陈而已，必有攻其心之术焉；守者，不止完其壁坚其陈而已，必也守吾气而有待焉。大而言之，为君之道；小而言之，为将之法。夫攻其心者，所谓知彼者也；守吾气者，所谓知己者也。”

太宗曰：“诚哉！朕常临阵，先料敌之心与己之心孰审，然后彼可得知焉；察敌之气与己之气孰治，然后我可得而知焉。是以知彼知己，兵家大要。今之将臣，虽未知彼，苟能知己，则安有失利者哉？”

靖曰：“孙武所谓‘先为不可胜’者，知己者也；‘以待敌之可胜’者，知彼者也。又曰：‘不可胜在己，可胜在敌。’臣斯须不敢失此诫。”

太宗曰：“《孙子》言三军可夺气之法：‘朝气锐，昼气惰，暮气归。善用兵者，避其锐气，击其惰归。’如何？”

靖曰：“夫含生禀血，鼓作斗争，虽死不省者，气使然也。故用兵之法，必先察吾士众，激吾胜气，乃可以击敌焉。吴起四机，以气机为上，无他道也，能使人人自斗，则其锐莫当。所谓朝气锐者，非限时刻而言也，举一日始末为喻也。凡三鼓而敌不衰不竭，则安能必使之惰归哉？盖学者徒诵空文，而为敌所诱。苟悟夺之之理，则兵可任矣。”

太宗曰：“卿尝言李勣能兵法，久可用否？然非朕控御，则不可用也。他日太子治若何御之？”

靖曰：“为陛下计，莫若黜勣，令太子复用之，则必感恩图报，于理有损乎？”

太宗曰:"善! 朕无疑矣。"

太宗曰:"李勣若与长孙无忌共掌国政,如何?"

靖曰:"勣,忠义臣,可保任也。无忌佐命大功,陛下以肺腑之亲,委之辅相;然外貌下士,内实嫉贤。故尉迟敬德面折其短,遂引退焉;侯君集恨其忘旧,因以犯逆。皆无忌致其然也。陛下询及臣,臣不敢避其说。"

太宗曰:"勿泄也,朕徐思其处置。"

太宗曰:"汉高祖能将将,其后韩、彭见诛,萧何下狱,何故如此?"

靖曰:"臣观刘、项,皆非将将之君。当秦之亡也,张良本为韩报仇,陈平、韩信皆怨楚不用,故假汉之势,自为奋尔。至于萧、曹、樊、灌,悉由亡命,高祖因之以得天下。设使六国之后复立,人人各怀其旧,则虽有能将将之才,岂为汉用哉? 臣谓汉得天下,由张良借箸之谋、萧何漕挽之功也。以此言之,韩、彭见诛,范增不用,其事同也。臣故谓刘、项皆非将将之君。"

太宗曰:"光武中兴,能保全功臣,不任以吏事,此则善于将将乎?"

靖曰:"光武虽籍前构,易于成功,然莽势不下于项籍,邓、寇未越于萧、曹,独能推赤心、用柔治,保全功臣,贤于高祖远矣。以此论将将之道,臣谓光武得之。"

太宗曰:"古者出师命将,斋三日,授之以钺,曰:'从此至天,将军制之。'又授之以斧,曰:'从此至地,将军制之。'又推其毂,曰:'进退唯时。'既行,军中但闻将军之令,不闻君命。朕谓此礼久废,今欲与卿参定遣将之仪,如何?"

靖曰:"臣窃谓圣人制作,致斋于庙者,所以假威于神也。授斧钺,又推其毂者,所以委寄以权也。今陛下每有出师,必与公卿议论，告庙而后遣，此则邀以神至矣。每有任将，必使之便宜从事，此则假以权重矣，何异于致斋推毂耶？尽合古礼，其义同焉，不须参定。"

上曰："善！"乃命近臣书此二事，为后世法。

太宗曰："阴阳术数，废之可乎？"

靖曰："不可。兵者，诡道也，托之以阴阳术数，则使贪使愚，兹不可废也。"

太宗曰："卿尝言天官时日，明将不法，暗将拘之，废亦宜然？"

靖曰："纣以甲子日亡，武王以甲子日兴，天官时日，甲子一也，殷乱周治，兴亡异焉。又宋武帝以往亡日起兵，军吏以为不可。帝曰：'我往彼亡。'果克之。由此言之，可废明矣。然而田单为燕所围，单命一人为神，拜而祠之。神言：'燕可破。'单于是以火牛出击燕，大破之。此是兵家诡道，天官时日亦犹此也。"

太宗曰："田单托神怪而破燕，太公焚蓍龟而灭纣，二事相反，何也？"

靖曰："其机一也，或逆而取之，或顺而行之是也。昔太公佐武王，至牧野遇雷雨，旗鼓毁折，散宜生欲卜吉而后行，此则因军中疑惧，必假卜以问神焉。太公以谓腐草枯骨无足问，且以臣伐君，岂可再乎？然观散宜生发机于前，太公成机于后，逆顺虽异，其理致则同。臣前所谓术数不可废者，盖存其机于未萌也。及其成功，在人事而已矣。"

太宗曰："当今将帅，唯李勣、道宗、薛万彻，除道宗以亲属外，孰堪大用？"

靖曰："陛下尝言勣、道宗用兵，不大胜，亦不大败，万彻若不大胜，即须大败。臣愚思圣言，不求大胜，亦不大败者，节制之兵也；或大胜或大败者，幸而成功者也。故孙武云：'善战者，立于不败之地，而不失敌之败也。'节制在我云尔。"

太宗曰："两陈相临，欲言不战，安可得乎？"

靖曰："昔晋师伐秦，交绥而退。《司马法》曰：'逐奔不远，纵绥不及。'臣谓绥者，御辔之索也。我兵既有节制，彼敌亦正行伍，岂敢轻战哉！故有出而交绥，退而不逐，各防其失败者也。孙武云：'勿击堂堂之陈，无邀正正之旗。'若两陈体均势等，苟一轻肆，为其所乘，则或大败，理使然也。是故兵有不战，有必战。夫不战者在我，必战者在敌。"

太宗曰："不战在我，何谓也？"

靖曰："孙武云：'我不欲战者，画地而守之，敌不得与我战者，乖其所之也。'敌有人焉，交绥之间未可图也。故曰不战在我。夫必战在敌者，孙武云：'善动敌者，形之，敌必从之；予之，敌必取之。以利动之，以本待之。'敌无人焉，则必来战，吾得以乘而破之。故曰必战者在敌。"

太宗曰："深乎！节制之兵。得其法则昌，失其法则亡。卿为纂述历代善于节制者，具图来上，朕当择其精微，垂于后世。"

靖曰："臣前所进黄帝、太公二阵图，并《司马法》、诸葛亮奇正之法，此已精悉。历代名将用其一二，成功者亦众矣。但史官鲜克知兵，不能纪其实迹焉。臣敢不奉诏，当纂述以闻。"

太宗曰："兵法孰为最深者？"

靖曰："臣尝分三等，使学者当渐而至焉。一曰道，二曰天地，三曰将法。夫道之说，至精至微，《易》所谓'聪明睿智神武而不杀'者是也。夫天之说阴阳，地之说险易。善用兵者，能以阴夺阳，以险攻易，孟子所谓'天时地利'者，是也。夫将法之说,在乎任人利器,《三略》所谓'得士者昌',管仲所谓'器必坚利'者是也。"

太宗曰:"然。吾谓不战而屈人之兵者,上也;百战百胜者,中也;深沟高垒以自守者,下也。以是校量,孙武著书,三等皆具焉。"

靖曰:"观其文,迹其事,亦可差别矣。若张良、范蠡、孙武,脱然高引,不知所往,此非知道,安能尔乎? 若乐毅、管仲、诸葛亮,战必胜,守必固,此非察天时地利,安能尔乎? 其次,王猛之保秦,谢安之守晋,非任将择材,缮完自固,安能尔乎? 故习兵之学,必先繇下以及中,繇中以及上,则渐而深矣。不然,则垂空言,徒记诵,无足取也。"

太宗曰:"道家忌三世为将者,不可妄传也,亦不可不传也,卿其慎之。"

靖再拜出,尽传其书与李勣。

【译文】

太宗问:"太公说:'步兵与战车、骑兵作战的时候,一定要依靠丘陵墓穴和险阻的地形。'孙子说:'两旁断崖绝壁的隘路,丘陵坟墓及无人住的城池废墟,军队不能驻留。'这两句话如何理解?"

李靖答:"用兵作战,在于统一意志;意志统一,在于禁止迷信,消除疑虑。倘若主将有所疑忌,那么就军心动摇,敌人就会乘虚而至。安营扎寨,驻军之地,必须方便军队开展行动。像绝涧、天井、天陷、天隙的地方和像天牢、天罗的地形,不便于军队行动,所以用兵时都要避开它,防止敌人乘机攻击我。至于丘陵、墓地、城池的废墟,并不是险要的地方,如果我们掌握在手中有利的话,怎能放弃不用呢? 太公所说的是用兵时要考虑的重要原则。"

太宗问:"我想天下凶恶的事情没有超过战争的,只要有利于战争,怎么可以因为避讳猜忌而犹疑不决呢？今后诸将如有因为拘泥于阴阳术数而失去战机的，你当再三地告诫他们。”

李靖再拜而起说：“《尉缭子》说：‘黄帝用仁德安天下，用武力讨伐敌人。’兵家所说的刑德，不是阴阳家所讲的天官时日的一套。但是使用诡诈之道，可以让人去做，却不能让人知道为什么那样去做。后世平庸的将领往往拘泥于阴阳术数，所以多有失败，不能不以此为戒。陛下圣明的训示，我当宣示诸将。”

太宗问：“兵力的使用有分散有集中，应以适当为好。从过去的事迹来看，谁擅长做这个？”

李靖答：“前秦苻坚率领百万大军，淝水一战却被谢玄打败，这就是兵力能够集中而不能分散所致。汉光武帝命吴汉讨伐公孙述，吴汉与副将刘尚的军营相距二十里分别驻扎，公孙述的军队来进攻吴汉，刘尚率军前来合击，大破公孙述的军队，这就是兵能分也能合所致。太公说：‘当分散而不能分散的军队是被束缚住的军队，当集中而不能集中的军队是被孤立的军队。’”

太宗说：“是这样。当初苻坚任用善于用兵的王猛，王猛知道用兵之道，所以取得中原之地，到王猛死了以后，苻坚果然在淝水失败了，这就是所谓的縻军。吴汉受到光武的信任，指挥军队不用请示很远的光武帝，所以吴汉很快把蜀地平定了，这不就是所谓的陷入孤军吗。前代之得失，完全可以作为后代的借鉴。”

太宗问：“我看了很多兵书，其中的道理没有超出‘使用各种方法让敌人犯错误’这一句话的。”

李靖想了很久，才回答道：“确如陛下所说。大凡用兵作战，如果敌人没有犯错误，那么我军怎能取得胜利？譬如下棋，两方势均力敌，一着的失误，竟不能挽救败局。古今战争胜负，大概都是由于一着失误而已，更何况多次失误呢。”

太宗问：“攻守两件事，其实是一个要领吧？《孙子》说：‘善于进攻的人，能使敌人不知道在哪里防守才好；善于防守的人，能使敌人不知道从哪里进攻才对。'却不曾说如果敌人来攻击我,我也去攻击敌人;我如果防守,敌人也在防守。这样互相都采取攻守态势,要想取胜采取什么方法?”

李靖答:"从前像这样相攻相守的战例很多,他们都说:'防守是因为兵力不足,进攻是因为兵力有余。'认为兵力不足便会弱小,兵力有余便是力量强大,这是因为他们没有领会攻守的方法。我看《孙子兵法》中说:'不能战胜敌人时,就采取防守的策略;可以战胜敌人时,就实施进攻。'意思就是说,还没有战胜敌人的可能时,我就暂时采取防守的策略,等待可以战胜敌人时,就去发动进攻,不是根据兵力强弱来决定的。后世的人不懂得他这句话的含义,当攻击敌人时反而防守,而应当防守时反而进攻。攻守两种战法不一样,因此不能把进攻和防守的方法统一起来。”

太宗问:"就是这样。有余或不足使人误以为是力量的强弱。殊不知防守的原则,要领在于使敌人认为我方的力量不足;进攻的原则,要领在于向敌人表示我的力量有余。对敌假装力量不足,敌人一定来进攻,但敌人不知不应当来进攻;对敌人假装力量有余,敌人必然防守,但是敌人不知道不应当防守。进攻和防守本来都是制胜的方法,但从敌我双方来说就分为一攻一守两个方面了。我若运用得当,敌人就会失败;敌人若运用得当,我便会失败;一得一失,一成一败,敌我的分野就分明了。所以说攻和守不过是制胜的方法而已,掌握了这种方法,就能百战百胜。所以说:'知己知彼,百战不殆。'就是说的这个道理。”

李靖再拜而起说:"圣人之法是很深远的。进攻是防守的转机,防守是进攻的手段,两者都是为了战胜敌人。假如知道进攻而不知道防守,或者知道防守而不知道进攻,不仅把进攻和防守截然分为两回事,而且是把进攻和防守的运用各自孤立起来,口里虽然读着孙、吴兵法,但不能理解运用攻守并重的奥妙,将攻和守对立起来,他怎么能知道其中的道理?”

太宗问:"《司马法》说:'国家虽然强大,好战必定会导致灭亡;天下虽然安定,忘记备战必然招致危险。'这也是攻守的一种道理吗?"

李靖答:"凡是有国有家的,怎么会不讲求攻守之道呢? 所说的进攻,不只是攻击敌人的城池,冲击敌人的阵地,另外还必须有瓦解敌人军心的一套方法;防守不只是巩固自己的壁垒,加强自己的阵地,还一定要保持高昂的士气,等待时机消灭敌人。从大的方面来讲,这是身为君王应当懂得的道理;从小的方面来讲,是作为将军必须掌握的方法。瓦解敌人的军心,就是所谓的知彼;巩固我军的士气,就是所谓的知己。"

太宗问:"是这样。我以前每逢临敌作战的时候,就先分析比较敌我双方的部署,看谁考虑得最周密,然后就可以大略知道敌人的虚实情况;分析掌握敌我双方的士气谁更旺盛,然后就知道谁强谁弱了。所以知彼知己是兵家最为重要的原则。现在这些将领们虽然不知道敌人的情况,假如能够了解自己的情况,怎么还会有失利的事呢?"

李靖答:"孙子所说的'首先形成不可被敌人战胜的条件',这就是知己;'等待可以战胜敌人的机会',就是知彼。又说:'不可被敌人战胜,在于自己的努力;可否取得胜利,在于敌人是否产生错误。'我时刻不敢忘记这一诫语。"

太宗问:《孙子》上说,使敌人丧失士气的方法是:'敌人早晨初到,士气十分旺盛,等到白天了,士气就会怠惰,到了傍晚,士气就会懈怠。善于用兵的人,要避开敌人的锐气,等待敌人士气懈怠衰竭的时候再打击它。'这种说法怎么样?"

李靖答:"凡是有血气的人,能鼓起勇气与敌人斗争,虽死亦不后悔,这便是血气所起的作用。所以用兵的方法,一定要考察官兵的斗志,激发他们胜利的勇气,这样才可以去打击敌人。吴起所说的四机,把'气机'放在首位,没有别的原因,就是说只要人人充满斗争的勇气,那就锐不可当。所谓朝气旺盛,不是限于时刻而说的,不过是以一天早晚为比喻罢了。敌人经过三次冲击后,锐气仍不衰竭,那么又怎样能使敌人士气一定懈怠衰竭呢? 有些学兵法的人,只知道口诵兵法的空洞条文,结果又被敌人所诱惑。假如能领悟孙子所说使敌人丧失士气的方法,那么就可以带兵打仗了。"

太宗问："你曾经说过李勣通晓兵法,可以长久任用他吗? 然而不是我亲自控制驾驭,恐怕就不能用了。将来太子治即位,该如何控制驾驭他呢?"

李靖答："为陛下考虑,不如罢黜李勣的官职,到时让太子再起用他,那他就会感恩图报,于情理又有什么损害呢?"

太宗说："很好! 我没有什么疑虑了。"

太宗问："李勣如果和长孙无忌共同掌管国家大事,你看如何?"

李靖答："李勣是忠义之人,我可以保证他能胜任。长孙无忌有辅佐陛下创业的大功,陛下与他有如同肺腑的亲密关系,委任他任宰相;但是他外表虽是谦恭下士,内心却是嫉妒贤能。所以尉迟敬德当面指责过他,现在因害怕他报复,已经引退了;侯君集恨他忘记旧好,因而参与了谋反。这些都是长孙无忌造成的。现在陛下既然询问我,我不敢避而不谈此事。"

太宗说："不要泄漏,待我从长考虑后再处置他。"

太宗问："汉高祖能够统御将领,但后来韩信、彭越被杀,萧何又被下狱,为什么这样对待功臣呢?"

李靖答："我看刘邦、项羽都不是善于统御将领的君主。秦朝灭亡时,张良本来是想替韩国报仇,陈平、韩信都怨项羽不重用他们,所以借刘邦的势力来为自己谋求出路。至于萧何、曹参、樊哙、灌婴,都是亡命之徒,被迫投奔刘邦,刘邦因为有了这些人才得天下。假使六国的后人都重新复国,这些人必因怀念旧主而离去,刘邦就是有统御才能,他们又怎么会为刘邦所用? 所以我说,刘邦得天下,是由于借助张良的借箸之谋和萧何漕运补给的功劳。从这方面说,韩信、彭越被杀,范增不受重用,道理都是相同的。因此,我说刘邦、项羽都不是善于统御将领的君主。"

太宗问："汉光武中兴,能保全功臣,不让他们参与政事,这是不是善于统御将领呢?"

李靖答："汉光武帝虽然凭借前人的基业容易成功,但是王莽的权势不在项羽之下,邓禹、寇恂的才能也没有超过萧何、曹参,可是光武帝能够诚心相待,用柔和政策,保全了功臣,这比汉高祖贤明多了。因此论统御将领的方法,我认为光武帝掌握了诀窍。"

太宗问:"古时候出兵作战任命将领时,君王要先斋戒三天,然后将钺交给将军,说:'从这里到天上,都由将军你全权处理。'又把斧头交给将军,说:'从这里到地下,都由将军你全权处理。'又推动将军的战车,说:'军队何时进退,如何行动,由你根据情况决定。'出发以后,军中只听将军的指挥,听不到君王的命令。我认为这种礼仪废弃很久了,现在我想与你一起,参照古礼制定派遣大将的礼仪,你看如何?"

李靖答:"我认为古代圣人制定的出师时在宗庙斋戒的制度,就是要假借神灵的威严。授予将军斧钺,推动他的战车,就是要委任他指挥军队的权力。现在陛下每逢出师,一定先和公卿讨论,在宗庙祭告,而后派遣大将,这便是假借神灵威严的礼仪。每逢任命将领,一定告知将军便宜行事,这就是委任给他们权力,这与斋戒和推毂有什么不同呢? 这是完全符合古礼的,其意义也相同,所以不用再参照制定仪式了。"

太宗说:"好!"于是命令近臣把这两件事记下来,作为后世派遣将领的法度。

太宗问:"阴阳术数,废掉它可以吗?"

李靖答:"不可以。战争讲究的是诡诈权谋,假托阴阳术数,就可以用来指挥贪婪愚昧之人,所以不可以废除。"

太宗问:"你曾经说过天官时日,明智的将领不用它作为行动的法则;但是愚昧的将领,往往被它所拘束,废掉它是应该的吧?"

李靖答:"商纣王在甲子日灭亡,周武王在甲子日成功,论天官时日,甲子是一样的,而商纣则混乱败亡,周朝则长治久安,兴亡各不相同。又如宋武帝刘裕,在不吉利的往亡日兴兵攻打南燕,军吏认为不可行。宋武帝说:'我一去他就灭亡。'果然大败南燕。由此说来,天官时日可以废掉,是很明白的事。但是田单被燕军围困在即墨时,命令一个人假扮神灵,他亲自祭拜供奉。这个神说:'燕军可以击破。'于是田单以火牛出击,大破燕军。这就是兵家的诡诈之道,天官时日的说法,也是这样的。"

太宗问:"田单假托神怪而打败了燕军,太公焚毁了蓍龟而消灭了商纣,这两件事应用相反,却都能成功,是什么道理呢?"

李靖答:"其巩固军心的动机是一样的,不过,有的是采用破除迷信的办法而取得成功,有的是顺应时势而采取有利的行动取得成功。从前姜太公辅佐武王伐商纣,到了牧野时遇到大雷雨,旗帜和金鼓都折毁了,散宜生想通过占卜得到吉语后再进军,这是因为当时军中有疑惧之心,他想假借占卜以安定军心。太公认为腐草和枯骨不值得问,况且这是以臣伐君,难道能卜得吉日再重新进攻吗? 然而从散宜生用占卜巩固军心的动机于前,太公采用毁蓍龟巩固军心的动机于后来看,逆顺虽然不同,可是他们运用制胜之机的道理是相同的。我以前所说的术数不可以废除,是因为用这种办法防患于未然。至于事情的成功,主要还是靠人的努力。"

太宗问:"当今将帅,只有李勣、李道宗和薛万彻罢了,除李道宗系宗室亲属以外,谁能委以重任?"

李靖答:"陛下曾经说过,李勣、李道宗用兵不大胜也不会大败,薛万彻若不大胜就要大败。我想陛下所说的不求大胜,也不会大败的,便是有节制的军队;要么大胜,要么大败的,便是侥幸而成功的军队。所以孙武说:'善于用兵作战的人,使自己始终处于不败的地位,而不放过任何击败敌人的机会。'要使军队严整有纪律,全凭我自己罢了。"

太宗问:"两军对阵,要想双方不开战而退兵,怎样才能做到?"

李靖答:"从前晋国的军队与秦国的军队作战,仅仅接触了一下,双方就都退回了。《司马法》说:'追击败退的敌人不要追太远了,纵兵追击撤退的敌人也不要跟得太紧。'我所说的'绥',就是驾驭马的缰索。我军的队伍既有节制,敌军的队伍也很严整,双方岂敢轻易地交战呢? 所以有时两军出兵一接触就都退却了,也不追击,这是因为双方都害怕失败。孙武说过:'不要攻击阵容强大的敌人,不要袭击旗帜整齐的敌人。'若是两军势均力敌,假如稍一轻举妄动,为敌人所利用,那可能就会大败,这是很自然的道理。所以用兵有不战和必战的说法。不战,是因为我认为形势不利于我军;必战,是因为敌人有破绽,我可以趁势击败对方。"

太宗问:"不与敌人作战,是由于我的条件还不具备,这指的是什么条件呢?"

李靖答:"孙武说过:'我若不想和敌人作战,即使画地而守,敌人也无法与我作战,那是因为我设法改变了敌人的进攻方向。'假如敌方有善于指挥的人,在两军刚交战即撤退时,是不能图谋取胜的。所以说不与敌交战,其实是我军的条件还不具备。至于一定要与敌人作战,孙武说过:'善于调动敌人的,用各种假象诱骗敌人,使敌人信以为真听从调动;给敌人一点好处,敌人就会贪利来索取。用小利调动敌人,用主力待机打击它。'如果敌方没有善于指挥的将领,必然轻率来战,我便乘机消灭它。所以说必与敌人作战,是在于敌人本身有隙可乘。"

太宗说:"节制之师的道理很深奥啊!掌握这个规律就会胜利,违背这个规律就会失败。你去编纂历代善于节制军队战斗行动的战例,并配上图加以说明,我要选择其中最精彩的部分,留给后世。"

李靖答:"我以前呈送的黄帝、太公二阵图和《司马法》以及诸葛亮的奇正之法,都已经很详细了。历代名将能运用其中一二而取得成功的为数众多。只因史官中懂得兵法的很少,不能记载战争的真实事迹。我一定遵照命令编纂上报。"

太宗问:"哪家兵法最为精深?"

李靖说:"关于兵法著作,我曾经把它分为三等,让学习的人能够循序渐进掌握。第一是道,第二是天地,第三是将法。所谓的'道',是最精深、最微妙的,就是《易经·系辞》所说的最有智慧的人,不用刑罚就能让人臣服。所谓的'天'是指夜间和白昼而言;所谓的'地',是指险易而言。善于用兵的人能够利用夜间夺取白天所不能克服的困难而击败敌人,能够利用不利地形去进攻处于有利地形的敌人,孟子所说的天时、地利就是这个道理。所谓的'将法',是指善于任用贤能和使用优良的兵器,《三略》中所说的'得到贤士并任用他,国家就昌盛',管仲所说的'器械必须坚固锋利',就是这个道理。"

太宗说:"是这样。我说不用发动战争便能使敌人屈服的,是上一等的;百战百胜的是中等;挖深沟、筑高垒以坚守阵地的是下等。按这样比较,孙武兵法三等说法都已具备了。"

李靖说:"看他们所留下的文章,推究他们的事迹,也就可以看出差别了。如张良、范蠡、孙武三人成功以后,超然引退,不知道到什么地方去了,若不是懂得'道'的微妙,哪里能达到这种境界呢? 如乐毅、管仲、诸葛亮,战必胜,守必固,这若不是能够审察天时地利,哪能做到呢? 其次如王猛保卫前秦,谢安捍卫东晋,这如果不是能够任用将帅,选用人才,完善军备,坚固自守,哪里能做到呢? 所以学习兵法,一定要由下到中,由中到上,逐渐达到精深的地步。不然的话,就是只尚空谈,只知道背诵兵法的条文,那是不可取法的。"

太宗说:"道家的说法,忌讳三代为将,是说兵法的奥妙不可以妄传,也不可不传,你传给别人时要慎重。"

李靖向太宗拜了两拜后退出,将他的兵书全部传给李勣。

附 录

兵书读法

读兵书要活泼泼地,如珠走盘中,无一定之理。

读兵书要下手从实做工夫,若只以口诵过,亦济甚事?

读兵书要将古来名将行过事迹体贴分晓,何人用此而胜,何人不用此而败,庶有益。

读兵法不可易言之,若易言之,则为赵括之谈兵矣。

读兵书先要识得虚实,后要会用奇正。若不识虚实,虽能用奇正,亦无以制胜。

读兵书要知变,但知常而不知变,犹刻舟求剑,何益于事?

读兵书要知韩信背水陈如何取胜,到得高祖背水陈如何却败了?每事如此较量,方有得。

读兵书未读时一计不通晓,读了后又只如此,便是不曾读。

读兵书将"攻其无备,出其不意"两句仔细思量。我若无备,敌来必乘我,敌若有备,我如何去攻他?《书》云:"惟事事,乃其有备,有备无患。"况用兵乎!

兵书非异端之言。异端之言,诬民惑众。兵书是勘定祸乱之道。有国者不可不讲,为将者不可不学。

读兵书要知甚得是孙吴权诈之兵,甚得是桓文节制之兵,甚得是汤武仁义之兵。将此三者心融意会,方可为将。

读兵书要知多方以误之之法。我误则彼胜,彼误则我胜。古人为人所误者甚多,此处不可不着意。

兵书是许多大事,今人却轻易看过,便要料敌制胜,到得临阵却不理会得。

兵书全在"道、天、地、将、法"五事,虽汤武亦不难此。孙子将"道"字只以令民与上同意,可与之死,可与之生,而不畏危言。今人因此看得轻易。"道"字语大不可载,语小不可破。

读兵书才晓些皮肤,便说道他知兵,只是自欺。

读兵书要晓八阵、六花阵如何用,知得根本,方可学则个阵法。如此,则方亦胜,圆亦胜,羊肠亦胜,锯齿亦胜矣。

（明·刘寅）

后 记

译完最后一个字,感到十分困乏。对于兵法的研究,我完全是门外汉。教书时,唯有孙子的《谋攻》背得滚瓜烂熟。读大学时,虽然也借过《孙子兵法》《三十六计》,但看过很快便忘了。当编辑时,编了一本《战略家》,是谈如何运用兵法的,这才略有所知。海湾战争打得正火热时,新闻媒介传出《孙子兵法》被美国决策人物运用,山姆大叔才打得那么漂亮的消息,我不由得对中国兵法刮目相看。两千多年前,中国人对于战争经验的总结,已经达到了出神入化的境界,以至于跨越了时空,成为二十世纪人们的处事法宝、战争指南,让人慨叹中华文明的伟大。

我编译这本书,全凭友人苏、汤二君的怂恿。他们为我找来影印明本《武经七书》及其他一些资料,并不时关心进度,还拍着胸脯说在经济上给以保证,如果这本书能得以送到读者手中的话,那么这座桥梁是苏、汤二君搭就的,应当谢谢他们。

编译这本书,是促进我学习的一个好机会。中国兵法的博大精深、理通万代,是值得认真研究学习的。它不仅具体论述军事、战争的有关问题,还涉及政治、经济、外交、哲学等方面的问题。近年来,不同阶层的读者中兴起了一股学习兵法、运用兵法的热潮,足见兵法已从战争舞台走向了人生的殿堂。

这样一本"兵学圣典""人生教科书",在较短的时间内想把它整理好、编译得没有瑕疵是不可能的。本来可以给原文加上注释、校勘,将这本书整理得完善一点,但基于某些原因,这些工作只能留待再版时修订了。全书标点翻译后,友人又为我找来了几篇关于七本兵书的简介。这些简介,融汇了前人研究的成果,对于理解这本书,是不可多得的好材料。我基本未做太大的调整,便补缀在每本书的篇首。

　　出版这本书,黑龙江人民出版社的唐忠民先生,武汉市司法局的周永录先生给予了大力帮助,在此一并致谢。

周百义

1991 年 5 月 20 日于汉口

再版后记

这是 30 年前当编辑时整理的一本古籍。一个学汉语言文学的，不揣浅陋做起古籍整理，实是受人怂恿而致。此书在黑龙江人民出版社出版后，居然获得了"第七届北方十五省市自治区哲学社会科学优秀图书奖"，并由台湾志一出版社出版了繁体字本。但我心里知道自己的水平，总觉得年近古稀，应当对留在这个世界上的文字做一次清理，免得贻误后学。崇文书局的韩敏社长，是我在长江文艺出版社时的同事，他听说此事后，表示愿意为我将这本书再版一次。

这次再版，我仍以明代刘寅《武经七书直解》为底本，以文渊阁《四库全书》子部中所收兵家类著作做校本，逐字逐句，对原书做了校订。白话翻译部分，尽量做到准确传达原文的意思，此次修订，在文字上做了较大的调整。

《武经七书》虽然是军事教科书，但其关于战略、战术的论述，在瞬息万变的战争环境中，将帅如何发挥作用等，这些道理对于体育竞技、企业经营管理、处理人际关系、领导艺术实际上都有参考作用。我后来担任了一段时间的领导职务，虽然跌跌撞撞，但没有出现大的闪失，不知是否与我当普通编辑时整理这些传统古籍有关，窃以为或许有某些潜移默化的影响。因此，从这个角度来看，我觉得本人跨专业做起军事著作的整理，对于读者而言，无论从事军事研究还是从事其他工作，有兴趣的话打开看看，也并非没有裨益。

周百义

2021 年 5 月 3 日于武昌

图书在版编目（CIP）数据

武经七书译评 / 周百义译评． -- 武汉：崇文书局，
2023.9

ISBN 978-7-5403-7408-2

Ⅰ．①武… Ⅱ．①周… Ⅲ．①《武经七书》－研究
Ⅳ．① E892.2

中国国家版本馆 CIP 数据核字（2023）第 146662 号

责任编辑：黄振华　何　丹
封面设计：杨　艳
责任校对：董　颖
责任印刷：李佳超

武经七书译评
WUJING QISHU YIPING

出版发行：长江出版传媒　崇文书局
地　　址：武汉市雄楚大街 268 号 C 座 11 层
电　　话：(027)87677133　　邮政编码：430070
印　　刷：中印南方印刷有限公司
开　　本：880mm×1230mm　　1/32
印　　张：12
字　　数：301 千
版　　次：2023 年 9 月第 1 版
印　　次：2023 年 9 月第 1 次印刷
定　　价：49.00 元
（如发现印装质量问题，影响阅读，由本社负责调换）